KB138390

CARBON GOURMET

기후 위기 시대 음식의 초상

지금까지 우리가 영위한 식탁은 지구 곳곳을 희생시켜 차린 결과물이다. 소고기 한 점을 취하기 위해 아마존 열대우림에 불을 지르고 나무를 깎아 어마어마한 규모의 산림을 훼손했고, 효율적 생산을 위해 논밭에 뿌린 농약은 땅을 병들게 했으며, 생태계를 지탱해온 꿀벌을 소멸시켰다. 이제 미식에도 기후 위기 시대에 걸맞은 사고의 전환이 이뤄져야 할 때다. 그저 눈과 코, 입을 즐겁게 하는 차원을 넘어 음식이 생산돼 식탁에 오르기까지 지구에 찍히는 탄소 발자국을 헤아릴 줄 아는 기후 감각이 필요하다. 이러한 시대적 정신 속에서 식재료가 지닌 색과 형태 및 각각의 성질을 이용해 음식으로 할 수 있는 이야기, 음식으로 보여줄 수 있는 상상력을 펼치는 푸드 스타일리스트 젠 먼로 Jen Monroe의 작품은 가히 주목할 만하다. 먼로가 차려낸 식탁은 화려하고 감각적인 만큼 문제의식 역시 적나라하다. 아름다운 빛깔, 다채로운 속성을 한껏 드러내는 식재료의 모습은 그야말로 재발견에 가깝다. 재료 하나하나가 지역별 기후와 토양, 생태계에 따라 저마다의 질서를 안고 태어난 대자연의 경이로운 산물임을 일깨운다.

©Jen Monroe

1.5°C

ISSUE°
**CLIMATE
GOURMET**

DEAR
READER

2021년 UN식량농업기구(FAO)가 공개한 자료에 따르면, 인간 활동으로 발생하는 온실가스 중 31%가 식량 시스템에서 배출된다고 합니다. 한편, 전 세계 모든 운송 수단이 배출하는 온실가스는 16%에 해당했습니다. 모든 운송 수단이라고 하면 자동차는 물론 비행기, 기차, 선박 등을 포함한 결과입니다. 지금의 기후 위기를 탈출하는 방법을 상상해보십시오. 많은 사람이 자기 소유의 차를 전기자동차로, 정부를 압박해 자신이 이용하는 대중교통을 전기자동차로, 자신이 쓰는 전기를 재생에너지로 바꾸는 상상을 할 것입니다. 그런데 UN식량농업기구가 제시한 2개의 수치를 놓고 곰곰 생각해보면 그것이 아닐 수도 있다는 결론에 다다릅니다.

전 세계 운송 수단이 배출하는 온실가스를 모두 다 합친 값이 16%라는 것은 비행기와 선박, 기차를 제외한 자동차가 배출하는 온실가스는 그보다 훨씬 더 적다는 사실을 의미합니다. 이해하기 쉽게 전 세계 모든 차량이 배출하는 온실가스가 10%라고 가정해봅시다. 그것들을 다 전기자동차로 바꾸는 일대 혁신이 일어난다고 해도 우리가 배출하는 온실가스의 10%를 줄일 수 있을 뿐입니다. 한편, 세상 모든 자동차를 전기자동차로 바꾸듯 우리가 먹고 마시는 일에 대대적인 혁신을 이룰 경우 우리는 온실가스의 31%를 줄일 수 있습니다. 자동차를 바꾸는 것과 먹거리를 바꾸는 것 중 무엇이 더 효과적이고 혁신적인지 이제 감이 올 것입니다.

먹거리를 바꾸는 일은 기후 위기에 대처할 충분한 시간을 벌어줄지 모릅니다. 어쩌면 인류 역사상 전례 없는 위기에서 탈출하는 방법이 될 수도 있습니다. 이렇듯 낙관적 전망을 내놓는 이유는 우리 모두가 하루에 두 끼 이상 식사를 하기 때문입니다. 달리 말하면 작금의 위기를 극복할 기회가 하루 두 번 주어진다는 이야기입니다. 엄밀히 말해서 기회는 더 많습니다. 우리는 피로를 풀기 위해, 사람들과 사회적 관계를 맺기 위해, 기분을 전환하기 위해 끼니 외 많은 식음료를 섭취합니다. 그러므로 먹고 마시는 행위에서 온실가스를 줄이는 방법을 알고 그것을 의식해 매일 실천한다면 내연기관 자동차를 퇴출하는 것보다 훨씬 더 큰 반향을 일으킬 수 있습니다.

상품을 생산하고 소비하는 과정, 즉 상품의 수명 주기 동안 직간접적으로 배출되는 모든 온실가스를 기록한 것을 '탄소 발자국'이라고 합니다. 우리는 누가 감히 우리의 식탁에 발자국을 남기는지 알아내야 합니다. 많은 사람이 강력한 용의자가 누구인지 이미 알고 있습니다. 축산업입니다. 2006년 UN식량농업기구가 발표한 보고서에 따르면 인간 활동으로 인해 배출되는 온실가스 중 18%가 축산업에서 발생한다고 합니다. 전 세계 모든 운송 수단보다 큰 수치입니다. 축산업이 이렇듯 기후에 큰 부담을 안기는 이유는 단순합니다. 가축의 수가 많아서입니다.

올봄 많은 사람을 놀라게 한 뉴스가 있었습니다. 올해를 기점으로 한국 사람들이 쌀보다 고기를 더 많이 먹을 거라는 전망이 나온 것입니다. 올 한 해 동안 1인 평균 고기는 56kg, 쌀은 55kg 소비할 거랍니다. '한국인은 밥심'이라는 격언이 무색해지는 순간입니다. 현재 지구상에는 약 15억 마리의 소가 살고 있으며, 소 한 마리가 트림과 방귀를 통해 배출하는 온실가스는 소형차가 내뿜는 온실가스만큼 많다고 합니다. 여기에 소가 먹어치우는 곡물 사료를 생산할 때 발생하는 온실가스, 분뇨로 인한 온실가스, 냉장 혹은 냉동한 채 운송하는 과정에서 나오는 온실가스 등을 합치면 우리는 어쩌면 고기가 아니라 위기를 먹고 있는 것일지도 모른다는 불안감이 엄습합니다.

이쯤 되면 우리 모두 비건이 되어야 할 것 같지만 꼭 그렇지도 않습니다. 농업이 배출하는 온실가스도 만만치 않습니다. 옥스퍼드대학교의 조지프 푸어 교수가 2018년 <사이언스>에 발표한 자료에 따르면 식량 시스템에서 배출하는 온실가스의 31%가 목축과 어업, 27%가 농업에서 비롯된다고 합니다. 그 원인은 질소비료와 농약을 생산하는 과정에서 발생하는 온실가스, 그것들이 땅에서 물로 흘러들어 생성하는 온실가스와 더불어 매년 봄 농사에 앞서 땅을 갈아엎는 경운에 있습니다. 땅속에는 대기보다 3배 많은 탄소가 저장돼 있습니다. 지력이 쇠한 땅을 뒤집어엎는 과정에서 땅에 갇혀 있던 탄소가 공기 중으로 노출됩니다. 축산업만큼 현대의 농업도 변화가 절실합니다.

그렇다고 우리가 과거로 회귀할 수는 없습니다. 중도를 지키는 삶으로 한 발짝 물러서는 동시에 우리가 이룬 기술적 진보를 토대로 새로운 해결책을 찾아야 할 때입니다. 대다수가 도시에서 생활하며 축산업과 농업이 완전히 분리된 지금, 음식물 쓰레기와 가축의 분뇨를 당장 자기 소유의 논밭에 뿌리는 것은 불가능합니다. 이때 바이오매스 기술을 이용하면 이 유기물을 전기와 기름, 비료와 사료라는 귀한 자원으로 만들 수 있습니다. 물론 분뇨를 방치해놓음으로써 자연 발생하는 온실가스와 이를 폐기하는 과정에서 발생하는 온실가스 모두를 상쇄시킬 수도 있고요.

최근 공기와 햇빛을 차단한 실내에서 식물을 기르는 스마트팜이 기후 위기로 인한 식량 위기를 타개할 해결책으로 소개되곤 합니다. 하지만 24시간 조명을 밝히고 그로 인해 상승하는 실내 온도를 조절하기 위해 에어컨을 가동하는 등 전력 소비가 생각보다 심각한 수준입니다. 스마트팜이 현시점에서 마냥 환영받지 못하는 이유입니다. 만약 이 미래형 밭에 필요한 전력을 재생에너지로 전환한다면 그때는 이야기가 완전히 달라질 것입니다. 이는 소울에너지가 특히 식품 산업에 관심을 쏟는 이유이자 <1.5°C>를 통해 재생에너지로 운영하는 스마트팜을 찾아간 이유이기도 합니다. 기후 위기 시대에 우리의 식탁이 어떻게 바뀌어야 할지 함께 통찰하는 시간이 되었으면 합니다.

<1.5°C> 발행인 겸 소울에너지 CEO 안지영

THE CLIMA
NOT A DIST

1.5°C

TE CRISIS IS
ANT FUTURE

66
우리의 식탁을
엎어야 할 때
99

COVER STORY

우리가 식탁에서 웃고 떠드는 새 전 세계 온실가스의 3분의 1이 배출된다. 그 말인즉, 먹고 마시는 과정에서 배출되는 온실가스를 막기 위해 노력한다면 그만큼 기후 위기를 늦출 수 있다는 이야기. 무엇보다도 우리에게는 그 생명 연장의 기회가 하루 두 번 이상 주어진다. 희망이 있다. 식탁을 성공적으로 뒤집어엎기 위해 가장 먼저 식탁 위 보이지 않는 가스 유출범부터 찾아야 한다.

우리가 먹고
마시는 사이

먹고사는 일은 중요하다. 소설가 김훈은 《밥벌이의 지겨움》에서 우리 삶을 밥을 버는 일로 묘사했다.

"전기밥통 속에서 밥이 익어가는 그 평화롭고 비린 향기에 나는 한평생 목이 메었다. 이 비애가 가족들을 한 울타리 안으로 불러 모으고 사람들을 거리로 내몰아 밥을 벌게 한다."

먹고사는 문제가 그리 쉬웠다면 가족 간의 끈끈한 유대도, 수많은 노동자를 새벽부터 고단한 일터로 내모는 사회적 질서도 만들어지지 않았을지 모른다. 이렇듯 하루 세끼를 먹는다는 건 인간사에서 가장 큰 일이었고, 이 세끼를 풍족하게 제공하는 건 인류 역사를 통틀어 대부분 불가능한 임무였다. 그 자리에는 언제나 모두의 이익과 행복을 위해 저소득층의 인구를 줄여야 한다는 맬서스의 저주가 역사의 길모퉁이마다 웅크리고 있다.

언제부턴가 우리 사회는 부족보다는 과잉이, 굶주림보다는 비만이 만인의 관심사로 등장했다. 국민 대부분이 농사꾼이던 시절이 엊그제 같은데, 지금은 불과 100에 서넛만 농민인 시대다. 그럼에도 향기로운 과일과 기름진 식탁이 넘쳐난다. 농학자가 육성한 키 작고 이삭이 큰 곡물의 씨앗은 거대한 화학 공장에서 합성된 질소비료를 만나 인류를 굶주림이라는 족쇄로부터 해방시켰다. 녹색혁명이 시작된 1960년대부터 불과 40년 만에 인구는 2배 증가했고, 식량 생산량은 2.5배 늘어났다. 우리나라 국민들의 식단도 크게 변했다. 1961년 이후 반세기 만에 쌀 같은 곡물의 소비량은 크게 줄었지만 육류는 8배, 당류와 식물성기름은 9배가 늘었다.

하지만 세상에 공짜는 없다. 인간의 풍족한 식탁을 위해 많은 것이 희생됐다. 대부분 도시에 살게 된 지적인 시민들의 눈에 띄지 않았을 뿐 그 영향은 지구 곳곳에 깊은 상처를 남겼다. 늘어난 인구와 풍족한 식탁을 채우기 위해 수많은 식물과 동물이 살던 땅이 농경지로 바뀌었고, 작물을 생산하기 위해 뿌린 비료와 농약은 땅에 머물고 물로 흘러들며 환경에 부담을 주기 시작했다. 인구가 늘어나는 속도만큼 지구의 생물 다양성도 급격하게 붕괴했다. 지구의 생물상 또한 완전히 바뀌었다. 야생 포유류 전체보다 인간이 사육하는 가축이 100배나 더 많다. 그뿐만 아니라 육상 포유류 중 인간 한 종이 전체 바이오매스의 35%를 차지할 정도로 늘어났다.

녹색혁명이 시작된 1960년 30억 명이던 세계 인구는 79억 명까지 증가했고, 2050년에는 96억 명까지 늘어날 전망이다. 인구가 증가한다는 건 그만큼 식량 생산이 늘어나야 한다는 걸 의미한다. 2000년 대비 식량을 71% 더 생산해야 가능한 일이다. 기술적으로 안 될 것은 없다. 문제는 다른 데 있다. UN식량농업기구(FAO)에 따르면 세계 농업 식품 시스템 전체에서 발생되는 온실가스는 전체 인류가 배출한 온실가스의 31%를 차지한다고 한다.

기후가 심상치 않다. 산업화 이전 시대 대비 지구 평균기온이 1.1°C 올랐을 뿐인데, 모든 세계가 그 위력을 실감하고 있다. 중국에서는 양쯔강의 수위가 줄어들면서 수력발전량이 급격하게 감소해 쓰촨성 일대에 전기 공급이 제한되었다. 유럽에서는 폭염이 계속 이어지면서 산불이 유례없이 번지고 있을 뿐 아니라, 식량 생산량도 크게 감소할 것으로 우려한다. 2020년부터 시작된 미국 중서부의 가뭄은 여전히 기세를 떨치면서 곡물 생산량을 떨어뜨리고 있다.

녹색혁명 이래 단위 면적당 곡물의 생산성은 꾸준히 증가했지만 최근 들어 세계 곡물 생산량은 정체 상태를 보이고 있다. 더욱이 작물 생산성이 한계에 접근하면서 세계가 식량 위기에 빠질 수 있다는 경고가 10여 년 전부터 나오기 시작했다. 여기에 주기적으로 찾아오는 가뭄과 홍수로 세계 곡창지대의 생산량이 들쭉날쭉해지면서 평균 곡물 생산량은 정체 상태에 빠졌다는 평가다. 우리는 과연 늘어나는 인구 대비 충분한 식량을 생산할 수 있을까?

농업 기술적 관점에서 식량 생산을 늘릴 여지는 충분하지만 현실적으로 식량 생산을 늘리기 위해 더 많은 숲을 농경지로 전용하고, 더 많은 비료와 농약을 사용하는 것으로 문제를 해결할 수 없다는 것도 분명하다. 농업의 근간인 생물 다양성의 붕괴와 온실가스 증가를 초래해 기상재해에 노출되는 빈도가 많아지면서 식량 생산량이 오히려 줄어들 수 있기 때문이다. 결국 '어떻게 지속 가능한 방법을 찾을 것인가'가 농업계의 가장 큰 숙제다.

남재작 농학자·한국정밀농업연구소 소장
농어업농어촌특별위원회 탄소중립위원회 위원, 농림식품과학기술위원회 위원을 비롯해 정부의 기후 및 농업 관련 기구에서 전문가로 활동하고 있다. IPCC 4차 보고서 승인 회의와 UN기후변화협약회의에 한국 정부 대표단의 일원으로 참여했다. 기후변화에 따른 식량 위기, 식량 대란, 식량 주권 문제가 휘발성 이슈로 소비되지 않도록 노력하고 있다. 저서로는 《식량 위기 대한민국》《기후 대란》《대전환 시대 농정 혁신의 길》등이 있다.

그렇지만 농업 생산량을 늘리는 건 점점 더 어려운 대안이 될 수밖에 없다. 정밀 농업 기술을 활용해 더 적은 자원의 투입으로 더 많은 생산을 이끌어내는 것도 중요하지만, 우리의 식생활을 바꾸는 것 역시 중요하다. 특히 최근 급격하게 늘어나고 있는 육류 소비량을 안정시키는 문제가 가장 큰 도전 과제다. 배양육과 대체육 등 단백질 식품이 등장하고 있지만 소비자들이 얼마나 이 문제에 관심을 가질 것인지가 관건이다. 그리고 기껏 생산한 농산물의 3분의 1은 버려진다고 한다. 개도국에서는 주로 수확 후 시장에 출하하기 전에 버려지는 게 많고, 선진국에서는 식품으로 만들어진 후 폐기되는 게 많다. 영국에서는 생산된 빵의 40%가 버려진다고 한다. 이렇게 버려지는 식품을 줄일 수 있다면 그만큼 농산물을 생산하는 것과 같은 효과를 얻을 수 있다. 환경에 전혀 영향을 미치지 않고 말이다.

현재의 식량 위기는 결국 농업 생산성 증가와 인구 증가 그리고 소득 증가에 따른 기름진 식단을 하나의 원인으로 볼 수 있다. 우리가 식량 위기를 벗어나기 위해서는 결국 농업 기술의 혁신과 식단의 변화, 소비자의 참여가 함께 어우러져야 가능하다는 얘기다. 우리가 직면한 위기의 크기와 이를 해소할 수 있는 접근 방법에 대한 과학적 이해가 뒷받침되어야 그 첫걸음을 디딜 수 있다. 농업에서 물 사용량을 줄이고, 자원순환을 촉진해 비료의 사용을 줄이고, 정밀 농업 기술을 이용해 기상 변화에 능동적으로 대응하고, 혁신적인 탄소 중립 기술이 농업계에 정착할 수 있도록 법과 제도를 정비하는 것이 필요하다. 그리고 이 모든 과정이 순탄하게 이뤄질 수 있도록 소비자들의 이해와 관심이 필요하다. 앞으로 먹고사는 문제는 점점 더 어려워지겠지만 우리가 힘과 지혜를 모은다면 충분히 해결할 수 있다.

GREENHOUSE GAS

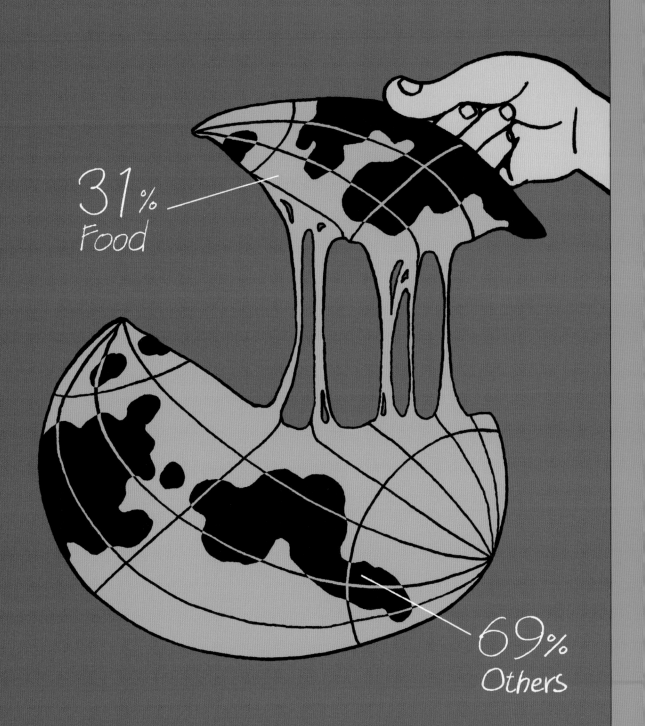

31%
Food

69%
Others

66 아마존의 눈물 젖은 고기 한 점, 여전히 맛있나요? 99

10여 년 전 방영된 MBC 다큐멘터리 <아마존의 눈물> 속 화염에 휩싸인 아마존을 보며 '지금 내가 입에 밀어 넣고 있는 한 점의 고기가 저 처참한 광경과 관련 있다'고 생각한 이는 거의 없었을 것이다. 원래 세상에는 희한하고 안타까운 일이 넘쳐나니 이 또한 그중 하나일 거라고 여겼을 테다. 실은 필자가 그랬다. 더욱 안타까운 건 아직도 불타는 아마존과 우리 밥상의 연관성을 이해하는 사람이 그리 많지 않다는 사실이다.

아마존과 밥상 이야기를 꺼내기에 앞서 누구나 다 아는 상식부터 정리하고 넘어가자. '지구의 허파'라는 별칭에 걸맞게 아마존은 전 세계 79억여 명이 들이마시는 산소의 20%를 공급한다. 그리고 역으로 인간이 내뱉는 400억 톤의 이산화탄소 가운데 20억 톤을 매년 흡수해왔다. 세계에서 아홉 번째로 온실가스 배출량이 많은 우리나라는 연간 6톤의 이산화탄소를 배출한다. 아마존은 우리가 배출하는 3년 치 탄소보다 더 많은 양의 탄소를 매년 흡수했던 것이다. 여기서 앞선 문장의 시제가 과거라는 점을 잘 기억하자. 인간에게 산소를 제공하고 불필요한 온실가스는 가두니 그 고마움이야 이루 말할 수 없지만, 이는 너무나 익숙한 서사로 새로운 자극을 얻기 어렵다. 그래서 이번엔 조금 다른 이야기를 들려주려 한다.

기후 위기를 맞아 모든 나라가 '에너지 전환'을 논하기 시작했다. 독일은 2000년 6%였던 재생에너지 발전 비중을 20년 만에 36%로 끌어올렸으며, '바람의 나라' 덴마크는 같은 기간에 재생에너지 비중을 12%에서 61%로 높였다. 그런데 브라질은 2000년 이미 재생에너지가 87%를 차지했으며, 2020년에도 75%에 이르렀다. 아마존에 흐르는 방대한 양의 강물을 활용해 막대한 전기를 생산한 덕이다. 남미 대륙을 가로지르는 아마존강은 세계에서 가장 유량이 많다. 2~7위 강을 모두 합친 것보다 훨씬 더 많은 물이 흐른다. 이 풍부한 물로 브라질은 우리나라가 원전을 통해 얻는 발전량의 2배 가까운 전기를 만들어낸다. 수력발전소 공사의 친환경성에는 논란의 여지가 있지만, 강물이 아니었다면 그 많은 전기를 석탄이나 가스로 만들었을 테니 생각만 해도 아찔하다.

그렇다면 이 많은 물은 어디에서 왔을까. 바로 대서양에서 불어오는 고온다습한 바람과 아마존의 울창한 나무가 잎을 통해 내보낸 수증기에서 왔다. 이것들이 모여 구름을 형성하고 안데스산맥에서 비를 뿌려 강물을 이룬다. 일부는 남북으로 흩어져 대륙의 다른 지역에 소중한 비를 뿌린다. 한 나라의 전기와 한 대륙의 기후, 전 지구의 대기 조성이 이 아마존에 달린 셈이다.

윤지로 환경 전문 기자·세계일보 환경팀 팀장
2017년부터 환경 전문 기자로 활동하기 시작해 2019년에는 EU기후변화기자상 대상과 한국기후변화학회가
수여하는 기후변화언론인상을, 2020년에는 국회기후변화포럼의 대한민국 녹색기후상을 받았다. 먹거리와
온실가스 문제를 취재하고 연구한 《탄소로운 식탁》을 썼다.

아마존의 역사는 호모사피엔스의 역사보다 길지만, 인간이 아마존을 망가뜨리는 데
는 반세기면 충분했다. 지난 50년 동안 아마존 우림의 20%가 파괴됐다. 나무가 생을 마
감하면서 더 이상 탄소를 저장할 수 없을뿐더러 그 안에 갇혀 있던 탄소까지 배출하기 시
작했다. 인간이 갖은 힘을 다해 아마존을 밀어낸 탓에 브라질 지역의 아마존은 이제 흡수
하는 양보다 더 많은 양의 이산화탄소를 내뿜는다. 지난해 11월 글래스고에서 열린 제26
차 UN기후변화협약 당사국총회(COP26)에서 각국 정상들은 '산림 파괴를 막자'고 약속
했으나, 올 상반기에만 3988km²에 달하는 우림에서 나무가 깨끗이 밀려나갔다. 겨우 반
년 만에 제주도 2배에 달하는 숲이 지도에서 감쪽같이 사라진 셈이다.

지난해 필자가 인터뷰한 그린피스 관계자에 따르면, 아마존 파괴는 대략 네 단계로
진행된다고 한다. 우선 값어치가 높은 목재를 잘라 판다. 그다음 별 쓸모없는 나무를 벤
다. 해가 잘 들게 해 땅을 말리기 위해서다. 그러곤 불을 질러 남은 생명을 깨끗이 밀어낸
후 그곳에 소를 푼다. 파괴된 숲의 60~80%가 방목지로 쓰인다. 브라질에서 키우는 2억
여 마리의 소는 대부분 방목되는데, 그중 40%가량이 아마존에 사는 것으로 추정한다. 마
지막 단계에선 소보다 더 '짭짤한' 대두나 옥수수를 키운다.

브라질의 콩 생산량은 타의 추종을 불허한다. 콩 생산량 2~4위를 차지하는 미국, 아
르헨티나, 파라과이의 수출 물량을 다 합쳐도 브라질 한 나라를 못 이길 정도. 이 많은 콩
은 가축의 입으로 들어간다. 콩기름을 짜고 남은 찌꺼기, 즉 대두박은 단백질이 풍부해 사
료로 환영받는다. 아마존에 불을 질러 그곳에서 소와 콩을 키우고, 그 콩을 다시 가축에게
먹이니 아마존 벌목은 곧 우리의 육식과 직결돼 있는 셈이다. 이것도 모자라 십수 년 전부
터는 아마존 남동쪽에 자리한 광활한 초지인 세하두 Cerrado가 아마존의 전철을 밟기 시
작했다.

유럽과 미국에서는 오래전부터 아마존에서 생산한 소와 콩을 구입하지 말자는 캠페
인을 펼쳐왔다. 의식 있는 소비자들도 대형 유통업체를 압박하고 있다. 우리나라는 대두
박의 88%, 사료용 옥수수의 36%를 브라질에서 들여온다. 수입 닭의 90%가 브라질산이
다. 그럼에도 불구하고 아직 국내에서 아마존 고기와 사료가 이슈로 떠오른 적이 없다. 여
전히 고기가 고파서인지 모르겠다. 우리는 1970년대 말 일인당 연간 10kg의 고기를 섭취
했다. 1990년대 초에는 20kg, 2000년에는 30kg, 2010년대 초에는 40kg을 먹었다.
그리고 지난해에는 일인당 고기 섭취량이 54.3kg을 기록했다. 10년마다 10kg씩 느는 추
세다. 이제는 한 번쯤 이런 생각을 할 때도 됐다. 우리가 맛있게 먹은 어떤 고기는 10년 전
우리를 눈물짓게 한 아마존의 눈물과 맞바꾼 것인지도 모른다고.

66
기후 위기 시대에
잘 먹고 잘사는 법이란
99

몇 년 전, 집에서 라면을 끓여 먹다가 문득 어떤 의문이 떠오른 적이 있다. 그때 나는 냄비에 정수기의 온수를 받고 있었다. 내가 궁금했던 건 이것이다. 정수기에서 뜨거운 물을 받은 다음에 가스 불로 끓이는 것과 찬물을 받아서 가스 불로 끓이는 것 중 어느 쪽이 온실가스가 덜 나올까? 정수기로 뜨거운 물을 받는 데는 전기에너지가 들어가고, 전기에너지를 만들어서 우리 집까지 보내는 과정 내내 이산화탄소가 나온다. 집집마다 가스를 공급하는 과정에서도, 그리고 그 가스를 태울 때도 이산화탄소가 나온다. 나는 가능하면 이산화탄소가 덜 나오는 방법을 쓰고 싶었다.

물론 답은 알 수 없었다. 전기에너지를 열에너지로 바꾸는 건 상당히 비효율적인 과정이니 가스만 태우는 게 나을 것 같기도 했고, 밤처럼 전기가 비교적 남는 시간대에는 전기를 좀 더 쓰는 게 나을 것 같기도 했다. 그 둘 사이에 얼마나 큰 차이가 있을까, 하는 생각도 들었다. 실제로 아마 많은 사람이 그런 쓸데없는 고민을 하다니 시간이 참 많구나, 하고 혀를 찰 것이다.

그런데 그런 게 정말로 쓸데없는 고민일까? 내가 한 고민은 정말로 쓸데없을지 모르지만, 그것을 포함한 좀 더 큰 고민은 정말 중요한 것이다. 나는 과학 기자 생활을 하면서 기후 위기에 관한 여러 가지 연구를 접했다. 기후학자를 만나 이야기를 들어보기도 했다. 그 과정에서 느낀 기후 위기는 정말 큰 문제다. 이미 돌이킬 수 없는 지경에 이르렀다고 생각하는 사람도 많다.

뉴스만 보면 이렇게 중대한 일인데도 막상 현실로 돌아오면 그걸 피부로 느끼기 어렵다. 참으로 희한한 일이다. 아마도 느린 죽음이어서 그럴 것이다. 당장 얼마 뒤에 소행성이 충돌한다면 난리가 나겠지만, 우리가 서서히 죽어갈 거라고 하니 반응이 뜨뜻미지근할 수밖에. '나 살아 있을 때만 안 망하면 돼!' '그 전에 신기술이 나오겠지!' 등등. 그래서 위험성은 익히 알고 있으나 생활하는 데 있어 변화는 딱히 주지 않는 어정쩡한 상황이 되고 만다.

솔직히 나도 마찬가지다. 관련 책을 번역하며 우리가 먹는 식량을 생산하는 과정에서 이산화탄소를 비롯한 온실가스가 대단히 많이 나온다는 사실을 알게 됐다. 특히 고기를 생산하는 것이 환경에 얼마나 나쁜지도 알았다. 하지만 그렇다고 해서 내 생활에 큰 변화가 생기지는 않았다. 여전히 난 고기를 즐겨 먹는다. 하다못해 먹는 양이라도 줄였느냐 하면 별로 그렇지도 않다. 몸보신한다는 핑계로, 아이한테 먹여야 한다는 핑계로 과거 그 어느 때 못지않게 고기를 많이 먹는다. 그나마 대식가가 아니라 다행일지는 모르겠는데, 고기 반찬 없다고 투정하던 어린 시절과 비교하면 더 많이 먹는 게 분명하다. 그런 주제에 라면 끓일 때 나오는 온실가스 걱정을 했으니 누가 뭐라고 해도 할 말은 없다.

모든 면에서 그렇지만, 음식이라는 측면에서도 우리 삶은 훨씬 풍요로워졌다. 우리 아이는 평소에 잘 먹고 살아서인지 먹고 싶은 게 있느냐고 물어봐도 심드렁하다. 기후 위기는 아마 삶이 풍요로워진 데 대한 대가일 것이다. 호된 대가를 치르지 않으려면 먹고사는 문제를 좀 더 진지하게 고민해야 한다. 잘 먹는다는 표현을 단순히 충분히 먹는다는 뜻이 아니라 현명하게 먹는다는 뜻으로 바꾸어야 한다는 것이다.

다시 고기 생각을 해보자. 아까 내가 고기 먹는 양을 줄이지 못했다고 했지만, 얼마 전부터는 주로 먹는 고기의 종류를 바꾸려고 노력하고 있다. 소고기보다는 돼지고기로, 돼지고기보다는 닭고기로. 뒤로 갈수록 같은 양의 단백질을 얻는 데 들어가는 자원이나 배출하는 이산화탄소의 양이 적다. 식용 곤충이나 대체육처럼 이산화탄소가 더 적게 나온다는 고기 대용품도 먹어보았다. 유감스럽게도 맛이나 식감 때문에 당장 고기를 대체하기는 어려웠다. 아무래도 닭고기 정도로 타협할 수밖에 없을 것 같다. 다행인지 불행인지 앞으로 나이를 먹을수록 먹는 양도 더 줄일 수 있을 테고.

GIVE
&TAKE

고호관 작가·번역가
서울대학교 과학사 및 과학철학 협동과정에서 과학사로 석사를 마쳤다. 동아사이언스에서 과학 기자로 다년간 일했으며, 현재는 SF와 과학 분야의 글을 쓰고 번역한다. 저서로는 SF 앤솔러지 《아직은 끝이 아니야》(공저) 《꼬리에 꼬리를 무는 과학 1~3》 등이 있으며, 《하늘은 무섭지 않아》로 제2회 한낙원과학소설상을 받았다. 옮긴 책으로는 《인류를 식량 위기에서 구할 음식의 모험가들》 등이 있다.

설령 고기를 안 먹는다고 해서 안심할 수도 없다. 작물을 생산하는 데 쓰는 질소비료에서는 아산화질소라는 물질이 나오는데, 아산화질소의 온실효과는 이산화탄소의 약 200배다. 곡물이나 채소, 과일도 현명하게 소비해야 한다는 얘기다. 요즘 마트에 가면 채소를 조금씩 예쁘게 포장해서 파는 상품이 있다. 식구가 별로 없고 집에서 요리를 잘 하지 않을 때는 이렇게 조금씩 사서 쓰는 게 편했다. 다 못 먹고 썩어서 버리는 게 없으니 환경에도 더 좋을 것 같았다. 그런데 막상 그런 상품을 사려고 하니 가격이 발목을 잡았다. 좀 더 양이 많고 대충 포장해놓은 상품이 더 쌌던 것이다. 다 먹지도 못하고 냉장고에서 자리만 차지하다가 음식물 쓰레기가 될 게 뻔했지만, 가격 때문에 그쪽에 손이 갈 때가 많았다. 포장이 예쁜 상품은 플라스틱 쓰레기가 나오는 경우도 많아 그 또한 신경이 쓰였다. 이런 경우에 어떤 선택을 하는 게 기후 위기를 막는 데 도움이 될까?

라면 물 끓이는 문제처럼 이것도 쉽게 답을 내기는 어렵다. 다만 살면서 몇 가지 요령을 터득하기는 했다. 식품을 장기간 보관하는 방법이라든가, 가능한 한 알뜰하게 먹는 방법이라든가, 유통기한을 잘 살펴 깜빡 잊고 있다가 버리는 식품을 줄이거나, 일부가 상한 과일을 최대한 살려 먹으면서 노력하고 있다는 뿌듯함을 느끼기도 했다. 이런 소소한 고민과 그에 따른 행동은 큰 변화가 아니라 아주 작은 변화다. 이것만으로는 기후 위기를 막기에 역부족이다. 그렇다고 해서 우리가 풍족한 음식을 포함한 현대 문명의 혜택을 단칼에 끊는 것도 불가능하다. 내 알량한 고민은 이런 딜레마에서 나온다. 먹고는 싶고, 탄소 배출은 조금이나마 줄이고 싶고.

무엇이 현실적인 방법일까? 개인의 작은 변화가 기후 위기를 완전히 막을 수는 없어도 시간을 벌어줄 수는 있지 않을까? 더 많은 사람이 고민하고 조금이라도 변화한다면 시간을 더 벌 수 있지 않을까? 그러면 똑똑한 사람들이 대책을 만들 시간을 벌어줄 수 있을지도 모른다. 흔히 오십보백보라고 하지만, 50보와 100보는 분명히 다르다. 오늘 우리가 고기 한 점씩을 덜 먹음으로써, 약간 시든 채소 한 장을 참고 먹음으로써 우리 아이들이 좀 더 오래 살 수 있을지도 모른다. 아무리 한가해 보일지라도 무엇을, 얼마나, 어떻게 먹어야 잘 먹는다고 할 수 있을지에 관한 고민은 그래서 미래를 위한 중요한 한 걸음일 수 있다.

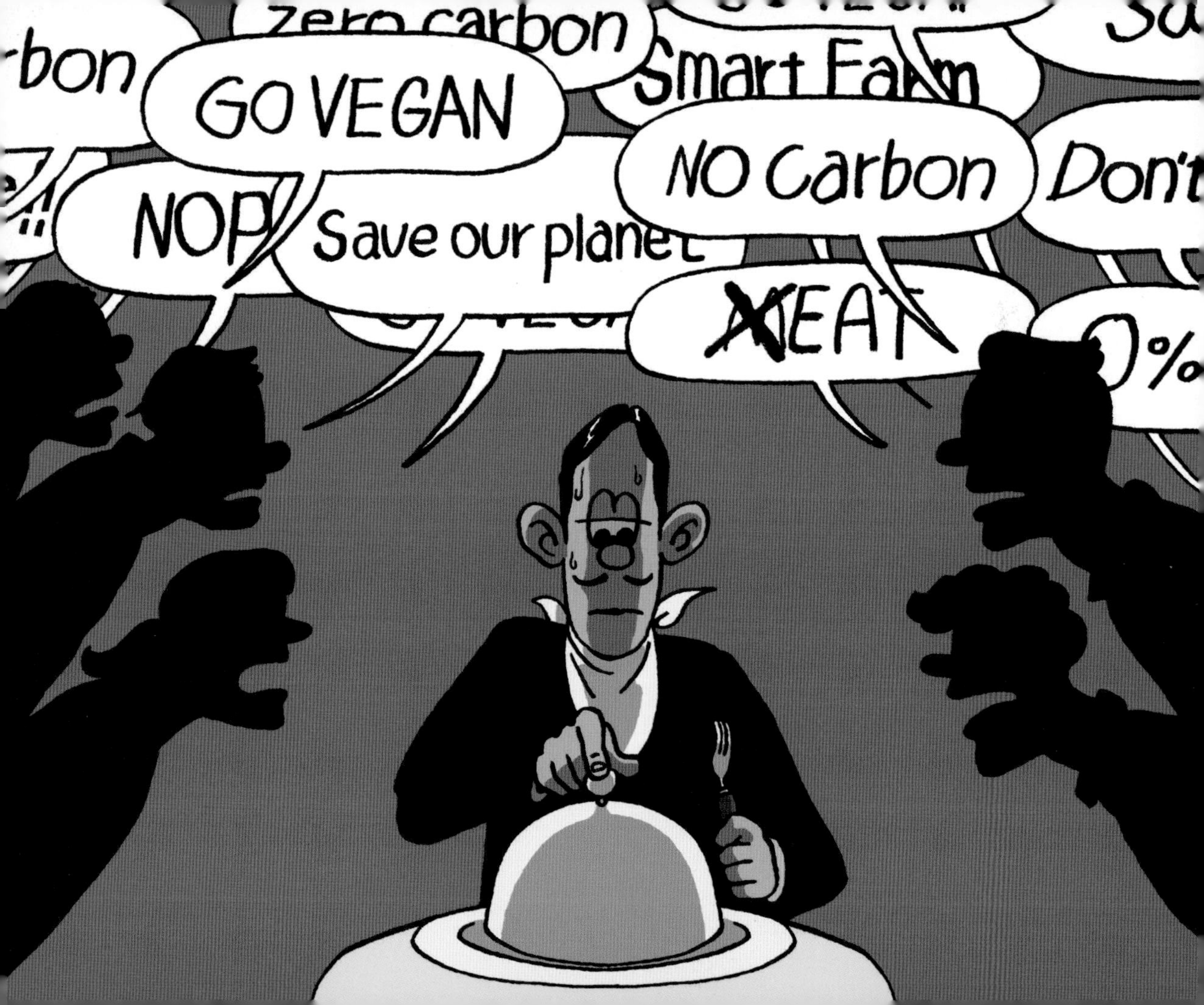

zero carbon
Smart Farm
GO VEGAN
NO Carbon
Save our planet

66

제 상상 속 기후 미식가가 까칠하고 예리하게 먹을 만한 것들을 고르는 동안 저도 찾아낸 사실이 많았어요. 단편적 생각과 배경지식만 가지고는 작업할 수 없으니 그게 무엇인지 정확히 알아야 했어요. 그리고 기후변화라는 현상에 맞춰 나는 어떻게 변할 수 있을지 스스로 질문해나가니 그제서야 비로소 작업이 술술 풀리더라고요.

99

ILLUSTRATION CREDITS

023P	'31>69'
028P	'BIG GIVE & TAKE'
030P-031P	'ENJOY IT'
032P-033P	'TOO MANY SOLUTIONS WILL KILL YOU'

ILLUSTRATOR. 이지순
삶의 부정적 면모를 음울한 유머 감각으로 풀어내는 일러스트레이터. 비극적 내용과 대비되는 다채로운 색감의 일러스트를 이용해 내용과 형식의 충돌을 꾀한다. 어색할 만큼 천진하게 표현한 씁쓸한 현실은 일종의 코미디로 발현되는데, 이는 삶의 비극성을 극복하려는 노력이자 외면해온 부정성을 삶을 회복하려는 시도이기도 하다. 물감과 디지털을 오가며 그림을 그리고 때때로 조악한 조형물을 만든다. 개인전 <그럴싸한 개소리(IDAHO, 2021)> <지겨운 농담(den, 2018)>을 열었고 <이세카이 오오라(유아트스페이스, 2022)> <넘어지는 건 부끄럽지만 도움이 된다(교보 아트스페이스, 2021)> 등의 그룹전에 참여했다. @soon.easy

기후 위기 대응 매거진 <1.5°C>로부터 식문화와 관련해 작업을 의뢰받았을 때 가장 먼저 어떤 생각이 들었나요?

저는 그때그때 끼니를 때우는 방식으로 식습관이 들었어요. 음식을 그리면서도 내키는 대로 음식을 섭취했고요. 주제를 전달받았을 때만 해도 기후와 음식, 이 둘이 어떻게 연결되어 있는지 금방 파악하기 어려웠어요. 플라스틱이나 비닐처럼 환경과 직결된 문제라고 생각해본 적이 없기에 둘 사이의 연결 고리를 먼저 이해하는 과정이 필요했죠. 요즘 워낙 환경과 기후 관련 이슈가 많잖아요. 충분히 들어서 알고 있다고 생각했는데, 작업을 하며 자료를 톺아보니 그게 아니더라고요. 정확하게 알고 있는 사실이 거의 없었어요.

'CLIMATE GOURMET', 즉 '기후식'이라는 타이틀을 들었을 때는 어떤 이미지가 떠올랐나요?

좋은 맛과 향을 까다롭게 가리고 찾아내는 미식가가 가장 먼저 떠올랐어요. 테이블에 앉아 기후에 해를 끼치는 음식과 조리법을 걸러내는 장면을 상상해봤죠. 그렇게 떠오른 이미지를 주제별로 다듬어 구체화하는 방식으로 작업을 진행했어요.

기후 위기가 막연하고 여전히 먼 미래의 일이며, 누군가 그사이 이 문제를 해결해줄 거라고 안일하게 생각했던 것 같아요. 제 상상 속 기후 미식가가 까칠하고 예리하게 먹을 만한 것들을 고르는 동안 저도 찾아낸 사실이 많았어요. '기후변화, 지구온난화는 이런 거 아니야?' 정도의 생각과 배경지식만 가지고는 작업을 시작할 수 없으니 그게 무엇인지 정확히 알아야 했어요. 그리고 기후변화라는 현상에 맞춰 나는 어떻게 변할 수 있을지 스스로 질문해나가니 그제야 비로소 작업이 술술 풀리더라고요. 다 들어서 알고 있다고 여겼는데 그렇지 않다는 걸 깨닫는 경험을 통해 관심을 더 기울일 필요가 있다고 느꼈어요.

이번 작품에서 독자들이 알아차렸으면 하는 디테일이 있나요?

작품에 들어가는 글자를 일부러 모두 영어로 적었어요. 먹는 일은 우리나라 사람이나 한 국가의 독자들한테만 해당하는 일상적 경험이 아니니까요. 어떤 국적을 가지고 어떤 언어를 쓰든 쉽게 이해할 수 있도록 간략한 영어로 화면을 구성했어요. 책을 발매할 즈음부터 연말 사이에 크고 작은 전시들을 준비하고 있어요. 평소 가지고 있던 관심사나 취향과 별개로, 보고 느낄 수 있는 작품들을 소개할 예정이에요. 와서 구경하며 웃고 종종 곱씹을 수 있는 그림이었으면 좋겠어요. <1.5°C> 독자라면 잠깐이라도 기후식에 대해 이야기를 나눠도 좋고요.

우리는
기후를 먹고
위기를 남겼다

ART

EDITOR. Dami Yoo

무분별한 포획,
비도덕적 생산,
불투명한 유통 과정,
절제 없는 음식 소비가
기후 위기를 불러온다.

1.
Waste Not

by Aliza Eliazarov

웨이스트 낫
by 앨리자 엘리아자로프

Waste Not by Aliza Eliazarov

앨리자 엘리아자로프가 세팅하고 찍은 이미지에는 먹음직스럽게 놓인 빵, 맛깔스럽게 빛나는 과일, 그럴싸한 분위기를 내는 은 주전자 등이 등장한다. 그야말로 풍족하다. 그런데 좀 더 자세히 관찰하면 빵은 무척이나 딱딱해 보이고, 과일에는 여기저기 멍이 들어 있다. 시금치는 축 늘어져 있고, 바나나는 검게 변해 있다. 언뜻 삶의 덧없음을 표현한 17세기 네덜란드 정물화, 바니타스 Vanitas가 떠오른다.

앨리자 엘리아자로프의 정물화 속 음식과 물건의 출처는 사실 쓰레기통이다. 뉴욕의 길거리를 돌아다니며 흠 있어 보이지만, 충분히 먹을 수 있는 식재료와 음식을 찾아내 세팅하고 사진으로 기록한 것이다. 그의 이런 피사체 찾기는 일종의 프리건 활동이다. 프리건은 1980년대 환경 운동에서 시작된 소비 운동을 말한다. 일상에 필요한 물건을 물물교환을 통해 얻고, 옷가지는 쓰레기통에서 찾아 입고, 버려진 음식을 찾아 끼니를 해결한다. 시장경제에서 이탈해 최소한의 소비로 살아가는 삶의 방식이자 실천이다. 소수 기득권자의 부단한 욕망을 채우기 위해 환경 자원을 무자비하게 착취하고 불평등을 심화하는 물질주의에 반대하는 일종의 불매운동인 셈이다.

기후 행동에도 무지출 챌린지가 필요하다

66

99

©Aliza Eliazarov, In a garage next to a Brooklyn bakery

©Aliza Eliazarov, Sorbet rescued from trash outside of Key Foods Market at the corner of McGuinness Blvd & Greenpoint Ave in Greenpoint, Brooklyn

©Aliza Eliazarov, Oyster shells rescued from Maison Premiere Restaurant for the Billion Oyster Project

앨리자 엘리아자로프의 작업은 이러한 프리건에서 영감을 받아 시작됐다. 미국에서 생산하는 식품 중 40%가량이 버려진다. 그럼에도 미국인 8명 중 1명은 끼니를 해결하기 위해 고군분투해야 하고, 누군가에게는 간절한 음식물이 쓰레기 매립장에서 썩어가며 메탄가스를 뿜어낸다. 이러한 모순을 직시한 그는 음식이 지닌 숭고한 가치와 의미를 알리기로 결심했다. 피사체로 사용할 음식을 찾기 위해 당장 뉴욕 거리로 나가 쓰레기통을 뒤졌다. 그렇게 찾아낸 음식을 깨끗이 닦고 가지런히 배치해 조명을 비췄다. 그렇게 창조된 사진 속 음식은 거룩한 모습으로 그 가치를 드러낸다. 작가는 그것들이 충분히 먹을 수 있는 음식이라고, 유용한 것을 의심 없이 버리는 우리의 아이러니한 현실을 꼬집는다. 그리고 우리가 그동안 얼마나 과도하게 생산하고 무심하게 소비했는지 돌아보게 한다. 이는 분명 혁명이라고 자부했던 산업화, 물질적 논리로만 점철된 시장, 절제 없는 생활의 이면이다.

어느새 플렉스는 지고 '무지출 챌린지'가 뜨고 있다. 극단적으로 지출을 줄이고 냉장고에 오래 묵혀둔 식재료를 꺼내 끼니를 해결하려는 움직임이다. 이들은 공병을 주워 100원·200원씩 돈을 모으고, 하루의 걸음 수에 따라 부여되는 포인트를 얻기 위해 자동차 대신 걷기를 선택한다. 최근 번지기 시작한 무지출 챌린지는 고물가·고금리·고환율 시대와 맞물려 생겨난 새로운 소비문화이자 저마다 더 나은 미래를 위한 재테크의 한 방식이다. 동시에 한편으론 프리건과 흡사한 기후 행동이기도 하다. 근검하고 절약하는 생활, 정말 꼭 필요한 만큼만 소비하는 삶의 방식은 내 통장 잔고를 넘어 우리 지구의 기후 잔고를 위한 일로 긴밀하게 이어진다. 기후 전환이 아득하게 여겨지더라도 낭비 없이 소비하는 행동을 습관화하면 물질 이외에 우리가 추구할 수 있는 또 다른 가치와 마주하게 될 것이다. 기대해봐도 좋을 만한 지구의 미래라고 할까. 밭은 풍년이고 계절은 선명해서 살기 좋은 지구의 모습 말이다.

©Aliza Eliazarov, Fresh juices and smoothies rescued from a distribution facility dumpster in Greenpoint, Brooklyn

2.
Salmon Series
by Cooking Sections

연어 시리즈
by 쿠킹 섹션스

Salmon Series by Cooking Sections

쿠킹 섹션스를 설립한 다니엘 페르난데스 파스쿠알 Daniel Fernández Pascual과 알론 슈바베 Alon Schwabe는 공간 전문 디자이너이자 크리에이터 듀오다. 2013년 부터 활동해온 이들은 오늘날 푸드 시스템과 기후·환경 문제를 중점으로 지속 가능한 먹기 방식을 재치 있게 전달한다. 5년간 스코틀랜드 스카이섬에서 진행해온 'Salmon Series'는 쿠킹 섹션스의 대표 프로젝트다. 연어 양식장이 환경에 미치는 영향을 조명하는 연구 프로젝트로, 기후와 생태계를 고려한 어업 방식을 제고하는 내용을 담고 있다. 이를 계기로 쿠킹 섹션스는 '2021 터너상' 후보에 이름을 올리기도 했다. 최근 터너 상은 사회 변화에 영감을 주기 위해 지역사회와 협력하는 아티스트를 조명하는 데 주력하고 있다. 이런 점을 살펴보면 문화계에서도 기후 위기와 환경오염 이슈를 다루는 예술적 상상력을 심도 깊게 주목하고 있다는 걸 알 수 있다.

66 오늘날의 식품 산업은 지구와 사회의 모든 영역에 침투해 있다 99

Cooking Sections, Salmon: A Red Herring 2021

양식장에서 사용하는 어구는 바닷속 미세 플라스틱의 주범이며, 양식 연어에 주입하는 항생제, 살충제 그리고 연어 배설물이 심각한 해양 오염을 일으킨다. 이러한 연어 양식 문제를 또 다른 방식으로 조명한 프로젝트 'On Tidal Zones'는 썰물 때는 여러 명이 함께 앉을 수 있는 식탁이 되고, 밀물 때는 굴과 어패류의 서식지가 되도록 만든 특별한 공공 조형물이다. 스코틀랜드 스카이섬 포트리 Portree 조간대에 설치한 이 테이블에서는 지역 요리사와 연구원, 정치인은 물론 일반 시민이 한데 모여 요리 워크숍을 진행한다. 프로젝트는 기존의 무분별한 양식 어업을 재생 양식으로 전환하는 방법에 대해 논의하고, 연어 대신 어패류와 해조류를 적극 활용하는 식사 방식을 제안한다. 특히 포트리 같은 조간대가 기후 환경에 긍정적 영향을 주고, 해조류와 어패류가 조간대 생태계를 건강하게 유지하는 중요한 조력자라는 점을 강조한다. 실제로 굴 한 마리가 하루에 최대 120리터의 물을 정화한다는 연구 결과도 있다. 이런 맥락에서 쿠킹 섹션스는 어패류와 해조류가 스코틀랜드 해역의 연어 양식을 대체할 새로운 먹거리라고 주장한다. 동시에 영국 내 레스토랑 메뉴에서 양식 연어를 없애는 캠페인을 진행하는 등 기후 위기에 대응하기 위한 메뉴를 개발하고, 다양한 이벤트를 통해 식품 산업이 안고 있는 문제를 다채로운 방식으로 연관 짓는다.

한편 올 초 테이트 브리튼 Tate Britain에서 열린 개인전에서는 오디오 비주얼 설치 작품 'Salmon: A Red Herring'을 선보였다. 연어 양식으로 인한 환경오염 문제를 비롯해 먹거리에 화학물질까지 주입해가며 식재료를 상품화하는 식품 산업의 문제점을 꼬집은 작품이다. 자연산 연어는 크릴새우에 포함된 아스타잔틴과 칸타크산틴 때문에 속살이 붉은빛을 띠지만, 양식 연어는 하얀색에 가깝다. 이를 숨기기 위해 양식업자들은 석유에서 추출한 발색제 사료를 먹여 인위적으로 붉은색을 낸다. 쿠킹 섹션스의 메시지에는 자연에 대한 인간의 기대와 기만이 적나라하게 드러난다. 기후 위기로 인해 야생 연어 개체 수가 감소할 뿐만 아니라 어획량 역시 매해 기록적으로 줄어드는 상황에서, 연어 양식 산업은 오래전부터 기후 위기와 해양오염을 야기하는 환경 파괴의 증거로 여겨져왔다. 그럼에도 불구하고 수요를 맞추기 위해 연어 양식업이 무분별하게 확대되면서 해양생태계 오염 역시 가속화하고 있다는 사실을 우리는 알 필요가 있다.

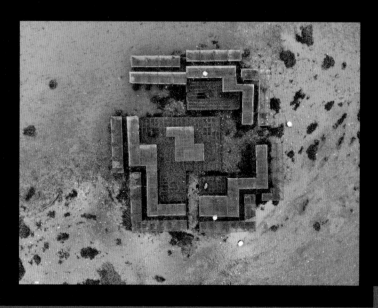

Cooking Sections, On Tidal Zones, 2017-ongoing, Isle of Skye Nick Middleton

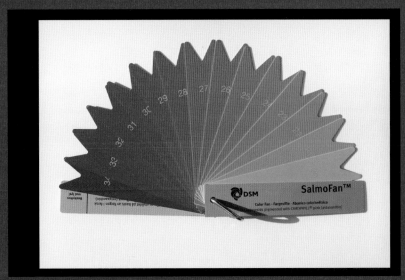

Cooking Sections, Salmon: A Red Herring 2021

Cooking Sections, On Tidal Zones, 2017-ongoing, Isle of Skye Nick Middleton

3.

Daily Bread

by Gregg Segal

일용할 양식
by 그레그 시걸

Daily Bread by Gregg Segal

미국 사진작가 그레그 시걸은 미국, 중국, 일본, 프랑스, 세네갈, 싱가포르, 말레이시아 등 9개국의 도시를 여행하며 어린이 25명이 일주일 동안 먹은 음식과 함께 그들의 사진을 찍는 프로젝트를 진행했다. 프로젝트 이름은 'Daily Bread', 즉 '일용할 양식'이다. 아이들이 일주일간 먹은 음식의 기억을 되짚어 나열하면 요리사가 그 일주일분의 요리를 다시 만들고, 한 주 동안 먹은 식사에 둘러싸인 아이들의 모습을 촬영하는 방식이다. 이 프로젝트는 식량 시스템을 연구하는 이탈리아 바릴라 재단이 주관하는 '식품 지속 가능성 미디어상'에서 우수상을 받기도 했다.

이 프로젝트를 엮은 책 《Daily Bread: What Kids Eat Around the World》에는 사진과 함께 아이들이 사는 도시와 마을, 성장 배경, 집안 환경, 식사 문화 등을 비롯해 아이들 각자가 어떤 꿈과 장래 희망을 가지고 있는지 세세하게 기록되어 있다. 세계 각지 아동들의 식습관이 계급과 영양 상태, 사회 분위기를 어떻게 드러내는지 알 수 있어 흥미롭다. 특히 각기 다른 국적, 개성, 취미를 가진 아이들이 비슷한 방식으로 식사를 한다는 점이 놀랍다. 바로 이것이 글로벌리즘 푸드 시스템이 전 세계 아이들에게 어떤 영향을 주는지 상기시키는 대목이다.

아이들의 일주일 식단은 지역 문화를 토대로 대대로 이어져 내려온 전통 가정식이 세계화의 영향을 견디지 못해 점점 희미해지고 있으며, 패스트푸드나 가공식품이 갈수록 많은 자리를 차지하고 있음을 보여준다. 그중에서도 다수의 아이가 선호하는 수많은 초가공 포장 식품과 빈 칼로리 empty calorie 식품이 특히 문제다. 초가공식품은 비만이나 각종 성인병, 암 질환을 유발하는 요인으로 여러 차례 보고된 바 있다. 또한 유화제, 방부제, 감미료, 트랜스 지방, 착색제 같은 첨가물을 가득 함유하고 있어 어린이의 발육과 성장에 부정적 영향을 미친다.

초가공식품은 우리
몸과 환경을 학대한다

Cooper Norman, 10세, 미국 캘리포니아주 앨터디나, 2016년 1월 30일 촬영.

쿠퍼는 학교 행정관인 엄마, 인사 담당자인 아빠와 함께 캘리포니아주 앨터디나 산기슭에서 살고 있다. 동네는 조용하고 평화롭다. 야생 앵무새와 공작새의 울음소리는 종종 들려도 사람의 인기척은 거의 없다. 쿠퍼는 네 살 때 가라테 수업을 듣기 시작했고, 다섯 살 때는 클래식 기타를 배웠다. 사진을 촬영할 때 착용한 나비넥타이는 기타리사이틀 때 착용한 것이다. 또 정장은 팜스프링스에서 열린 결혼식 때 마지막으로 입었는데, 신부의 삼촌이 쿠퍼의 식탁 예절에 큰 감명을 받아 그를 딤섬 가게에 초대하기도 했다. 학교에서 쿠퍼는 다양한 종류의 과일과 채소를 심는다. 어머니의 고향이기도 한 태국 음식을 가장 좋아하지만, 낯선 음식도 모두 시도할 의향이 있는 모험심 넘치는 소년이다. 음식에 얽힌 쿠퍼의 가장 오래된 기억은 유모차에서 시리얼을 먹었던 순간이다. 쿠퍼는 커서 신경외과 의사가 될 생각이며, 돈이 충분하다면 텔레포터를 사서 태국에 있는 가족을 더 자주 방문할 계획이다.

Daily Bread by Gregg Segal

과대 포장과 긴 유통 과정으로 인해 육류 못지않은 양의 탄소를 배출한다는 점에서도 큰 문제다. 실제로 초가공식품은 높은 수치의 탄소 발자국, 물 발자국, 생태 발자국을 남긴다는 연구 결과가 속속 발표되고 있으며 육류와 더불어 탄소 배출의 주범으로 꼽는다. 하지만 초가공식품 생산과 소비의 증가 속도 및 경향까지 생각해보면 앞으로 초가공식품 생산과 소비로 인한 온실가스 배출량은 더욱더 늘어나고, 그에 따라 갈수록 많은 물과 토지가 필요할 것이다. 즉, 초가공식품은 인류의 건강뿐만 아니라 지구환경에도 악영향을 미친다는 결론에 도달한다.

이렇게 산업이라는 거대한 울타리가 전 세계 곳곳에 닿고, 지구 구석구석을 해치고 있다는 사실은 우리를 망연자실하게 만든다. 그레그 시걸은 세계 각지의 아이들이 일주일 동안 섭취한 식사를 통해 정크푸드에 지배당한 우리의 식탁과 비대해진 축산업에 경고를 보낸다. 아울러 이로 인해 기후 위기가 가속화한다는 점까지 끌어내며 세계화하는 식품 산업과 초가공식품 문제를 직시해야 한다고 주장한다.

Greta Moeller, 7세, 독일 함부르크, 2017년 8월 11일 촬영.
그레타는 함부르크에서 어머니, 여동생과 함께 살고 있지만 조부모님과도 꽤 많은 시간을 보낸다. 할머니 집으로 가는 길에 커다란 밤나무가 있는데, 가을이면 여동생과 함께 밤나무 잎사귀를 뒤진다. 그레타가 가장 좋아하는 음식은 으깬 감자와 사과 소스를 곁들인 생선튀김이다. 그리고 쌀 푸딩을 너무나 좋아한다. 그레타가 정말 잘하는 것 중 하나는 양손의 엄지와 중지를 동시에 튕기는 것이다. 잠들기 전에는 옆방에서 TV를 보고 있을 어머니를 생각한다.

Thayla Reis Oliveira, 8세, 브라질 브라질리아, 2018년 8월 19일 촬영.
타일라는 시끄럽고 복잡하게 붐비는 동네에 산다. 이 동네에서는 항상 음악이 울려 퍼지고 탄산음료 깡통과 각종 쓰레기가 거리에 흩어져 있다. 그의 부모는 각자 가정부와 정원사로 일하며 생계를 위해 고군분투한다. 타일라는 지역의 공립학교와 국방부에서 후원하는 방과후 프로그램에 참여힌다. 브라질의 가난한 아이들 대부분은 식사를 하기 위해 학교에 다닌다. 하지만 정부는 우유 한 잔과 크래커 몇 조각 혹은 인스턴트 콩 통조림 한 캔 정도만 제공하는 등 아이들의 급식을 적절하게 운영하지 못하고 있다. 타일라는 풍미가 좋은 페이조아다 feijoa-da 같은 전통 요리를 먹고 싶어 한다. 그리고 군대에서 훨씬 영양가 있는 식사를 제공하고 더욱 강화된 프로그램으로 교육을 진행하기 때문에 군대 클럽에서 태그 놀이와 카포에라를 연습할 수 있는 날이 오기를 손꼽아 기다린다. 타일라는 어렸을 때 어머니가 가지고 놀던 천 인형을 안고 잔다. 금발 머리에 근사한 옷을 걸친 인형이다. 그는 먼 훗날 자신보다 형편이 어려운 아이들을 위해 옷을 사주는 훌륭한 교사가 되길 꿈꾼다.

4.

99cent, Fukuyama, Greeley

by Andreas Gursky

99센트, 후쿠야마, 그릴리
by 안드레아스 구르슈키

99cent, Fukuyama, Greeley by Andreas Gursky

현대사진의 거장으로 손꼽히는 독일 사진작가 안드레아스 구르슈키는 인류와 문명에 대한 통찰을 제공하는 포토그래퍼다. 현대 문명의 상징이라 일컫는 고층 빌딩, 대형 공장 같은 장소를 독자적인 기법으로 표현해 유형학 사진의 세계를 전개해왔다. 유형학이란 비슷한 형태의 대상을 찍어 그것이 지닌 사회적 의미를 밝혀내는 방법론을 뜻한다. 안드레아스 구르슈키는 현대 문명의 거대한 산업적 풍경을 수평과 수직의 직선적 요소를 사용해 강조하고, 반복적 형태와 일관된 구성을 선보이며 그만의 사진 어법을 구축해왔다.

안드레아스 구르슈키의 대표작 '99cent'는 1999년 미국 로스앤젤레스에 위치한 99센트 상점을 찍은 사진이다. 가로 길이 3m가 넘는 대형 작품으로, 압도적 크기의 공간을 가득 메운 이미지의 밀도가 본능적으로 시선을 잡아끈다. 무수히 많은 물건을 질서 정연하게 진열한 슈퍼마켓 풍경은 그야말로 대량생산, 대량소비로 점철된 우리 사회를 적나라하게 드러내는 증명사진이다. 작가는 이를 표현하기 위해 원근감을 없앰으로써 뒤에 있는 물건까지 잘 보이도록 조절했고, 여러 사진을 이어 붙여 스펙터클과도 같은 거대한 이미지를 완성했다. 사진 속에서 얼핏 눈에 띄는 인물들은 생산과 소비에 압도당한 우리의 모습을 절묘하게 보여주는 듯하다. 안드레아스 구르슈키는 "99센트 상점은 우리 사회를 대표하는 가장 적합한 장소"라고 말한다. 그만큼 이 한 장면은 말로 설명하지 않아도 무척이나 많은 것을 함의한다. 식품의 대량생산 문제를 기후 위기의 관점에서 살펴보면, 매년 전 세계에서 생산하는 식량 40억 톤 중 3분의 1이 낭비되고 버려진다는 사실을 외면할 수 없다. 경제적으로는 연간 1조 달러(약 1260조 원)에 달하는 손실이다. 이런 상황이 세계 식품 공급 체계를 뒤흔든다. 지구촌 한편에서는 굶주림에 고통받는 사람들이 넘쳐나고, 다른 한편에서는 음식물 쓰레기가 넘쳐난다는 뜻이다. 음식물 쓰레기가 기후변화에 미치는 영향도 고려해야 할 부분이다. UN개발계획의 2019년 식품 폐기물 지수 보고서에 따르면, 지구 온실가스의 8~10%가 버려진 음식에서 발생한다.

66
우리는
풍요로웠고,
지구는 달라졌다
99

Andreas Gursky, 99cent, 1999 ©Andreas Gursky

99cent, Fukuyama, Greeley by Andreas Gursky

한편, 거대한 목장과 양계장을 포착한 'Fukuyama'와 'Greeley'는 현대 농축산업을
적나라하게 비판하며, 지구인의 일용할 양식을 위해 효율과 이익만을 좇으면서 구축한
농지와 산업 시스템을 보여준다. 오래전부터 지금의 기후 및 식량 위기를 예견해온 그의
통찰은 이렇게나 주목할 만하다. 문득 호프 자런 Hope Jahren의 저서 《나는 풍요로
웠고, 지구는 달라졌다》가 머리를 스친다. 거대한 이미지를 통해 마주하는 기후 위기와
그에 따른 깨달음이 우리의 마음을 움직이길 바라본다.

Andreas Gursky, Fukuyama, 2004 ©Andreas Gursky

Andreas Gursky, Greeley, 2002 ©Andreas Gursky

66

음식을 버리는 것은

음식을 훔치는

1.5°C

가난한 이의 식탁에서

교황 프란치스코
POPE FRANCISCO

것과 같다.

99

FOOD AND CLIMATE CRISIS FILM

인류는 멸망하지 않을 것이다
기후 위기 속 식량 위기 필름 토크

영화 <매드맥스: 분노의 도로>와 <인터스텔라>를 통해 이야기하는,
기후 위기 시대에 야기되는 물과 식량, 농업과 축산업 문제에 관한 진단 및 전망.

TALK

WRITER. Yongjun Min / PHOTOGRAPHER. Sungyong Jang

1.

MAD MAX: FURY ROAD

2015

2.

INTERSTELLAR

2014

민용준 (이하 '민') <무비스트> <엘르> <에스콰이어> 기자 출신 영화 저널리스트이자 대중문화 칼럼니스트. 집필, 방송, 강연 활동 중이며 영화감독 13인의 인터뷰집 《어제의 영화. 오늘의 감독. 내일의 대화.》를 썼다.

곽재식(이하 '곽') 숭실사이버대학교 환경안전공학과 교수이자 SF 소설가. 기후변화에 대한 과학 교양서 《지구는 괜찮아, 우리가 문제지》를 비롯해 다수의 저서를 집필했으며, 다양한 방송 활동을 이어가고 있다.

매드맥스: 분노의 도로 2015

핵전쟁으로 문명이 파괴된 22세기, 물과 기름을 독점하고 살아남은 인류를 지배하는 독재자.
이 독재자로부터 전투 트럭을 몰고 탈출을 감행하는 여자들을 우연히 돕게 되는 맥스는 황량한 사막을 횡단하며 자유를 향해 질주한다.

인터스텔라 2014

기후 위기로 인해 점차 황폐해지는 지구에는 거대한 모래 폭풍이 불고 인류는 식량난에 시달린다. 이러한 인류의 위기를 타개하고자 새로운 행성을 탐사하는 나사 NASA의 비밀 프로젝트에 참여한 과학자들은 미지의 우주로 떠난다.

민 　　오늘은 <매드맥스: 분노의 도로>(이하 <매드맥스 4>)와 <인터스텔라>를 통해 기후 위기 시대의 식량과 농업·축산업 문제에 대해 이야기해볼까 합니다. <매드맥스 4>와 <인터스텔라>는 영화 배경과 성격 자체가 아주 다른 작품이지만, 식량과 식수 공급의 난관에 부딪힌 인류의 불안한 미래를 그린다는 점에서 공통적이죠. 박사님께서는 SF 소설을 쓰는 작가로서 미래를 그린 영화들이 디스토피아를 주요 배경으로 삼는 이유가 무엇이라 생각하시나요?

곽 　　그에 관해서는 SF 장르뿐 아니라 영화 평론의 대가라고 할 수 있는 듀나 작가님께서 자신이 쓴 《재미있는 영화 클리셰 사전》이라는 책에 명쾌하게 설명하셨죠. 그건 제작비가 적게 들기 때문이라는 거예요.(웃음) 유토피아를 보여주려면 사람들이 멋지게 잘 사는 모습을 담아야 하니까 거대한 빌딩도 있어야 하고, 날아다니는 이동 수단을 비롯해 뭔가 배경을 제대로 꾸며야 하는데 생각만 해도 피곤하잖아요. 그런데 디스토피아는 폐차장 같은 곳에서 넝마만 걸치고 나온 인물이 그냥 세상이 망해서 이렇다고 말하면 되거든요. 그럼 제작비도 적게 들죠. 잘 아시다시피 <매드맥스> 1편도 미래를 배경에 두고 있지만 특별히 근사한 풍경을 그린 영화는 아니잖아요.

민 　　대체로 황량하죠.

곽 　　1편도 그렇지만 2편에서도 딱히 꾸민 게 없어요. 그저 황무지만 많이 나올 뿐이죠. 심지어 <매드맥스 4> 배경도 대부분 황무지예요. 그리고 세상이 망했다고 하면 괜히 심각해 보이기 좋은 장점도 있죠.

민 　　돌려 말하면, 결국 유토피아를 그리는 데 돈이 많이 든다는 의미군요.

곽 　　그렇죠. 이건 제 지론이지만 디스토피아는 유토피아보다 그럴듯하게 구상하기가 쉬워요. 세상의 어느 한 가지 요소만 망가진 모습을 보여줘도 온 세상이 망했다는 말이 그럴듯하게 들리거든요. 식량난이 심각하거나, 핵전쟁이 일어났거나, 전염병이 퍼졌거나, 화산이 폭발했거나 어떤 식이든 세상이 망했다고 말할 수 있죠.(웃음) 디스토피아는 마치 "행복한 가정은 모두 모습이 비슷하고, 불행한 가정은 모두 제각각의 불행을 안고 있다"는 《안나 카레니나》의 첫 문장 같은 거예요. 사회를 지탱하는 수많은 요소 중 하나만 빠져도 세상이 망했다고 주장할 수 있는 거죠. 반대로 유토피아는 구현하기 어려워요. 개인의 인생을 두고 생각해봐도 행복한 미래라면 돈도 많이 벌어야 할 거 같고, 인간관계도 좋아야 하고, 어느 정도 건강도 유지해야 할 것 같고, 챙길 게 많잖아요. 그러니까 어떤 과학자가 미래에 특별한 기술을 개발해 에너지 문제가 해결됐고 유토피아가 이룩됐다고 할 때 대체 얼마나 놀라운 기술을 개발한 건지 설명해야 하는 부분도 있지만, 에너지 문제 하나 해결했다고 유토피아가 될 수 있을지 의심스럽거든요. 유토피아는 이렇게 해결할 문제가 많아요. 반대로 디스토피아의 진입 장벽은 그만큼 더 낮은 거죠.

민 　　방금 인용하신 《안나 카레니나》 첫 문장의 '불행'과 '행복'을 미래에 관한 전망으로 비유할 때 '비관'과 '낙관'의 유의어라고 해도 좋을 거 같습니다. 불행할 수

**희망없는 세상,
미친놈만 살아 남는다**

오리지널 시리즈 조지 밀러 감독
톰 하디 샤를리즈 테론

매드맥스
분 노 의 도 로

6월 4일 4DX 재개봉

있는 요소는 산재해서 비관하기 쉽지만, 그 모든 불행의 가능성을 해결하고 행복해지는 일이란 좀처럼 쉽지 않아 낙관하기 어렵다고 할까요? 무엇보다도 인간이 쌓아온 지난 역사에서 인간의 선택으로 말미암아 벌어진 심각한 문제들이 미래를 낙관하기보다 비관하기 쉽게 만드는 것 같고요.

곽 아무래도 인간을 사회적 동물이라 이르는 만큼 인간 행위에 보다 큰 영향을 받는 게 당연한 거 같아요. 예를 들어 지진이 일어나 집이 무너졌다고 하면 "지진이 크게 났구나!" 정도로 여기며 넘기겠지만, 테러리스트가 폭탄을 설치해 집이 무너졌다고 하면 아마 더 큰 충격을 받을 거예요. 자연재해보다 사람이 초래한 악행에 더 주목하고 관심을 갖는 측면이 있죠. 기술이 발전하고 인류가 성장하면 모든 역사가 잘 풀릴 줄 알았는데 원자력을 개발하니까 핵폭탄이나 만들고, 오히려 기술 발전이 초래하는 문제에 경각심을 갖게 됐잖아요. 그리고 어쩌면 논리적으로 편향된 말일 수 있겠지만, 살면서 잘될 일을 기대하기보다 잘못될 일을 걱정하고 조심하는 게 생존 확률을 높이는 데에는 훨씬 도움이 될 거예요. 누군가는 그게 사람이 진화해온 과정이라고도 하니까요.

민 그렇다면 기후 위기가 팽배해진 지금 인류가 또 한 번 진화할 기회를 얻은 게 아닐까 싶어요. 1997년

온실가스 배출을 줄이자는 취지로 교토의정서를 채택할 당시 이를 잘 이행했다면 지금보다 낙관적인 시대를 맞이했을 것 같습니다. 하지만 미국의 탈퇴로 유명무실해졌고, 2015년 전 세계가 채택한 파리기후변화협약도 2019년 미국 트럼프 정부가 탈퇴하면서 힘을 잃을 뻔했지만 다행히 바이든 정부가 복귀했죠. 정치 문제가 기후 위기의 변수가 되고 있습니다.

곽 말씀하신 대로 1990년대 중반부터 2010년대 중반까지, 20년 정도 헤매던 시기가 있었던 거 같습니다. 그런데 2010년 이후부터 기후 문제가 경제 및 산업과 밀착되는 화두가 됐고, 이제 기후 문제를 신경 쓰지 않으면 먹고사는 문제를 해결할 수 없는 시대로 진입했어요. 그게 국제 협력이 어렵던 과거와 다소 달라진 모습이고요. 기후 문제에 대한 경각심이 높아진 덕분이기도 하지만, 기후 문제를 해결할 수 있는 기술이 개발되면서 이른바 돈 되는 산업이라 여길 수 있는 시대가 온 거예요. 예를 들면 미국 전기차 회사 테슬라 시가총액이 우리나라에서 제일 큰 자동차 대기업 시가총액의 30배가 넘어요. 세계에서 제일 큰 태양광 회사로 손꼽히는 중국의 론지솔라는 시가총액이 80조 원 정도 된다는데, 우리나라 유수의 대기업 시가총액보다 훨씬 큰 액수죠. 이런 상황에서 미국 정치인들이 독일이나 일본의 경유차와 휘발유차 생산에 유리한 제도를 만들 리 없겠죠. 마찬가지로 중국 정부도 경쟁력 있는 자국 태양광 회사를 내버려두고 석탄화력발전소 짓는 문제에 관심을 가질 이유가 없고요. 전기차를 타는 사람에게 세제 혜택을 주거나 태양광을 설치하지 않는 회사에 탄소세를 물리는 정책을 시행할 가능성이 당연히 큰 거예요. 전기차, 태양광, 재생에너지 기술이 사업 가치가 있는 시대가 된 거죠. 10년 전만 해도 기후변화 관련 소식에는 환경이나 자연보호에 관심 있는

사람만 귀를 기울였는데, 지금은 주식 투자하는 분들이 제일 관심이 많아요. 이런 흐름은 꾸준히 이어질 거 같습니다.

민   1990년대만 해도 가까운 미래에 물을 사 먹을 거라는 전망을 심각한 사회적 문제처럼 여겼으나, 지금 물을 사 마시는 누구도 그런 위기감을 느끼지 않으니 그 당시의 위기감이 새삼스레 느껴집니다. 그런데 요즘 북미와 유럽은 심각한 가뭄을 겪고 물 공급 제한 조치까지 시행하는 상황인데, 기본적으로 물이 부족해지면 농축산업도 타격을 입을 테니까 식량 공급에도 차질이 생길 수밖에 없을 것 같습니다.

곽   기후 위기 상황에서 농업과 축산업의 위기는 사실 가장 쉽게 전망할 수 있는 일이죠. 날씨에 의존할 수밖에 없는 농업이 기후변화에 가장 큰 타격을 입는 건 당연하니까요. 그런데 비가 자주 오던 곳에 비가 오지 않아 가뭄이 들고, 비가 오지 않던 곳에 비가 와서 홍수가 나도 지구 전체 평균을 따지면 예나 지금이나 별 변화가 없을 거예요. 하지만 그 정도 변화만 생겨도 인간 생활에는 큰 문제가 발생한다는 게 진짜 문제입니다. 곡창 지대나 인구 밀집 지역에 비가 오지 않아 가뭄이 들면 농사를 망치고 사람들이 여러모로 상당한 불편을 느끼게 됩니다. 반면, 아무도 살지 않는 황무지나 사막에 비가 와 갑자기 땅이 비옥해지고 식물이 늘어나면 생태계는 더욱 풍성해질 테고 역시나 지구 전체는 별문제가 없겠죠. 결국 인간의 삶이 고달파진다는 게 문제인 거죠. 특히 농업은 날씨에 조금만 문제가 생겨도 흉년이 들기 쉬운데 기후변화는 필연적으로 농업의 위기로 이어질 수밖에 없는지라 애초에 예상할 수 있는 문제였고, 최근 들어 농산물 가격이 불안정해지는 상황에서는 더욱 경각심이 커질 수밖에 없는 분야예요.

민   말씀을 듣다 보니 식수와 에너지를 장악한 세력과 장악하지 못한 세력이 계급적으로 양극화되는 세상을 그린 <매드맥스 4>의 배경이 자연스레 떠오르네요. 올해 발발한 러시아·우크라이나 전쟁으로 인해 전 세계가 식량난과 에너지난을 겪게 되고 경제적 타격과 인플레이션 현상을 겪고 있잖아요. 그로 인해 국가나 개인 간 빈부 격차에 따른 삶의 불평등이 심화되고 있고요.

곽   그런 면에서 공동체나 사회 안정의 문제로 바라볼 필요도 있을 것 같습니다. 사실 지금 우리나라 산업 규모에서 농업이 차지하는 비중은 경제적으로 봤을 때 굉장히 미미한 편일 거예요. 10% 미만으로 떨어진 지도 한참 됐죠. 결국 우리나라에서 농업이 다 망한다 해도 경제 규모나 산업적 관점으로 봤을 때 심각한 경제적 위기에 시달릴 가능성은 적을 겁니다. 그렇다고 해서 농민들이 기후 위기로 인해 망해도 상관없다고 여겨서는 절대 안 되죠. 농민들이 잘못해서 농사가 망한 건 아니니까요. 실제로 대구나 거창처럼 서늘해서 사과가 잘 자라던 지역에서 더 이상 사과 농사를 지을 수 없다고 하잖아요. 이대로 가다간 언젠간 남한에서 사과 농사를 지을 수 없는 날이 올 테니 사과는 모두 수입해야 할 거라는 전망도 나오는데, 사과 농사를 짓던 농민들이 기후변화를 주도한 악당이라 그리된 게 아니잖아요. 그렇다고 일찍이 기후변화를 주도한 선진국에서 사과하고 보상해줄 것도 아니고요. 그러니까 가까운 공동체에서 사회 안정화의 취지를 살려 지원 방안을 모색해야 한다는 거죠. 기후 위기 속 취약 계층을 보호하기 위한 고민을 깊게 할 필요가 있고, 한발 더 나아가 국제적 관점에서 생각할 필요도 있어요. 우리나라처럼 제조업이나 지식 산업에 비해 농업 비중이 낮은 나라는 기후 위기로 인한 직접적 타격을 입은 사람이 상대적으로 적을 수 있지만, 농업 비중이 높은 나라는

피해가 심각하거든요. 예를 들어 최근 위기를 맞이한 스리랑카 같은 나라는 기후 위기가 이어지면 산업이 위기를 맞아 정치적 불안이 가중되고 난민이 발생할 수 있을 텐데, 이른바 기후 난민이 발생했을 때 방관하거나 막을 수 있을 것이냐는 거죠. 결국 기후 위기 시대를 맞이한 공동체 안에서 약한 고리가 될 수 있는 구성원들을 보호할 방안을 생각해볼 필요가 있다는 거예요.

민 한편으로는 지금처럼 기후 위기가 지속되면 수자원이나 식량 자원의 보유 및 공급 문제가 국제적 분쟁으로 가시화될 수도 있을 거 같습니다. 기후 위기의 영향은 아니지만 러시아·우크라이나 전쟁 이후로 러시아가 유럽을 비롯한 세계 각국에 천연가스 공급을 차단하면서 벌어진 문제도 그런 상황을 예견하게 만드는 것 같고요.

곽 이미 현실에서 갈등과 대립이 생겨나고 있어요. 동아프리카에 위치한 에티오피아와 이집트 사이에서 나일강에 흐르는 물을 제어하는 문제로 갈등을 빚고 있거든요. 원래 이 지역이 예부터 물이 부족해 분쟁이 잦은 편이었어요. 이 사실을 감안하면 기후변화가 심화될수록 물이 더 귀해질 거잖아요. 나일강 상류에 사는 에티오피아에서 댐을 만들고 강을 막아버리면 하류에 있는 이집트 같은 나라는 물이 부족해지는 문제가 생기죠. 이런 일이 일어날 가능성이 있는 지역이 국제적으로 늘어나고 있어요. 미국과 멕시코 사이에 흐르는 강을 두고도 이런 분쟁이 벌어지는 경우가 있고, 최근에는 중국이 지배한 티베트 쪽에 흐르는 메콩강 상류가 베트남을 비롯한 동남아시아의 여러 국가를 관통해 흘러가는데 중국이 이 물을 쓰겠다고 상류에 댐을 만든 것이 지금 동남아시아로 흐르는 메콩강 일대가 말라버린 원인으로 지목되고 있어요. 이게 다 기후변화로 인해 물 부족이 심각해지면서 국가 간 분쟁이 심화되는 상황인 거죠.

민 결국 이런 갈등이 심화되면 치수 治水에 유리한 영토 확보를 염두에 둔 전쟁까지 일어날 수 있다는 극단적 예상도 가능할 거 같습니다. 러시아·우크라이나 전쟁은 우크라이나의 나토 가입을 반대하는 러시아의 침략으로 시작한 이념 전쟁에 가깝지만, 기후 위기 시대에서는 자원 문제로 인한 갈등에서 불거진 전쟁이 벌어질 수도 있겠죠.

곽 실제로 유럽이 천연가스 의존 비율을 줄이고 태양광이나 풍력 및 기타 재생에너지를 보다 일찍 도입했다면 유럽 사회가 러시아에 보다 확실히 저항할 수 있었을 것이고, 그러면 러시아가 감히 천연가스에 기대서 우크라이나를 공격할 배짱을 키우지 못했을 거라 주장하는 학자들도 있어요. 그래서 "꿩 먹고 알 먹기"라는 말처럼 기후변화에 적극적으로 대응하는 것이 경제적 이익을 부르는 동시에 인간 삶을 편리하게 만드는 방편이 될 수 있다고 생각해요. 예를 들어 한국도 석유나 천연가스 둘 다 수입하는 나라잖아요. 심지어 석탄도 수입하거든요. 그래서 국제 유가가 조금만 올라도 경제에 타격을 입고 물가 상승을 걱정할 수밖에 없거든요. 그런데 만약 화석연료가 아닌 재생에너지 같은 대안이 충분히 정착된다면 유가가 출렁인다 해서 고통받을 이유가 없는 거죠. 그만큼 재생에너지 전환에 투자를 늘려나가는 것이 우리나라의 경제 안정과 에너지 안보에 상당한 도움이 될 것이니 그런 관점으로 접근해 투자할 필요가 있다는 거예요. 물론 과거의 환경 운동이 산업 발전의 부작용에 대한 반성에서 출발한 면이 있기에 기후 위기에 대응하는 방안의 경제 효과를 운운하는 걸 불경하게 여기고, 그런 효과를 전면에 내세우지 않는 경향도 있는 것 같아요. 하지만 이제 기술 발전과 산업의 관계를 도외시할 수 없는 시대로 흘러온 만큼 기후변화나 환경보호에 관한 문제를 경제나 산업적 관점으로 접근해 보다 적극적인 대응을 하는 게 상당한 도움이 될 거라 생각합니다.

민 말씀하신 대로 기후 위기에 대응하는 산업의 전환에서 비롯한 경제 효과도 중요하지만, 궁극적으로는 그것이 사회적 약자의 위기를 타개하는 방법이라는 점도 중요할 거 같아요. 러시아·우크라이나 전쟁이 발발하면서 전 세계적 식량 배분과 수급에 곤란을 겪었을 때 식량 지원이 절실한 아프리카 국가의 기아 상태가 심화된 것처럼, 기후변화로 인한 현상으로 짐작되는 폭우의 빈도가 잦아지면 반지하에 사는 가난한 사람들의 터전이 물에 잠기는 문제가 발생하기도 하니까요. 결국 기후 위기를 해결하는 건 궁극적으로 기후 위기에 취약한 계층의 문제를 해결하는 일이 될 수밖에 없죠.

곽 확실히 그런 면이 있다고 봐요. 물론 기후 위기가 보다 심각해진다고 해서 전 세계 사람 대부분이 <매드맥스 4> 같은 처지가 될 거라 생각하진 않아요. 그건 그저 우화적 배경일 뿐이죠. 기후변화라는 게 전 세계가 하루아침에 말도 안 되는 수준으로 변한 날씨를 감당하는 일은 아니거든요. 농사가 안 되는 나라가 생기면 반대로 농사가 더 잘되는 나라도 생기기 마련이에요. 결국 전 인류가 굶어 죽는 파국적 결말은 나타나지 않을 거예요.

다만 인플레이션 현상으로 식량 가격이 출렁이면서 사람들 삶이 어려워지는 경향은 생길 텐데, 현재 지구온난화로 인해 기후변화가 계속 진행되는 만큼 그런 문제는 점점 심각해질 거예요. 그렇다면 저소득 계층이 그 피해를 가장 먼저 체감하겠죠. 청년 계층이나 노인 계층이 주요 대상일 텐데, 그런 약자들을 구제할 수 있는 지원책을 적극적으로 모색해서 사회적 불안을 줄이면 결국 국제적 안정에도 기여할 수 있을 거예요. 국제적으로 보면 개발도상국이나 빈곤 국가도 기후 위기의 피해를 볼 확률이 높은 만큼 적지 않은 기후 난민이 발생할 수도 있을 거예요. 우리나라도 그런 현실에서 멀리 떨어진 편이 아니고요.

민　　한국이 그런 현실에서 멀리 떨어지지 않았다는 건 구체적으로 어떤 의미일까요?

곽　　작년 UN세계기상기구(WMO)에서 지난 50년간 전 세계에서 경제적 피해가 가장 컸던 기상 재난 순위를 발표한 적이 있어요. 그때 1995년 북한에서 발생한 홍수 피해가 10위 안에 들었어요. 북한이 경제적으로 크게 발전한 나라가 아니라는 걸 염두에 두면 경제적 피해를 절댓값의 액수로 환산한 순위에서 10위에 들었다는 건 그 피해가 정말 괴멸적이었다는 사실을 시사하죠. 그 홍수로 인해 북한에 '고난의 행군'이라는 시기가 도래했어요. 이 용어의 의미를 정확히 몰라도 한 번쯤 들어봤을 거예요. 결국 홍수가 북한 사회를 완전히 뒤흔들 정도로 심각했다는 거예요. 극심한 식량난으로 엄청난 수의 아사자가 발생했고, 그로 인해 탈북민도 생겼고, 북한 지도자가 갑자기 핵 개발에 매달리면서 남한과 필요 이상의 갈등 국면을 조성하기도 했고…. 이 모든 상황이 그로부터 야기됐다고 볼 수 있거든요. 그렇게 본다면 만약 기후 위기가 지속돼서 2030년쯤 북한에서 제2의 고난의 행군 같은 또 한 번의 괴멸적인 기후 재난이 발생할 경우 정치적 위기가 도래하고, 대량의 기후 난민이 쏟아질 수도 있다는 거죠. 결국 분단국가로서 북한의 상황을 주시하고 대비하는 것도 일종의 기후 위기에 대응하는 차원에서 우리나라가 고민해야 할 문제라고 생각합니다.

민　　결국 미래를 예측하기 위해 과거를 돌아보는 것도 좋은 방안일 수 있을 겁니다. 그런 의미에서 <인터스텔라>가 1930년대 미국 중부에서 발생한 모래 폭풍으로 인한 재난을 의미하는 '더스트볼'을 모델로 사막화된 근미래 지구의 디스토피아를 그렸다는 사실이 흥미로워요. 난개발에 가깝게 마구잡이로 경작을

늘려나간 탓에 황폐해진 토양이 몇 년간 지속된 가뭄으로 급속도로 사막화되면서 태양을 가릴 정도의 거대한 모래 폭풍이 형성되고, 몇 년 동안 해당 지역이 초토화된 사례를 미래에 적용한 것이었죠. 그리고 <인터스텔라>에 특히 공감하게 되는 건 영화가 기후 위기로 인한 문제가 어느 한 지역에 국한된 것이 아닐 거라는 동시대적 위기감을 그렸기 때문일 겁니다.

곽　　말씀하신 대로 기후 문제는 전 세계에 퍼져 있는 이산화탄소 농도의 문제이기에 어느 특정 국가에 치우쳐 생각할 수 없는 대표적 환경문제이자 그중에서도 가장 압도적으로 심각한 문제라 할 수 있겠죠. 생각해보면 과거 1980년대에도 상당히 심각하게 여긴 환경문제가 있었어요. 주로 프레온가스라고 알려진 CFC라는 물질이 공기 중으로 방출돼 자외선을 차단하는 오존층을 파괴하고, 그로 인해 피부암에 걸릴 확률이 커지는 등 굉장히 위험한 문제로 대두됐어요. 프레온가스가 주로 스프레이에 쓰이거나 에어컨, 냉장고의 냉매로 사용됐으니 인구 초밀 지역인 서구 유럽이나 동아시아 대도시에서 주로 배출됐을 거란 말이죠. 그런데 그 당시 상공의 오존층이 심각하게 파괴된 지역은 남극과 남반구 호주, 뉴질랜드 같은 지역이었어요. 그러니까 원인을 제공한 나라와 피해를 입는 나라가 따로 있었던 거죠. 결국 전 지구적 문제라는 자각과 노력으로 CFC 사용을 금지했고, 이제 그 문제를 어느 정도 극복한 상황이죠. 그런 면에서 이산화탄소 같은 온실가스를 많이 배출한 나라로 당연히 유럽 국가나 북미 지역을 꼽을 수 있을 것이고, 한·중·일 같은 동아시아 국가도 무거운 책임감을 가져야 하는 공업 국가라 할 수 있죠. 그런데 정작 지구온난화로 인한 기후 위기로 치명적 피해를 입는 나라는 인도양에 있는 몰디브 같은 섬나라예요. 기후변화로 인한 해수면 상승이 약간만

매튜 맥커너히　앤 해서웨이　제시카 차스테인　마이클 케인

우린 답을 찾을 것이다 늘 그랬듯이

<인셉션> <다크나이트> 시리즈 감독 작품

인터스텔라
INTERSTELLAR

1월 14일 IMAX 재개봉

일어나도 삶의 터전을 잃어버리는 나라가 생길 수 있다는 거죠. 정작 전 세계 이산화탄소 농도 증가에 큰 영향을 미치지 않은 국가가 피해를 입는 셈인데, 이럴 때 말씀하신 것처럼 과거에 있었던 사례를 참고할 필요가 있죠. 프레온가스 사용을 금지해 오존층 파괴를 막은 것처럼 원인 제공자와 피해자가 다른 기후 위기 상황을 타개하기 위해선 전 세계가 뜻을 모아 협력하고 해결책을 모색해야 한다는 거예요.

민　　　<인터스텔라>에서는 인간의 식재료가 되는 작물종 자체가 멸종하는 근미래 상황을 그리는데, 단적으로 밀과 오크라가 사라지고 옥수수마저 얼마 남지 않았다고 극 중 대사로 직접 언급합니다. 기후 위기 상황이 영화에서처럼 작물을 키울 수 있는 환경 자체를 붕괴시킬 수도 있다고 보시나요?

곽　　　저는 기후 위기가 그 정도로 심각한 상황을 초래할 거라 보진 않습니다. 실제로 기후변화를 과학적 문제로 처음 제기한 학자들은 19세기 말에서 20세기 초에 등장했는데, 그들 중에는 지구온난화로 인한 기후변화가 좋은 일이 될 수도 있다고 예상한 사람도

있었어요. 스웨덴의 화학자 스반테 아르헤니우스 Svante Arrhenius가 대표적 인물인데, 그가 기후 위기를 긍정적으로 내다본 이유는 날씨가 따뜻해지면 스웨덴 같은 추운 나라에 농사지을 수 있는 땅이 늘어날 수 있다고 봤기 때문이었죠. 그런 면에서 생각해보면 실제로 농경지가 확대되는 지역이 생길 수도 있을 거예요. 물론 한편에서는 사막화가 심해지면서 농경지가 소실되는 지역도 생기겠죠. 기후변화가 과거보다 빠른 속도로 진행된다는 것이 문제지만, 하루아침에 기후가 뒤집힐 정도의 현상이 나타나지 않을 거라 가정하면 결국 전 세계적으로 농경지 자체가 부족한 일은 생기지 않을 거라 봅니다. 다만 아까 말씀드린 것처럼 기존에 농사를 짓던 사람이나 어느 지역의 입장에서는 굉장히 심각한 문제가 될 수 있는 거죠. 실제로 최근 우리나라에서도 고랭지 채소 재배가 어렵다는 말이 나와요. 어업도 문제고요. 찬물에 사는 대구가 이제 동해에서 잡히지 않는다 하고, 예전에는 10만 톤씩 잡히던 국산 명태도 이제 볼 수 없다고 하죠. 그래서 요즘은 명태를 러시아에 가서 잡아오고 있어요. 아직 명확한 결론을 내리지 못했지만 학자들은 바다의 수온이 올라가면서 생기는 현상이라 추측하지요. 그 와중에 요즘 200kg에 달하는 노무라입깃해파리라는 엄청 큰 해파리가 바다를 뒤덮는 상황까지 펼쳐지면서 그물이 찢기는 등 어업이 막대한 피해를 보고 있어요. 그럼에도 불구하고 지구 전체로 시야를 넓혀보면 새로운 작물이 계속 개발되면서 새로운 먹거리가 나오고, 인구의 폭발적 증가 추이도 안정세에 접어드는 상황이라 이 모든 변화들이 전 지구적 위기로 이어지지는 않을 거라고 생각해요. 다만 어떤 지역이나 국가 입장에서는 새로운 환경 변화에 적응해야 하니 위기로 느껴질 수 있겠죠. 결국 그런 상황에 어울리는 정책을 펼치지 못하고 쉽게 적응할 수 없게 될 경우 사회적 혼란이 야기될 가능성이 크겠죠. 특히 농업이나 어업이 중요한 국가에서는 더더욱 심각한 문제가 될 거예요.

민 <인터스텔라>를 보면 지구 공기 중 80%가 질소인데 병충해는 질소로 호흡한다는 대사가 나옵니다. 또 그로 인해 병충해가 늘어날수록 산소가 줄어들어 인간은 배고파서 허덕이다가 숨 막혀 죽을 것이라고 언급합니다. 사실 기후 위기가 이산화탄소를 악당 같은 물질로 여기게 만드는 측면이 있어서 그렇지, 실질적으로 이산화탄소로 유지되는 적정한 온실효과 덕에 인간도 살아갈 수 있거든요. 결국 기후 문제란 불균형을 해소하고 적정 균형을 맞추는 것이 핵심이죠.

곽 병충해가 사람에게 피해를 입히는 과정을 단순한 시나리오로 설명할 수 있을 거 같아요. 병충해를 입힐 수 있는 해충이 겨울을 앞두고 1만 개 알을 까는데, 겨울의 혹독한 추위가 10일 정도 유지돼야 그 알이 대부분 죽고 하나 정도 살아남아 이듬해 부화한다고 가정해봅시다. 이게 기본 패턴인 거예요. 그런데 온난화로 겨울에 추운 날이 하루 정도 줄어들었다고 생각해보세요. 사람 입장에서는 별 차이도 아니겠지만 벌레 입장에서는 정말 큰 변화죠. 10일 동안 추워야 알이 대부분 죽을 텐데 9일만 추우니까 알이 죽지 않고 부화하는 거예요. 그래서 한 8000마리가 살아남았다고 생각해보세요. 그리고 이듬해 겨울에 추운 날이 9일로 유지돼서 지난여름에 살았던 8000마리가 각자 깐 알 1만 개 중 8000개씩 겨울에 살아남아 부화하는 거죠. 그러면 그 이듬해에는

6400만 마리가 돌아다니겠죠. 기후변화로 이런 엄청난 일이 벌어지는 거예요. 우리나라에서도 요즘 여름에 처음 보는 벌레가 갑자기 대량 발생하는 문제가 종종 생기잖아요. 결국 기후변화로 날씨가 따뜻해지면서 겨울에 살아남는 개체 수가 늘어나고, 천적도 없는 상태에서 기하급수적으로 번식하는 일이 생기는 거죠. 그리고 기온이 바뀌면 동물들이 살던 위치도 바뀔 수 있어요. 따뜻한 남쪽에서만 살던 동물들이 점점 북쪽으로 올라올 수 있는 거죠. 그래서 사람과 좀처럼 접촉할 일이 없던 동물이 갑자기 사람 앞에 출몰하는 현상이 생기는데, 코로나19 유행도 그런 견해로 짐작하는 학자가 일부 있어요. 코로나19가 박쥐에서 건너왔다는 게 중론인데, 그게 중국 사람들이 먹어서 그렇다는 이야기도 있지만 중국 사람들이 2019년에 갑자기 박쥐를 많이 먹었을 리는 없잖아요. 결국 사람과 접촉하지 않던 박쥐가 기후나 생태계 변화로 사람이 거주하는 공간으로 많이 넘어와 사는 현상이 어느 지역에서 벌어졌고, 그로부터 바이러스도 함께 넘어와 인간을 감염시켰을 가능성을 이야기하는 거죠. 그리고 만약 이 가설이 사실이라면 기후변화로 인해 이런 일이 앞으로 더 자주 일어날 수 있다고 예측할 수 있고요. 기후 위기 자체가 인간에게 당장 치명적 타격을 주지 않더라도 정체 모를 질병에 노출될 일이 더 자주 일어날 가능성은 높아질 수 있다는 거죠.

민   축산업처럼 식재료로서 동물을 키우는 문제도 기후 위기 시대의 화두가 되고 있습니다. UN 식량농업기구(FAO)는 전 세계 온실가스 배출량의 16.5%가 가축을 키우는 축산업에서 발생하고 그중 육류 제품과 관련한 비중이 61% 이상이라고 발표한 바 있는데, 수치만 봐도 생각 이상으로 아주 심각한 문제라는 걸 알 수 있어요. 문제는 식생활 개선을 요구하는 건 개개인의 자유를 침범하는 일처럼 여기는 탓에 에너지 전환보다 설득하기가 더 힘들다는 점입니다.

곽   과학적 견해로 봤을 때 말씀하신 축산업 문제는 일리가 있는 내용이거든요. 사실 가축 자체가 메탄가스를 방출하는 주범이며, 도축하는 과정에서 적지 않은 에너지가 소요되는 등 기후 위기에 상당한 영향을 미치는 만큼 확실히 해결할 필요가 있는 문제죠. 결국 축산업 종사자들을 어디로 연착륙시킬 수 있을지 고민하고 따져볼 필요가 있을 거예요.

민   한편으로는 식물을 키우는 과정에서 기후 위기를 가중시키는 탄소 배출이 일어날 거라 생각하기 어렵잖아요. 그런데 농사를 짓는 과정에서도 탄소 배출이 이뤄지는데, 특히 논농사가 대표적 탄소 배출 문제를 안고 있다고 들었습니다. 벼를 키울 때 담수 상태에서 유기물이 분해되는데, 이 과정에서 생각 이상으로 엄청난 탄소 배출이 발생한다고 하더군요.

곽   언뜻 생각하면 기후 위기는 차 타고 공장 돌리는 데서 생기는 문제이지, 농업과는 무관할 거라고 생각하기 쉬워요. 사실 농업에서 발생하는 온실가스도 상당합니다. 이게 우리에게 더 골치 아픈 문제이기도 한 것이 유럽이나 미국에서 발표한 연구 결과에 따르면 밭농사보다 논농사가 특히 심각한 문제를 야기한다고 해요. 논농사를 주로 하는 우리나라에서는 이 문제를 좀 더 신경 써야 해요. 사실 벼를 꼭 논에서 키우지 않아도 되거든요. 그렇게 이산화탄소 같은 온실가스 배출을 줄이는 방안을 모색하고 산업이 바뀌도록 유도해야죠.

민   결국 정부의 지원 정책과 학계 전문가의 조언이 잘 맞물려서 체계화된 정책을 마련하는 게 급선무일 것 같습니다.

곽   사실 최악의 상황을 가정하면 이런 일도 생길 수 있어요. 유럽에서 논농사를 많이 짓는 나라에 벌금을 물리도록 하자고 하면 대체로 중국, 일본, 인도, 한국, 캄보디아, 베트남 같은 아시아 국가들이 해당될 가능성이 높겠죠. 약간 극단적 이야기 같지만 실제로 그런 불이익을 받을 가능성도 대비해야 해요. 결국 정부 차원에서 농민들에게 농법을 바꿀 수 있는 대책을 언제까지 마련해주겠다는 책임 있는 태도를 보일 필요가 있는데, 막상 공무원 입장에서 보면 먼저 움직이기 힘든 점도 이해가 돼요. 괜히 책임지겠다고 나섰다가 실패해서 욕만 먹을 수 있다고 생각하면 선뜻 나서기 어려운 거죠. 그러니까 어느 개인이 나서서 해결할 일은 아닌 거예요. 하지만 언급한 가능성을 고려한다면 정부 차원에서 책임질 각오를 하고 기후변화 문제 안에서 보호하고 지원할 산업에 대해 빠르게 대응할 필요가 있는 거죠.

민   한편으론 기업식 농업도 기후 위기를 가중시키는 원인으로 꼽히는 거 같더군요. 화학비료가 야기하는 온실가스를 무시할 수 없고, 토질이 황폐해져 사막화가 가중되는 문제도 있고요. 문제는 기업식 농업이 식량을 싸게 대량생산하는 시스템이라 한편으로는 전 세계 식량 불균형 사태를 해결하는 데 기여한다는 측면에서 손쉽게 금지할 수 없다는 점이 더 큰 딜레마로 다가오는 것 같습니다.

곽   기업식 농업을 금지해도 선진국 사람들은 대체로 상관없을 거예요. 이미 값비싼 유기농 제품을 사 먹는 사람도 많잖아요. 반대로 기업식 농업을 금지해버리면 개발도상국의 가난한 사람부터 먼저 굶주릴 수 있어요. 그만큼 풀기 어려운 문제라는 거죠. 우리나라 기업들이 기후변화 문제에 대응하는 동향을 보면 조금 느린 것 같다고 지적을 받지만, 한편으로는 대기업 중심의 현안에서 나름대로 돌파구를 찾을 수 있을 거라는 기대도 조심스레 해봐요. 예를 들어 세계 주요 비료 공급사가 열 군데 있다고 치면 그 열 군데만 잘 설득해 대체할 수 있는 새로운 기술을 개발해도 비료로 인한 온실가스 발생과 토양 황폐화 문제를 상당 부분 해결할 수 있을 거예요. 물론 잘 안 될 수도 있겠지만, 정부나 국제사회 차원에서 시도해볼 법한 일인 거죠.

기후 위기 속 식량 위기 필름 토크

민   그동안 빙하가 녹거나 산불이 나는 영상을 통해 기후 위기 문제를 아무리 가시적으로 보여줘도 일상에서 쉽게 느낄 수 없으니 간과하는 경향도 일부 있었던 것 같아요. 하지만 최근 폭우로 인해 기후 위기가 모든 사람에게 피부로 와닿는 문제가 되고 있습니다. 결국 실생활에서 위기의식을 느끼는 단계에 이르러야 실질적인 행동으로 이어질 수 있을 것 같기도 하고요.

곽   기후변화 문제의 특징 중 하나죠. 사실 다른 환경문제는 기후변화보다 개인적 일상에서 좀 더 부드럽게 해결할 수 있는 측면이 있거든요. 가령 쓰레기 문제는 그냥 단순히 생각해도 쓰레기 버리는 행위가 좋게 느껴지지 않으니 인식을 전환하는 방식으로도 해결할 가능성이 있어요. 그런데 기후변화는 그렇게 풀 수 있는 문제가 아닌 거죠. 대기 구성 물질 0.01% 차이라는 게 너무 사소하게 느껴질 수도 있고요. 그리고 사실 최근 폭우 문제로 기후 위기를 느끼는 사람이 많아졌다고는 하지만, 사실 그런 일시적 현상을 기후변화 문제라고 정의하진 않아요. 기후변화란 긴 시간 동안 전 세계 평균 기후가 어떻게 바뀌어나갔다는 걸 의미하는 거지, 당장 폭우가 심하게 내렸다고 기후변화 문제와 연결할 수 있는 건 아니거든요. 그만큼 직접적으로 느끼고 해결하려는 의지가 생기기 어려운 문제이기도 하죠.

민   그렇지만 결국 어떤 식으로든 개개인의 인식이 생기는 건 중요한 일인 거 같습니다. 기후 위기가 거시적인 문제이기도 하지만 근시안적인 시선으로 빠르게 해결하려는 의지도 중요할 것 같거든요. 그런 의미에서 폭우가 심해지거나 큰 태풍이 오는 것이 일시적인 현상일 수도 있지만, 기후 위기를 보다 예민하게 받아들이는 데 기여하는 바가 있다면 이런 메시지를 전하려는 노력을 그때마다 적극적으로 해보는 것도 중요하지 않을까 싶어요.

곽   결국 국민이 정부를 위해 뭘 해줄 수 있는지도 중요하겠지만, 기후 위기 문제에 관해서는 정부의 역할이 훨씬 중요하다고 봐요. 이번 폭우 사태와 관련해서도 기후변화로 인한 재해가 심해질 수 있다는 예측이 하루 이틀 나온 게 아닌데, 정부 대책이 너무 안일했던 게 아니냐는 비판이 나오잖아요. 결국 기후 위기 문제를 대하는 정부가 사람들에게 탄소 배출량을 줄이라고 강제하는 것 이상으로 책임 있는 태도를 취할 필요가 있다고 보는 거죠. 사실 저는 기후 위기로 인류가 멸망하는 일까지는 오지 않을 거라 생각하는 편이에요.

인류 대부분이 치명적 피해를 입는 사태도 벌어지지 않을 거라 보는 편이고요. 이렇게 말하면 기후변화와 상관없이 막 살아도 되는 것이냐고 배신감을 느끼는 분들도 계실 거 같아요.(웃음) 하지만 결국 기후변화로 가장 큰 피해를 보는 이들은 사회적 약자이기에 그들을 도울 수 있는 공동체의 대비가 필요하다는 거죠. 과거 조선 시대에는 비가 많이 오거나 가뭄이 들어서 사람이 죽는 건 하늘의 뜻이라 여기며 넘어갔지만, 지금은 그런 시대가 아니잖아요. 적어도 홍수가 나면 저지대에 사는 사람들이 위험하다는 사실 정도는 알고 대비하는 시대를 살고 있으니까 기후변화로 일어나는 문제는 정부 당국에서도 거듭 인지하는 만큼 가볍게 여겨서는 안 된다는 거죠. 적어도 이제는 기후변화에 대한 활발한 논쟁을 해서라도 우선순위의 정책을 마련하고, 그에 대응하는 방향으로 나아가야 한다고 봅니다. 그럼으로써 우리나라가 기후변화에 잘 대응하는 국가로 거듭나 세계의 관심을 받으면 마침 선진국과 개발도상국을 이어줄 수 있는 위치에 있기도 하니 전 세계 기후변화에 기여할 수 있는 길이 분명 있을 거라고 생각합니다. 결국 기후 위기를 떠나 지구상의 모두가 함께 잘 살아야 하는 문제는 늘 중요하니까요. 국가적으로 기후 문제를 바라보는 태도를 잘 정립하고, 좀 더 깊이 들어가면 좋겠습니다.

소 트림세?
더 이상
우스갯소리
아니다

FOCUS

EDITOR. Dami Yoo / ILLUSTRATOR. Kimi and 12

뉴질랜드에서는 가축이 배출하는 메탄가스의 양만큼 축산 농가에 세금을 매기는 일명 '소 트림세'를 추진 중이다. 이산화탄소, 아산화질소와 함께 지구 온도를 높이는 온실가스 3대장인 메탄은 총배출량 가운데 37%가 축산업에서 비롯된다. 그중 대다수가 소 같은 반추동물이 트림하는 순간 나온다니, 소가 꺽 하는 순간 지구가 억 소리를 내는 격이다.

©David McNew / Greenpeace

66

고기가 그렇게
나쁩니까?

99

©GREENPEACE / DANIEL BELTRÁ

소고기는 부의 상징이고, 삼겹살은 많은 사람에게 만만한 소울 푸드다. 삼계탕은 원기 회복에 단골 메뉴이고, '한 집 건너 한 집'이 치킨 가게일 정도로 닭고기는 국민 음식이다. 운동 후 닭 가슴살 섭취는 마치 원칙처럼 여겨진다. 우리의 밥상에서 육식은 정상적이고 자연적이고 필수적이라는 생각이 팽배해 있다. 그러나 뜨거워지는 지구, 느닷없는 이상기후, 각종 자연재해를 떠올리면 육식 위주의 식생활은 다시 생각해봐야 할 문제다. 축산업은 전 세계 온실가스 배출량의 18%를 차지한다. 그중 50%는 동물의 트림과 방귀에 섞인 메탄가스다. 우리가 메탄가스를 지적하는 이유는 이산화탄소보다 23배나 강한 온실효과를 일으키기 때문이다. 가축의 배설물에서 발생하는 아산화질소도 온실효과를 일으키는 또 다른 주범이다. 가축을 키우기 위해 필요한 땅의 면적 역시 엄청나다. 전 세계에서 벌채된 산림의 80%가 축산을 위한 사료 재배지로 쓰인다. 숲이 사라지니 그 속에 저장되어 있던 탄소가 공기 중으로 방출되고, 지구는 그만큼 탄소를 격리할 수 없어 점점 더 온도 조절 능력을 잃는다. 비료와 농약을 사용함으로써 오염되는 토지와 물 문제는 별개다. 우리가 습관처럼 먹고 권하는 고기는 이렇게 기후 위기를 불러온다.

육식이 비추는 축산업의 긴 그림자

수렵·채집 생활을 하던 인류는 언제부터인가 농경과 함께 가축을 키우기 시작했다. 그리고 '최소 비용, 최대 효율'을 단일한 목표로 삼는 산업화 시대에 이르러 공장식 축산 방식을 발명해냈다. 고기를 생산하는 시스템이 발달하자 소비량도 덩달아 높아졌다. 잘 먹는 만큼 인구도 증가했고, 증가한 인구수만큼 생산량 또한 급격히 늘어났다. 대규모 공장식 축산업의 당위성은 이렇게 강해졌고, 그러는 사이 지구환경을 위협하는 기후 악당으로 우뚝 성장했다.

2006년 UN식량농업기구가 발표한 보고서 <축산업의 긴 그림자 Livestock's Long Shadow> 는 기후 위기의 주범으로 축산업을 지목한다. 온실가스 총배출량에서 축산업이 차지하는 비율은 18%에 달하며, 가축을 비롯한 목축장 폐기물에서 나오는 오수가 전 인류의 활동에서 비롯된 양보다 많다고 한다. 또 육류 위주 식단은 채식 기반 식단보다 10~20배 더 많은 토지를 소모하고, 전 세계에서 생산하는 곡물과 대두의 거의 절반가량이 가축 사료로 쓰인다고 한다. 하지만 이러한 경고에도 불구하고 축산업은 여전히 성업 중이다. 우리의 식탁에 오르는 고기 또한 줄어들지 않고, 그에 따라 온실가스 농도는 더욱더 짙어지고 있다.

실제로 UN식량농업기구는 2018년 가금류 1억2731만 톤, 돼지고기 1억2088만 톤, 소고기와 버펄로 7161만 톤 등 50년 전과 비교했을 때 전 세계에서 3배 이상의 육류를 생산한 것으로 분석했다. 한편, 옥스퍼드대학의 조지프 푸어 교수가 2018년 <사이언스>에 발표한 자료에 따르면, 소·양·버펄로 고기의 킬로그램당 온실가스 배출량이 가장 높게 나타났다. 이 외에 생산과정에서 많은 양의 온실가스를 배출하는 식품인 우유, 치즈, 달걀 역시 축산업에 해당한다. 육식이 기후 위기에 영향을 준다는 것은 부인할 수 없는 사실이다. 우리가 매일 먹는 육류와 유제품, 달걀을 생산하기 위해 사육하는 가축이 상상을 초월할 만큼 다양한 방식으로 온실가스 배출에 기여하고 있는 것이다.

식품별 킬로그램당 온실가스 배출량
생산자와 소비자를 통한 식품의 환경 영향 감소 연구 보고서(2018), 출처: J. Poore & T. Nemecek

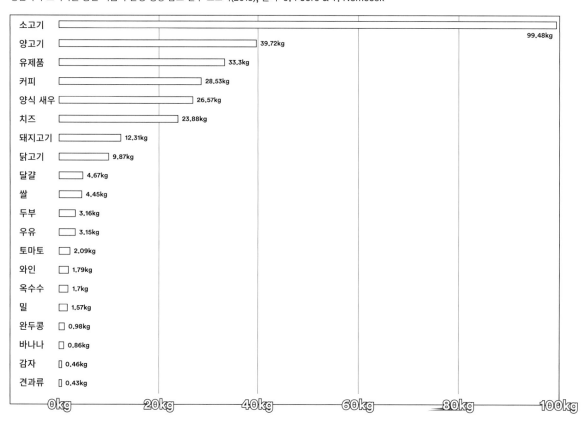

소고기	99.48kg
양고기	39.72kg
유제품	33.3kg
커피	28.53kg
양식 새우	26.57kg
치즈	23.88kg
돼지고기	12.31kg
닭고기	9.87kg
달걀	4.67kg
쌀	4.45kg
두부	3.16kg
우유	3.15kg
토마토	2.09kg
와인	1.79kg
옥수수	1.7kg
밀	1.57kg
완두콩	0.98kg
바나나	0.86kg
감자	0.46kg
견과류	0.43kg

네덜란드 델프하우의 목초지에서 노니는 소들. ©Greenpeace / Marten van Dijl

소 트림이 지구의 온도를 높인다, 메탄가스

기후 위기의 주범으로 지목된 가축 중에서 소나 양 같은 반추동물의 온실가스 배출량은 압도적 수치를 나타낸다. 반추동물은 한번 삼킨 먹이를 다시 게워내 씹는 특성을 가졌다. 엄청난 양의 거친 풀을 먹는 이들은 긴 소화기관을 거치며 장내 미생물에 의해 음식물을 발효시킨다. 이때 부산물로 대량의 메탄가스가 생성된다. 메탄가스 대부분은 동물이 트림을 할 때 나온다. 이렇게 동물의 트림으로 배출되는 메탄가스의 양은 생각보다 어마어마하다. 인간 활동으로 발생하는 메탄가스 배출량 중 3분의 1을 차지할 정도다. 메탄은 주로 화석연료와 가축의 배설물, 쓰레기 처리 과정에서 나오는 온실가스로 지구온난화와 관련해 이산화탄소 뒤를 잇는 악당 기체다. 소 트림에 세금을 부과하겠다는 것이 더 이상 우스갯소리가 아닌 이유다. 사실 메탄가스의 대기 중 농도는 이산화탄소량에 비해 아주 적다. 문제는 메탄가스가 이산화탄소보다 24배나 높은 온실효과를 일으킨다는 데 있다. 다시 말해, 메탄가스 1g이 24g의 이산화탄소와 같은 온실효과를 나타낸다. 뒤집어 생각하면 메탄가스의 대기 중 농도를 조금만 줄여도 온실효과를 훨씬 효과적으로 해결할 수 있다는 얘기다. 지난해 영국 글래스고에서 열린 제26차 UN기후변화협약 당사국총회(COP26)에서 2020년 대비 전 세계 메탄가스 배출량을 2030년까지 30% 감축하기로 합의한 것도 그런 이유에서다.

그렇지만 메탄가스를 배출한다고 소를 탓할 수는 없다. 축산업에서 발생하는 메탄가스가 위협적인 이유는 단순하게 말하면, 소 사육 두수가 너무 많기 때문이다. 2020년 미국 농무부가 발표한 자료에 따르면, 연간 세계 소 사육 두수는 무려 9억8700만 마리다. 소고기의 마블링을 예찬하고 단백질 신화를 종교처럼 믿고 따르는 현대인의 어긋난 육류 사랑이 지구의 온도마저 높이고 있는 것이다. 또 다른 문제는 소가 무엇을 먹느냐에 따라 내뿜는 메탄가스의 양이 달라진다는 사실이다. 전 세계 대부분의 유통량을 차지하는 유럽과 브라질의 소고기 생산업체는 대부분 풀 먹인 소를 선호한다. 그러나 미국에서는 소 사료로 곡물을 가장 널리 사용한다. 일반적으로 장내 발효 과정에서 곡물 사료를 먹은 소가 더욱 많은 양의 메탄가스를 내뿜는다. 곡물 사료는 단백질 함량이 높기 때문에 더욱 빠르게 가축의 덩치를 키울 수 있다. 이 역시 기후 위기와 맞바꾼 효율이다.

그래도 다른 한편에서는 목축업자들이 소의 트림에서 나오는 메탄가스를 줄이기 위해 여러 가지 노력을 하고 있다. 마늘과 시트러스 추출물이 포함된 천연 사료 첨가물을 사용하는가 하면, 해초를 함께 먹여 메탄가스 배출을 줄이는 데 도전한다. 심지어는 소의 입에 마스크를 씌워 메탄가스를 정화하는 솔루션을 개발하려는 움직임도 있다. 하지만 가장 빠르고 효과적인 방법은 소의 사육 두수를 줄이는 일, 즉 소고기 소비를 줄이는 일이다.

웃을 수 없는 웃음 가스, 아산화질소

아산화질소는 마법 같은 기체다. 이 기체를 흡입하면 얼굴 근육에 경련이 일어나 마치 웃는 것처럼 보이고, 헤모글로빈 수치를 높여 기분을 좋게 만든다고 해서 '웃음 가스'라고도 부른다. 그렇지만 이 기체 앞에서 마냥 웃을 수는 없다. 아산화질소는 온실가스 중 세 번째로 비중이 높은 기체다. 이산화탄소의 약 300배에 달하는 온실효과를 일으키며 대기 중 수명도 100년이 넘는다. 따라서 아산화질소 배출량이 조금만 높아져도 지구 온도의 변화에 큰 영향을 준다. 또 프레온가스처럼 자외선을 방어하는 오존층을 파괴하는 성질까지 있다. 그러나 산업화 이후 대기 중 아산화질소는 30% 넘게 꾸준히 증가해 지구의 기후를 위협하고 있다. 전문가들은 이러한 증가 원인을 질소비료 사용과 가축의 배설물에서 찾는다. 이렇게 또 축산업은 기후 위기를 초래하는 아산화질소와 연결된다.

가축이 배설한 똥과 오줌이 섞이면 암모늄이온이 만들어지는데, 이것이 토양 속 미생물과 만나 질산염으로 변한 후 지하수로 흘러들어 강과 바다를 오염시킨다. 그리고 종국에는 아산화질소로 바뀌어 지구의 온도를 높이고 오존층을 파괴한다. 그래서 오늘날과 같은 기후 위기 시대에 태어난 송아지는 화장실에서 소변을 보도록 혹독한 훈련을 받기도 한다. 이 또한 마냥 웃을 수 없는 일이다.

단백질 함량이 높은 사료를 먹고 자란 가축은 체내에서 흡수하지 못한 단백질 성분이 배설물에 포함되어 있어 훨씬 더 많은 양의 아산화질소를 배출한다. 따라서 전 세계 국가들은 제도적으로 사료의 조단백질 함량을 조정하기 시작했다. 예컨대 사료의 단백질 함량이 1% 감소할 경우 퇴비 부숙 과정에서 발생하는 아산화질소 배출량을 연간 35만5000톤 CO2eq까지 줄일 수 있다.

그러나 일각에서는 여전히 가축의 배설물로 만든 퇴비와 액비를 토양에 살포해가며 아산화질소를 양산하고 있다. 이렇게 하면 잠시나마 땅은 비옥해질지언정 아산화질소 배출을 높일 뿐 아니라 지하수를 오염시키고 하천과 바다의 부영양화를 일으켜 생태 기능마저 무너뜨린다. 하지만 전 세계에서 기르는 막대한 양의 가축을 먹이기 위해 질소비료를 살포하는 일이 지금도 버젓이 일어나고 있다. 소고기 한 점, 돼지고기 한 점이 아무리 맛있어도 죄책감 없이 미소 짓기란 여간 쉽지 않다.

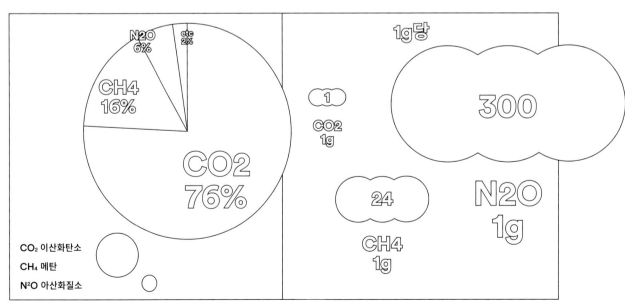

CO₂ 이산화탄소
CH₄ 메탄
N²O 아산화질소

대기 중 온실효과를 일으키는 온실 기체 비율   **이산화탄소, 메탄가스, 아산화질소의 1g별 온실효과**

텅 빈 아마존이 남긴 것, 이산화탄소

단백질 100g을 섭취하기 위해 소고기를 선택할 경우 163.6m²에 달하는 땅을 소비하는 셈이다. 한편, 두부를 선택할 경우에는 2.2m²를 사용한다. 그런데 육류 소비는 해마다 늘어나고 이 공급량을 맞추려면 전 세계적으로 약 10억 마리의 소를 사육해야 한다. 그러기 위해서는 매년 약 10억 톤의 사료가 필요하다. 늘어나는 육류 소비에 따라 사료 생산 역시 해마다 4%씩 증가한다. 게다가 사료의 재료인 곡물을 생산하기 위해서는 재배지가 필요하고, 소가 살 곳을 마련하기 위해서는 목초지가 필요하다.

이에 인류는 아마존을 골랐다. 그 결과, 탄소 흡수원으로 기능하던 울창한 삼림은 콩밭이 되고 목장이 됐다. 2019년 자이르 보우소나루 대통령이 취임한 후 아마존 개발은 더욱 속도를 높였다. 실제로 '지구의 허파'라 불리던 아마존 일부 지역을 경작지로 탈바꿈시키느라 한 달간 불태우고 흙을 뒤집어놓았다. 이로써 브라질은 오늘날 세계 최대 소고기 수출국으로 거듭났다. 브라질이 배출하는 온실가스 원인의 75%가 축산업일 정도다. 한편 프랑스 국립농림연구소와 원자력대체에너지위원회, 미국 오클라호마대학이 공동 연구한 보고서에 따르면 급증한 벌채로 인해 약 10년 사이에 아마존은 산소보다 이산화탄소를 27톤이나 많이 배출하는 '탄소 배출원'으로 변했다. 참으로 믿고 싶지 않은 결과다.

연도별 브라질 아마존의 자연림 면적(1만 헥타르)

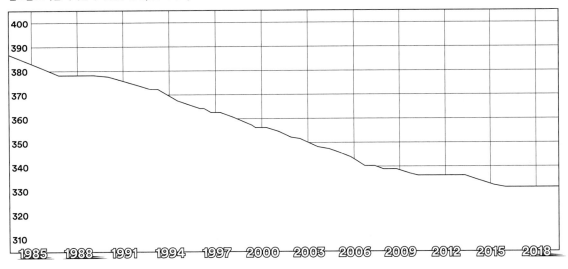

하루에 세 번 주어지는 생존의 기회, 채식

우리가 한 주 동안 먹은 것을 헤아려보자. 고기, 우유, 치즈, 달걀 등 육식을 하지 않은 날이 있었던가? 육식이 기후 위기를 가속화한다는 사실을 잘 알면서도 개인의 실천이 가져올 결과는 미미하다는 핑계를 대며 여전히 육식 위주의 식단을 고수하고 있지는 않은가? 물론 축산 시스템이 일으키는 온실가스와 환경 파괴는 산업망 안에서 책임감을 가지고 효과적인 방법으로 해결해야 할 필요가 있다.

저탄소 축산을 실현할 국가적 제도 마련과 기술 개발, 그리고 실천적 조치가 시급한 상황이다. 한국은 세계 최대 소고기 수입국 중 하나다. 돼지고기 역시 높은 수요를 맞추기 위해 유럽과 아메리카 대륙에서 많은 양을 수입하고 있다. 국경을 넘나드는 우리의 육류 소비가 지구 반대편의 아마존을 훼손하고, 저 높은 곳의 오존층을 파괴하고, 지구의 온도를 높이는 데 일조한다는 사실을 알아야 한다.

프랑스에서는 지난해 '기후와 복원 법안'이 통과됐다. 대학을 포함한 전국 공립학교와 국가에서 운영하는 식당은 일주일에 한 번 고기 없는 메뉴를 제공해야 한다는 내용이 포함돼 있다. 한편 영국 기후변화위원회는 육류와 유제품 소비를 2030년까지 20%, 2050년까지 35% 이상 줄이기 위해 소비자가 식단을 전환하도록 장려하는 시행령을 의회에 제출했다.

우리는 매일같이 삼시 세끼를 먹고 산다. 기후 위기를 늦출 수 있는 기회가 하루에 세 번씩 주어진다는 얘기다. 소고기 생산에 따른 온실가스 배출량은 돼지고기보다 약 8배 높고, 돼지고기 생산에 따른 온실가스 배출량은 두부보다 약 4배 높다. 또 4인 가족이 일주일에 한 끼만 채식으로 전환해도 온실가스를 연간 약 132kg이나 줄일 수 있다. 매일 이렇게 의식적으로 환경에 영향을 덜 미치는 음식을 선택함으로써 우리는 능동적으로 기후변화를 늦추는 데 동참할 수 있다.

우리가 소 트림을
무서워해야 하는 이유
: 소형차 못지않은 양의
메탄가스를 내뿜기 때문

위가 4~5개나 되는 소와 양 같은 반추동물은 장내 박테리아가
음식물을 분해하고 발효하는 과정에서 메탄가스를 생성한다.
소 한 마리가 1년 동안 방출하는 메탄가스는 70~120kg에
달하는데, 이는 소형차 한 대가 1년에 내뿜는 온실가스의 양과
거의 동일하다. 또한 가축의 분뇨를 모아 처리하는 시설에서
발생하는 메탄가스 배출량은 전체의 10%를 차지한다.
목축업으로 인해 발생하는 메탄가스가 문제인 이유는
이산화탄소보다 24배나 강한 온실효과를 일으키기 때문이다.
소의 트림이 문제라고 해서 소를 탓할 수는 없다. 지구상에서
너무 많은 소를 기르고 있는 것이 문제다. 모두가 알다시피
인간의 욕심에서 기인한 결과다.

가축의 배설물과 질소비료가 낳은 괴물, 아산화질소 : 탄소보다 300배 높은 온실효과

가축의 배설물에는 암모니아와 단백질 성분이 포함되어 있다. 가축 분뇨 시설에서 바로바로 처리하지 않고 지면에 그대로 노출시킨 배설물의 경우, 단백질 성분이 암모니아와 만나면서 질산염이 된다. 이렇게 만들어진 질산염은 아산화질소 형태로 변해 공기 중으로 방출되거나 빗물과 함께 지하수로 스며들어 물을 오염시킨다. 더불어 농사에 사용하는 질소비료 또한 같은 역할을 한다. 특히 가축의 사료를 만들기 위해 곡물을 생산할 때 막대한 양의 질소비료를 사용하는데, 이것이 아산화질소를 발생시키는 또 하나의 원인이다. 아산화질소가 전체 온실가스에서 차지하는 비율은 6%에 불과하지만, 이산화탄소의 약 300배에 달하는 온실효과를 일으키므로 그 영향력만큼은 결코 간과할 수 없다.

쟁기질을 시작한 순간
기후 위기는 이미 예견됐다

식량 시스템을 기후 위기 측면에서 들여다보면 언뜻 축산업은 가해자고, 농업은 피해자 같다. 하지만 농업이 기후에 주는 부담 또한 심각한 수준이다. 기하급수적으로 증가하는 인류를 먹이기 위해 지력이 쇠한 땅을 파서 뒤집는 과정에서 격리돼 있던 탄소가 대기 중으로 배출되고 있다. 대기보다 2배 넘는 양의 탄소가 잠들어 있는 땅을 겁 없이 자꾸 흔들어 깨우는 격이다. 그렇게 농사의 긴 역사는 기후 위기를 가속화하는 데 일조해왔다.

©Greenpeace

독일 작센안할트주의 한 실험 농가. 잘 정돈된 논은 자연 친화적일 것이라는 기대와 달리 탄소 배출의 주범일 수 있다.

쟁기가 낳고 비료가 키운 기후 위기

농사는 기후 위기로 인한 피해를 가장 직접적으로 받는다. 그러면서도 기후변화에 큰 영향을 끼치는 산업이다. 기후변화가 농사를 망치고 농사가 기후를 변화시킨다니, 그야말로 딜레마다. 생산성 향상이라는 단일한 목표를 향해 발전해온 농사법은 온실가스를 배출하며 지구의 기온을 높이는 반면, 식량 생산량은 기온이 1°C 상승할 때마다 3~7% 줄어든다. 효율적이고 효과적인 생산을 위해 경운, 비료, 농약, 삼림 벌채, 단일 재배 등의 농업기술을 발명했지만 그것이 돌고 돌아 종국에는 기후 위기를 가속화하고 식량 위기를 초래하는 씨앗이 된 것이다. 육식만 줄이면 되는 게 아니었다. 기후변화와 먹거리의 관계는 훨씬 더 복잡하다. 농사의 결정적 순간들이 알고 보니 기후를 변화시키는 요인이라는 불편한 진실을 마주할 시간이다.

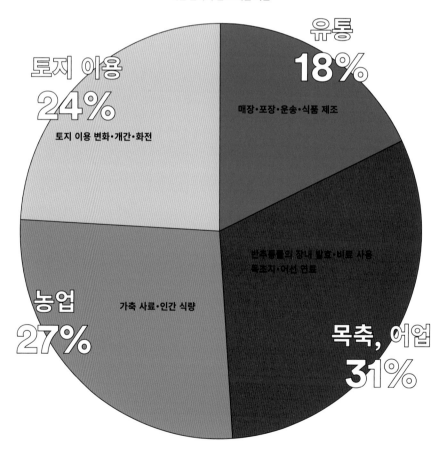

식품 분야의 탄소 배출 비율

유통 **18%**
매장·포장·운송·식품 제조

토지 이용 **24%**
토지 이용 변화·개간·화전

농업 **27%**
가축 사료·인간 식량

목축, 어업 **31%**
반추동물의 장내 발효·비료 사용·목초지·어선 연료

출처: 생산자와 소비자를 통한 식품의 환경 영향 감소 연구 보고서(2018), J. Poore & T. Nemecek

쟁기질로 뒤집은 땅

역사적인 고대 문명을 떠올려보자. 큰 강 하구 주변, 비옥한 퇴적층에서 발생했다는 공통점이 있다. 온화한 기후 역시 농업이 발달하기에 매우 유리한 조건이다. 1만2000년 전 인류가 이 기름진 흙이 켜켜이 쌓인 땅에서 농경을 처음 시작할 때는 작물의 생산량이 높았다. 토양을 덮고 있는 유기물은 탄소를 포함한 물질로 동식물의 생체를 구성하는 물질이다. 육지의 생물은 죽으면 부식해 한 줌의 흙이 되는데, 그 과정에서 동식물에 포함된 유기물이 자연스럽게 흙에 스며든다. 땅을 깊게 파면 종종 검고 축축한 흙이 나타난다. 아직 분해되지 않은 다량의 유기물을 포함하고 있어 검게 보이는 부식토다. 영양이 풍부하다고 해서 '거름흙' '비옥토'라고도 부르는 부식토 속 유기물은 미생물과 만나 서서히 분해되며 생명과 물질의 순환에 기여한다. 또한 씨앗이 발아하고 식물이 뿌리내릴 수 있는 토대가 된다. 최초의 농부들은 이렇게 비옥한 땅에서 식량을 얻으며 도시를 이룩했다. 그리고 도구를 만들어 쟁기질을 시작하자 먹거리가 조금 더 늘어났다. 역사는 여기에 농업혁명이라는 이름을 붙였다. 하지만 대부분의 혁명은 다른 어느 부분을 곤경에 빠뜨리게 마련이다.

많은 사람이 농사를 짓기 전 흙을 뒤집는 걸 매우 당연하고 자연스러운 행위라고 여긴다. 논을 가는 것이 자연의 이치를 따르는 일이라고 생각한다. 하지만 논밭을 갈고 김을 매는 것은 꽤 심각한 문제를 야기한다. 바로 기후와 환경에 직결되는 문제다. 토양에는 식물이 흡수한 탄소가 축적되어 있다. 땅을 갈아엎는 탓에 땅속의 비옥토가 지면에 드러나며 땅이 머금고 있던 탄소가 공기 중으로 흩어진다. 실제로 NASA에서 관측한 결과에 따르면, 농부들이 농작물을 심기 위해 일제히 경작하는 3~4월에 북반구의 이산화탄소 수치가 기하급수적으로 올라가는 것을 확인할 수 있다.

흙의 입자가 작아지는 것도 문제다. 작은 입자의 흙은 토양 아래로 내려가 단단한 층을 형성하는데, 이것이 물과 영양분이 위아래로 통하지 못하게 막고 미생물의 증식도 어렵게 만든다. 미생물은 토양의 생산성을 높이고 땅속에 미세한 통로를 만들어 빗물을 저장하는 기능도 한다. 따라서 가뭄과 홍수에 대응하고 토양 침식을 피하려면 쟁기를 내려놓는 게 옳다. 땅을 고르고 물을 가둔 채 벼를 키우는 논농사 또한 복잡하다. 논에 물이 가득 차 있는 탓에 공기 중 산소가 땅속으로 퍼져나가지 못하고, 산소가 부족한 토양 유기물은 분해 과정에서 메탄을 발생시킨다. 논농사 같은 담수 재배가 배출하는 메탄의 양은 전 세계의 인간 활동에서 비롯된 메탄 배출량의 8.7%를 차지하며 지구 온도를 높이는 데 일조한다.

지구 토양에 저장된 탄소량은 대기 중 탄소량의 무려 3배에 이른다. 토양의 탄소 흡수 능력은 유기물이 풍부할수록 높아진다. 예컨대 4000m²를 기준으로 유기물이 1% 많아지면 10톤의 탄소를 더 흡수할 수 있다. 그러나 가축 방목을 위해, 식량 증산을 위해 땅을 개간하면 토양이 머금고 있던 탄소가 공기 중으로 배출되고 풍성한 생태계 영양원인 유기물이 줄어들어 땅의 생명력을 약화시킨다. 고로 쟁기질은 땅의 생명력을 당장 증진시킬 수는 있어도 궁극적으로는 땅의 수명을 갉아먹는다.

©Greenpeace

비료와 농약이 망친 흙

질소는 생장에 필수적인 영양 성분이다. 따라서 모든 생명체가 필요로 한다. 공기의 80%를 차지하는 흔한 기체이지만 식물의 경우는 호흡을 통해 얻을 수 없기 때문에 토양으로부터 고정된 형태로 공급받는다. 대개는 토양 속 미생물을 통해 고정된 질소산화물을 흡수하며 성장한다. 옛 농부들은 땅을 비옥하게 만들기 위해 식물성 퇴비와 동물의 거름 등 천연비료를 땅에 부어 농작물의 영양 공급원을 마련했다. 하지만 더 많이, 더 빠르게 식량을 생산해야 했던 근대의 욕망을 채우기엔 부족했다.

20세기에 접어들자 인류는 화학 기술의 발전에 힘입어 농사에 적합한 비료, 제초제, 살충제를 개발하기에 이르렀다. 질소비료는 식물에 잘 흡수되도록 암모늄 형태로 만들어 땅에 뿌려졌다. 이렇게 뿌린 양분은 소중한 농작물에만 돌아가야 하기 때문에 농약을 붓고 제초제도 살포했다. 사람들은 비료와 농약만 있으면 영양분이 가득한 땅에서 잡초나 벌레의 방해 없이 농작물이 언제까지나 잘 자랄 것이라고 기대했다. 옥수수 키는 2배로 커졌고 쌀과 밀도 쑥쑥 자랐다. 식량 생산량이 비약적으로 증가하는 또 한 번의 혁명이 일어났다. 전 세계 인구가 먹고 남을 정도의 농산물을 생산했고, 그 결과 지구의 인구는 20세기 초 16억 명에서 100년 만에 79억 명까지 기하급수적으로 증가했다.

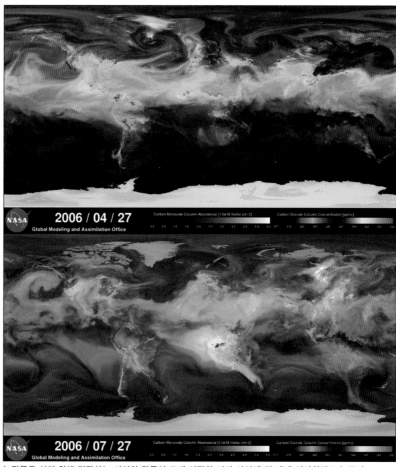

농작물을 심기 위해 경작하는 시기와 작물이 크게 성장한 시기 사이에 전 세계 이산화탄소 농도가 뚜렷한 변동을 보인다.
출처: NASA's Goddard Space Flight Center

뉴질랜드 사우스타라나키만에 위치한 비료 공장 앞에서 열린 '질소비료 사용 중지 캠페인' 현장.

한국전쟁 이후 가난했던 우리나라도 보릿고개의 위기를 비료와 농약의 힘을 빌려 성공적으로 넘겼다. 실제로 1970년대 국내 비료 소비량은 세계 최고 수준이었다. 당시에는 비료와 농약이 일으키는 부작용 따위는 그리 중요한 게 아니었다. 그저 빨리 주린 배를 채우고 먹거리를 확보하는 것이 가장 중요했다. 식물이 흡수하지 못하고 남은 비료가 온실가스인 아산화질소를 내뿜는 원인이 되고, 부영양화를 일으켜 수질을 오염시키는 문제를 흘려 넘겼다. 그리고 한번 비료를 먹고 자란 농작물은 다음 해에는 더 많이, 그다음 해에는 그보다 또 더 많이 비료를 필요로 한다는 사실을 대수롭지 않게 여겼다. 땅에 뿌리는 비료의 양이 많아질수록 토양이 산성화하고, 생물에 필요한 양분이 빠져나간다는 흙의 법칙을 무시했다. 미생물의 활동이 저조해지면 땅의 질소 고정 기능, 탄소 저장 기능 역시 약해진다는 자연의 질서에도 둔감했다. 비료를 생산할 때 발생하는 온실가스 문제에도 역시 관심이 없었다. 또한 대기 중 질소를 인위적으로 고정하려면 질소 기체와 수소 기체를 고온에서 반응시켜 암모니아를 제조해야 하는데, 이때 고온을 유지하기 위해 화석연료가 대량 쓰인다. 비료를 만들기 위해 전 세계 화석연료 중 2%를 소비하는 상황이다. 기후 위기 시대, 비료 생산과정에서 화석연료를 소비하는 일이나 온실가스 배출하는 일을 결코 무시해선 안 된다. 한편, 일각에서는 땅에 화학비료를 뿌리는 대신 오리나 우렁이 같은 생물을 이용한 친환경 농법을 시도하고 있다. 이렇게 해서 유기물이 풍부해지면 병충해로부터 안전할 뿐 아니라 생물 다양성을 보장하고 땅과 물·대기에 해를 주지 않는 농사가 가능해진다.

《침묵의 봄》의 저자 레이첼 카슨은 생태계 교란을 일으키는 화학물질 문제를 처음으로 짚고 나선 환경 운동가이자 해양생물학자다. '침묵의 봄'이란 생명체들이 죽고 사라져서 아무 소리도 들리지 않는 봄을 은유적으로 표현한 것이다. 당시 그는 DDT를 비롯한 살충제가 토양에 축적되면 흙과 동식물이 그 영향을 주고받으며 결국 사람에게 암을 유발할 수 있다고 지적했다. 그러나 이제는 비료를 뿌릴 때 발생하는 아산화질소, 농약을 만들 때 발생하는 이산화탄소가 지구 온도를 높이고 기후를 뒤흔든다는 점도 기억해야 한다.

농경지가 된 숲

지난 60년간 매년 독일 영토 2배 크기의 지표면이 변했다. 2020년 한 해에만 네덜란드 면적에 해당하는 원시림을 잃었다. 열대우림이 농경지로, 농경지와 산림이 도시로 바뀌었다. 이런 변화의 86%는 농업과 관련이 있다. UN식량농업기구의 <2020 산림자원평가보고서>에 따르면, 지난 30년간 4억4000만 헥타르의 산림이 감소했다. 숲에는 우리가 상상하지 못할 만큼 다양한 생명 종이 서식하고, 인간을 포함한 지구 생명체의 삶을 지탱하는 자원이 가득하다. 대기 중 이산화탄소를 흡수하고, 물과 탄소의 순환에 도움을 주며, 지구의 질서를 바로잡는 역할을 한다. 그런 숲을 우리는 매년 불태우고 벌목한다.

토지 이용의 변화는 기후 위기와 관련해 중요한 이슈다. 기후변화에 관한 정부간협의체(IPCC)는 2019년 특별 보고서 <기후변화와 토지>를 발표하면서 토지는 식량과 물 공급의 기반이며, 토지 이용은 인간 활동에 의한 온실가스 배출량의 23%를 차지할 정도로 기후변화 측면에서 중요하다는 점을 강조했다. 또 현재의 농업 시스템은 79억여 명에 달하는 세계 인구를 먹여 살리지만 동시에 폭염·호우·가뭄 등 극심한 자연현상의 빈도를 높이고, 그로 인한 피해에 대응할 수 없는 환경을 초래한다고 밝혔다. 요약하자면 우리는 농업 생산성을 위해 삼림을 훼손하지만, 이것이 곧 기후변화의 요인으로 작용해 우리의 먹거리를 위협할 수 있다는 얘기다. 삼림은 가장 효과적이고 기능적인 탄소 흡수원이다. 참고로 열대우림에는 210기가톤이 넘는 어마어마한 양의 탄소가 저장되어 있다. 그럼에도 불구하고 동남아시아에서는 각종 가공식품과 샴푸, 치약, 비누, 립스틱 등 미용 제품에 들어가는 팜유를 생산하기 위해 삼림을 개간한다. 또 브라질에서는 소를 키울 땅을 마련하기 위해 아마존을 불태우고, 동물에게 먹일 사료를 재배하기 위해 울창한 숲을 갈아엎는다. 소중한 기후 자원인 숲을 훼손하며 배출하는 이산화탄소의 양도 엄청나지만 지구가 탄소 저장 기능을 영영 잃어버린다는 사실은 기후 위기 시대에 절망적인 소식이다. 반면, 네덜란드에서는 탄소 배출권 제도를 도입한 이후 축산용 목초지를 임업지로 탈바꿈시키는 변화가 일어나고 있다. 산림 소유자들이 목장 문을 닫고 나무를 기르기로 한 것이다. 이렇게 만든 숲이 5년 사이 4000만㎡에서 3억6400만㎡로 9배가량 증가했다.

아마존이 훼손되는 모습을 보면 누구나 속상한 기분이 든다. 그러나 숲을 직접 태우고 개간하는 산업 종사자에게만 책임을 물을 수 있을까? 우리가 점심으로 먹은 고기 한 점, 디저트로 즐긴 초콜릿이나 아이스크림, 아침저녁으로 씻을 때마다 사용하는 샴푸와 치약 등은 모두 숲을 소비해 얻은 것이라는 사실을 기억해야 한다.

팜유 생산을 위해 벌목한 인도네시아 파푸아섬의 열대우림.

미국 캘리포니아주의 생태 과수원 '세이헤이팜'.

기후 위기를 전환하고, 식량 위기에 직면하지 않으려면

인류는 도구를 개발하고 기술을 발전시키며 혁명을 거듭해왔다. 그러나 이렇게 누리게 된 먹거리의 풍요는 슬프게도 기후 위기와 식량 위기도 함께 몰고 왔다. 기온이 1°C 상승할 때 식량 생산량은 3~7% 줄어든다. 또 대량생산, 대량소비 시스템에 부합하는 표준화된 농작물만 추구하는 동안 90% 이상의 작물이 사라졌다. 전 세계인의 주식이 밀과 쌀로 이루어져 있다는 걸 떠올려보면 이해하기 쉽다. 이러한 종 다양성 문제는 병충해나 자연재해에 취약한 환경을 만들고 식량 안보를 위협하는 요인이다. 인류는 지금이라도 육식을 줄이는 동시에 다작물 재배를 통해 생산한 농산물을 소비하는 의식적인 노력을 해야 한다. 한편, 농업에 종사하는 사람들은 환경 영향을 고려한 농법으로 전환하는 동시에 재생 가능한 에너지를 사용하는 등 에너지 전환에 적극적으로 동참해야 한다. 그리고 생산자와 소비자 할 것 없이 모든 사람이 식품을 낭비하지 않는 태도를 갖출 필요가 있다.

문명의 발생 조건이 안정된 기후와 비옥한 땅이라면, 쇠락 조건은 기후변화와 척박한 땅이다. 기후변화는 극심한 가뭄을 일으켜 땅을 메마르게 하고, 회복력을 잃은 땅에서는 흉년이 잦아진다. 먹거리가 부족하면 사람들은 하나둘 주거지를 떠나고, 결국 그 땅은 황무지가 된다. 문명의 역사는 대부분 이렇게 종결됐다. 그런데도 우리는 경운기와 트랙터로 더욱 넓고 깊게 땅을 갈아엎어 그 속에 잠든 탄소를 깨우고 있다. 또한 더 많은 생산을 위해 땅의 생명력을 해치는 비료와 농약을 대거 살포한다. 우리가 먹는 햄버거를 위해 매해 엄청난 양의 열대우림이 사라지는 걸 모른 척한다. 레이철 카슨의 말처럼 토양은 서로 연결된 생물들로 촘촘하게 짜인 거미줄과 같다. 뒤집어서 생각해보면, 우리가 취하는 행동이 기후변화를 돌이킬 수 있다는 얘기도 된다. 어쩌면 인간이 정복하고 변화시켜야 할 대상은 자연이 아니라 우리 자신이다. 이제는 자연을 통제하는 것이 아니라 우리 스스로를 통제하는 것이 기후 전환에 필요한 능력이다.

멸종 위기에 놓인 식탁

밥상 물가가 뛴다. 매 순간 기록적으로 뛰어오른다. 우리는 지금껏
경험하지 못한 식량 위기의 전조를 마주하고 있다. 비싸서 못 먹는
시대 끝에는 없어서 못 먹는 시대가 도래할 것이다. 밀과 쌀을 비롯한
곡식은 모두의 배를 채우기에 턱없이 부족해질 것이며, 우리의
입을 즐겁게 하던 토마토·딸기 등의 과채류와 커피·초콜릿 같은
기호식품까지 남김없이 사라질 것이다. 그 많던 식량은 언제부터
사라지기 시작했으며, 어디까지 사라질지 위기감을 안고 추적해봤다.

FOCUS

EDITOR. Seohyung Jo / ILLUSTRATOR. Ina Lee

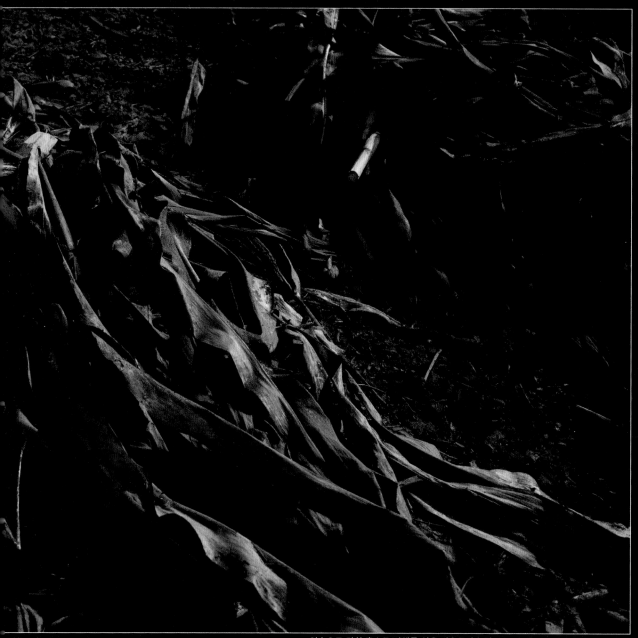

연속으로 닥친 홍수로 피해를 입은 서호주의 농가. ©Isabella Moore / Greenpeace

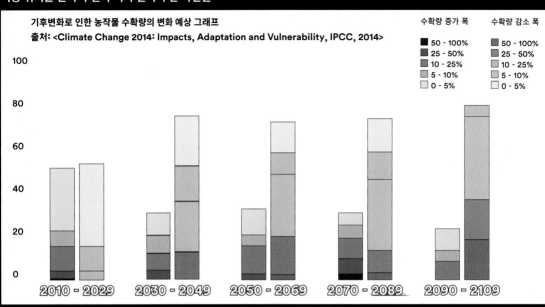

기후변화로 인한 농작물 수확량의 변화 예상 그래프
출처: <Climate Change 2014: Impacts, Adaptation and Vulnerability, IPCC, 2014>

세계 평균기온의 상승은 온난한 기후에서 잘 자라는 일부 작물에 유리하게 작용하기도 한다. 생산량이 늘어나는 것을 청색 계열로, 줄어드는 것을 붉은색 계열로 표시했을 때 2029년까지는 다행히 기후변화로 인해 농작물이 감소하는 양과 증가하는 양이 엇비슷하다. 농작물 품종이 달라질 뿐 지역에 따라 늘기도, 줄기도 할 것이기 때문이다. 본격적인 변화는 2030년부터 시작될 것으로 예측한다. 기후변화로 증가하는 수확량이 50%에서 30%로 현저히 줄어든 후, 큰 변화를 보이지 않다가 2090년대에 이르러 20% 초반까지 떨어진다. 한편, 수확량 감소는 50% 초반에서 70%대로 수직 상승하고 2090년대에는 거의 80%에 육박할 것이다. 위 그래프는 기후변화 때문에 2100년도를 전후해 농작물이 거의 반 토막 날 것이라는 걸 보여준다.

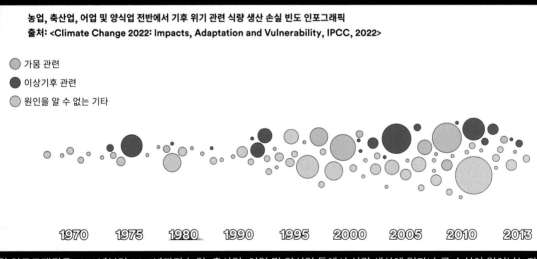

농업, 축산업, 어업 및 양식업 전반에서 기후 위기 관련 식량 생산 손실 빈도 인포그래픽
출처: <Climate Change 2022: Impacts, Adaptation and Vulnerability, IPCC, 2022>

위 인포그래픽은 1970년부터 2013년까지 농업, 축산업, 어업 및 양식업 등에서 식량 생산에 얼마나 큰 손실이 일어났는지 보여준다. 원의 크기가 클수록 손실이 컸음을, 원이 여러 개일수록 손실을 초래한 기후 재난이 많았음을 의미한다. 1975년에는 서태평양 전체 분지에서 열대성 폭풍이 발생했다. 태풍 니나로 인해 중국 허난성의 반차오댐이 무너졌다. 하루 동안 1631mm의 강수량을 기록해 30곳의 도시가 물에 잠기고 무려 23만 명의 사망자가 발생했다. 이와 같은 대규모 자연재해는 1995년 이후 급격히 증가하고 있다. 특히 대가뭄의 빈도와 규모가 눈에 띈다. 우리는 지구온도 상승으로 가뭄이 지속되고, 태풍의 세력이 커져 전 세계 농경지를 위협하고 있음을 이 인포그래픽을 통해 읽을 수 있다.

먹고사는 일, 식량

밥상 물가가 올랐다는 얘기는 매년 으레 들었던 것 같다. UN식량농업기구(FAO)에서는
매월 곡물, 유지류, 육류, 유제품, 설탕 등 55개 주요 농산물의 국가 가격 동향을 점검해
가격지수로 발표한다. 이를 보면 식량 가격이 실제로 올랐는지, 얼마나 올랐는지 가늠할 수
있다. 2004년 65.6포인트였던 수치는 2021년 125.8포인트로 약 2배가량 상승했다.
2022년 1월에는 135.7포인트로 최고치를 경신했다. 특히 곡물 가격의 상승세가 무섭다.
2022년 5월 시카고상품거래소에서 거래된 옥수수는 1부셸(27.216kg)당 552.5달러로 전년
동기 대비 58.42% 상승했으며, 같은 기간 대두는 59.10%, 소맥도 16.62% 상승했다.
먹어서 열량을 공급할 수 있는 것을 우리는 식량이라고 부른다. 생물은 살아 있는 한 멈추지
않고 열량을 소비하므로 식량은 생존에 직접적 영향을 끼친다. 맛이나 풍미 같은 기호 이전에
식량은 생존에 꼭 필요한 자원 개념이다. 한 나라의 식량 안보는 식량자급률과 동의어로
사용된다. 이런 관점에서 식량은 벼, 보리, 콩, 옥수수, 감자, 고구마, 팥, 메밀 같은 주식용
곡물을 뜻한다. 전 세계적으로 소비하는 칼로리의 80% 이상이 쌀, 옥수수, 밀을 포함한 열
가지 곡물에서 나온다. 즉, 곡물은 인간이 먹고사는 문제와 직결되어 있다는 얘기다. 이처럼
인간의 삶에 직접 영향을 미치기 때문에 석유 가격과 함께 경제 실태를 가늠하는 척도로 곡물
가격을 꼽는다. 2022년 현재 국제 곡물 가격은 최대치로 솟아 있다.
그렇다면 세계 식량 공급이 부족한가? 그렇지 않다. 기후 위기로 식량 생산량이 점점 줄고는
있지만 여전히 세계 인구의 배를 채울 만큼은 된다. 현재 전 세계에서 생산하는 식량은 세계
인구가 필요로 하는 양보다 5% 더 많다. 여전히 100억여 명이 먹고살 정도의 식량을 지구가
마련해주고 있는 셈이다.

농부, 소비자, 그리고 환경을 보호하기 위한 '에코모네그로스 베이커리'의 유기농 보리.
©Emma Stoner / Greenpeace

지구 위 굶는 사람들

UN식량농업기구와 국제농업개발기금(IFAD), UN아동기금(UNICEF), 세계식량계획
(WFP), 세계보건기구(WHO)의 공동 보고서 <2021 세계 식량 안보와 영양 현황>에
따르면, 2021년 현재 기아에 직면한 사람은 8억1100만 명에 달한다. 이는 세계 인구의
10%가 넘는 수치로 1년 만에 1억1800만 명이 늘어났다. 아프리카의 경우는 인구의 21%가
굶고 있다. 앞에서 100억 명도 먹여 살릴 수 있다고 했는데, 이게 대체 무슨 일일까.
빌 게이츠 같은 기업가와 선진국의 대기업들이 기후 난민과 기아 문제를 해결하기 위해
농업 연구비를 지원하는 등 다방면으로 노력하고 있다. 그렇게 해서 식량의 절대량을
늘리면, 그것으로 아시아와 아프리카의 기아 문제를 해결할 수 있을까?

늘어나는 입

17세기에는 지구에 5억 명의 인간이 살았다. 19세기가 시작될 무렵에는 10억 명으로 약 2배가 되었고, 1900년에는 16억 명으로 증가했다. 이때부터 지구에 식량이 부족해지기 시작했다. 1909년 독일 화학자 프리츠 하버가 공기 중 질소를 고온고압으로 농축해 암모니아를 합성하는 방법을 개발했다. 이 기술을 바탕으로 1913년 매일 5톤의 암모니아를 생산하는 화학비료 공장이 문을 열었다. 식물이 합성하지 못하는 질소를 주입한 화학비료는 농업 생산량을 대폭 늘렸고, 이에 따라 식량 공급량도 덩달아 높아졌다. 하버는 '공기로 빵을 만든 과학자'라는 칭호를 얻으며 1918년 노벨 화학상을 수상했다.

이후에도 식량 생산량은 꾸준히 늘었다. UN식량농업기구는 1938년부터 1950년까지 10여 년 동안 세계 농업 생산량이 60% 증가했다고 추정한다. 1960년부터 현재까지 식량 증가 속도는 1.94%로 인구 증가 속도 1.6%보다 빨랐고, 그 덕에 인류는 역사에 없던 풍요를 누렸다. 사람들은 더 많이 먹기 시작했다. 인구 10억 명이던 200년 전, 세계에서 가장 잘 먹고 잘 살던 영국인은 하루 평균 2200kcal를 섭취했다. 한편, 오늘날 미국인 한 명은 하루 평균 3770kcal를 섭취한다.

수확량 증가는 인구를 늘리는 결과를 낳았고, 이 속도라면 지구상 인구는 2050년 97억 명에 달할 것이다. 더 많은 인구는 더 많은 식량을 필요로 할 테고, 더 많은 식량을 수확하는 데는 그만한 대가가 따를 것이다. 대규모 농경으로 토양이 침식되고, 생산성을 높이기 위해 화학비료와 농약의 사용이 늘어날 것이다. 생물 다양성이 감소하고, 부영양화로 수질오염은 심각해질 것이다. 식량이 늘면 인구가 느는 것은 필연이다. 만약 인구가 이대로 증가한다면 탄소 중립을 위한 노력은 효과를 발휘하기 어렵다. 그렇다고 인구 증가를 막기 위해 식량 공급을 줄일 수도 없는 노릇이다. 자원 소비, 환경오염이 이대로 맞물려 증가한다면 지구는 생태계를 지탱할 수 없을 것이다.

극심한 더위와 오랜 가뭄으로 열매를 맺지 못한 덴마크 남부의 옥수수.
©Bente Stachowske / Greenpeace

좁아지는 밥상

기아 인구가 급증한 데는 코로나19의 일시적 영향도 있다. 베트남, 러시아, 세르비아, 카자흐스탄 같은 주요 곡물 생산국이 수출을 중단하면서 곡물 가격이 상승했다. 국제 곡물 가격은 한동안 안정될 것 같지 않다. UN식량농업기구는 향후 2023년까지 곡물 공급량이 감소해 밀 가격은 21.5%, 옥수수 가격은 19.5% 상승할 거라는 전망을 내놓고 있다. 보리와 수수 등 대체 곡물의 가격도 19.9%쯤 오를 것으로 예상한다. 수치를 자세히 살펴보면, 코로나19는 작은 이벤트에 지나지 않는다. UN인도주의업무조정국(OCHA)은 2022년 보고서에서 아프리카 북동부 지역이 사상 최악의 가뭄으로 고통받고 있다고 말했다. 2020년 10월부터 시작된 가뭄이 최소 2000만 명의 식량을 말려버렸다. 인구가 꾸준히 느는 동안 식량 생산은 주춤하고 있다. 이상기후는 날이 갈수록 심해지고 곡물 생산을 위한 경작지는 줄어든다.

식량의 행방

식량난을 키운 요인으로는 단연 기후변화가 꼽힌다. 미국에서는 캔자스주와 콜로라도주 등 겨울 밀 주산지에 가뭄이 확산하고 있으며, 북반구의 주요 곡물 주산지는 폭염과 가뭄으로 계절을 불문하고 수확할 거리가 없다. 유럽 남부 지역 역시 고온 건조한 기상 상태 때문에 밀과 옥수수 등 주요 곡물의 성장이 지장을 받고 있다. 스페인, 포르투갈, 프랑스 남부, 이탈리아 중부에서는 강수량이 평년보다 50% 이상 줄었다.

국제곡물이사회(IGC)는 유럽 지역 가뭄 상황을 반영해 2023년 세계 곡물 생산량을 22억5200만 톤으로 전망했다. 이는 전년보다 4000만 톤 적은 양이다. 수확량 감소에 가장 큰 타격을 받는 것은 가난한 나라들이다. 세계은행은 식량 위기로 인한 부채 위험이 큰 나라로 아프가니스탄, 에리트레아, 모리타니, 소말리아, 수단, 타지키스탄, 예멘 등 7개국을 꼽았다. 이들이 2023년 주요 곡물을 수입하는 데 드는 비용은 GDP의 1.4%에 달할 것으로 추정된다. 2022년과 비교하면 2배가 넘는 수준이다.

식량 위기는 가난한 나라만의 일이 아니다. IPCC의 6차 평가 보고서 중 '제1 실무 그룹 보고서'에서도 이를 알 수 있다. 기후변화로 강우 패턴이 바뀌면서 모든 지역이 가뭄에 취약해졌다. 극단적 날씨는 농작물을 생산하기 어렵게 만들고, 지구 평균온도는 계속 상승하고 있다. 지구가 1.5℃ 더 뜨거워지면 아프리카, 남미, 유럽의 곡물 생산 지역에서 심각한 농업·생태적 가뭄이 더 자주 발생할 것이다. 가뭄은 성장기 농작물 생산이나 생태계 기능에 전반적으로 영향을 미친다. 아울러 아프리카와 아시아 대부분 지역, 북미와 유럽에서는 홍수와 태풍 피해가 잦아질 것으로 보고서는 전망했다.

2021년 7월 중국 허난성에 3일 동안 617mm의 비가 내렸다. 이는 연평균 강수량에 근접한 양이다. 6억5000평의 농지가 침수되며 밀 파종이 불가능해졌다. 유럽 27개국에 이어 밀 생산량 2위를 차지하는 지역에서 벌어진 일이다. 최대 콩 생산국 브라질은 반대로 90년 만의 대가뭄을 겪었다. 브라질 국립통계원은 이로 인해 세계 작물 생산량의 2%가 감소할 것으로 예측했다.

홍수와 가뭄만이 문제가 아니다. 단순히 기온이 오르는 것도 식량 생산이 감소하는 이유다. 평균기온이 1℃ 올라가면 식량 생산량은 7% 줄어든다. 기온이 오를수록 작물은 빠르게 성장하는데, 이것이 수확량이 줄어드는 원인으로 작용한다. 기온이 적정 범위를 벗어나면 작물이 받는 스트레스가 증가하고, 스트레스를 해소하는 데 에너지를 모두 소모해 성장이 지체된다. 특히 빠른 성장과 수확량에는 부정적 상관관계가 있다. 어린 식물이 열매를 맺기까지 걸리는 시간이 짧아지면 그 열매를 키우는 데 필요한 시간도 줄어든다. 벼의 경우 분열되는 줄기의 수가 줄어들고 이삭에 달리는 알갱이의 수와 크기도 줄어들어 결과적으로 수확량이 감소한다. 어떻게 살펴봐도 기후변화는 곡물 생산량을 떨어뜨리는 가장 큰 요소다.

지금 우리가 처한 식량 위기

식량 생산을 늘리기 위해 농경지가 더 필요하다고 생각할 수도 있다. 하지만 그렇지 않다. 농경지로 개발 가능한 땅은 대부분 이미 작물 생산에 사용되고 있다. 얼마 남지 않은 아마존과 동남아시아의 열대우림 지역은 이미 개발 중에 있다. 개발된 땅에서 인간은 소를 방목하고, 사료용 대두를 재배하며, 팜유를 생산한다. 숲을 훼손해 농경지를 만드는 것은 더 이상 아무 도움도 되지 않는다. 오히려 복원을 통해 지구 기후를 안정시키는 것이 세계의 식량 안보에 더 유익하다.

2022년 2월 IPCC가 발표한 '기후 영향·적응 및 취약성에 관한 보고서'는 기후변화가 식량 문제에 끼치는 영향을 자세히 언급했다. 보고서에 따르면 세계 평균기온이 1.5°C 오르면 생물 다양성은 14% 소실된다. 10억 명의 인간이 물 부족에 노출되고, 주요 작물의 적응 비용은 87조6000억 원까지 늘어난다. 2°C 오르면 비용은 111조3000억 원, 3°C 오르면 1781조 원으로 증가한다. 지구 평균기온이 오를수록 식량 안보에 들어가는 돈은 기하급수적으로 늘어난다. 물론 돈으로 식량 위기를 해결할 수 있다는 최선의 상황을 가정했을 경우다.

UN식량농업기구는 식량 안보를 '충분한 수량과 만족할 만한 품질의 식량 생산이나 획득을 위한 충분한 자원을 가지는 상태'로, 세계은행은 '모든 사람이 활동적이고 건강한 생활을 위해 언제든지 충분한 식량에 접근할 수 있는 식량의 획득 능력을 보장하는 상태'라고 정의한다. 그러니까 식량 안보란 국내외 요소를 통해 영양 공급이 충분하고 안정적으로 지속되는 상태를 말하는 것이다. 식량 위기는 이런 식량 안보가 급격히 위협을 받는 경우다. 식량 부족은 한 나라의 사회, 경제, 정치에 큰 영향을 미친다. 먹을 걸 확보하기 위한 식량 안보는 국가 안보는 물론 인류의 생존과도 직결된다.

©Insa Hagemann / Greenpeace
가뭄으로 말라버린 독일의 농경지.

"고객님, 프렌치프라이는 재료 수급 문제로 주문하실 수 없습니다"

2021년 감자 수급에 어려움을 겪은 적이 있었다. 긴 장마와 태풍이 문제였다. 이례적으로 맥도날드, 롯데리아, 교촌치킨 등 프랜차이즈업체에 주문할 수 없는 메뉴가 생겼다. 같은 해에 곧이어 양상추, 토마토 대란이 일어났다. 날이 너무 뜨거워 채소가 제대로 자라지 못한 것이다. 그래서 양상추나 토마토가 빠진 햄버거를 먹어야 했다. 2022년 9월에도 같은 일이 벌어졌다. 맥도날드, 롯데리아 등 대형 프랜차이즈업체는 당분간 양상추를 제공하기 어려울 수도 있다고 일제히 발표했다. 산지 이상기후로 양상추의 수급이 원활하지 않았기 때문이다. 한편, 채소 소비량이 많은 써브웨이는 일부 매장에서 샐러드 판매를 제한하기도 했다.

이는 비단 우리나라만의 문제가 아니다. 인도와 동아프리카 지역도 마찬가지였다. 2020년 2월 케냐에서는 5센트이던 토마토 가격이 35센트까지 7배 이상 올랐다. 긴 장마로 토마토가 수확하기도 전에 밭에서 다 썩어버린 것이다. 케냐 전역에서 80%에 이르는 토마토 농가가 아무것도 수확하지 못했다. 우간다와 탄자니아에서도 같은 시기 토마토가 모두 물에 잠겨버렸다.

식당에서 사라진 메뉴는 우리가 마주한 식량 위기를 여실히 보여준다. 식량 물가는 역대 최고치를 기록했으며, 농업 생산국은 자국의 식량 안보를 지키기 위해 수출을 멈췄다. 기후변화는 산업혁명 이후 꾸준히 증가해오던 농업 생산량을 떨어뜨렸다.

시작은 여기서부터다. 지금 같은 속도로 기온이 오른다면 식탁 위 식재료가 본격적으로 멸종할 것이다. 한국인의 '힘'을 책임지는 쌀은 기온이 오르면 개화 시기에 꽃 수정을 제대로 할 수 없다. 수정에 실패한 벼는 가을에 열매를 맺지 못한다. 쌀은 이상 고온뿐 아니라 태풍과 가뭄, 홍수 피해를 입기도 쉽다. 환경부는 이대로 이상기후가 계속된다면 향후 15년 내에 쌀 생산량이 25% 감소할 거라고 예측했다.

밀, 감자, 쌀 같은 곡물 외에 각종 영양소와 다채로운 맛을 내는 과채류도 기후 위기에 위협을 받고 있다. 한식의 양념에 두루 쓰이는 마늘은 2090년이면 고작 8%만 남을 것으로 예상하며, 폭염에 취약한 고추 역시 비슷한 폭으로 생산이 줄 수 있다. 기온 상승으로 이미 고랭지 배추의 생산량은 눈에 띄게 줄었다. 이대로 가다가는 배추김치가 소수만 즐기는 일품요리로 변할지 모른다.

산지가 계속 북상하는 복숭아, 사과, 딸기도 마찬가지다. 더 이상 북상할 수 없게 된 과일류는 병충해가 늘고 이내 재배지가 사라지고 말 것이다. 골치 아픈 날, 진한 단맛으로 우리를 위로해주는 초콜릿과 꿀도 위험에 처해 있다. 국제열대농업센터는 평균기온이 2.3°C 상승하면 초콜릿의 원료인 카카오 생산지가 거의 남아나지 않을 거라고 발표했다. 기온이 상승해 개화 시기가 앞당겨지면 벌이 모을 수 있는 꿀의 양도 점차 줄어든다. 기후변화로 벌의 생식 기능이 바뀌면 꿀도 역사 속으로 사라질 것이다.

식물 기반의 재료로 차린
바엔나이의 식탁 풍경.
©Mitja Kobal / Greenpeace

아침, 점심, 저녁, 간식과 야식까지 먹으며 할 수 있는 일

농경지를 늘리기 위해 숲의 나무를 베면 영양가 있는 흙이 사라져 토양의 생산성이 떨어진다. 생산량을 높이기 위해 질소비료를 과하게 사용하면 토양과 수질 오염이 심해지고, 강과 바다의 어류가 줄어든다. 대규모 단일 재배가 많아질수록 병해충의 공격에 취약해진다. 농업 생산성을 높이려면 농약을 더 많이 사용해야 한다. 농약은 생물의 다양성을 떨어뜨린다. 다양한 생물이 살지 못하면 농업 생산성도 떨어진다. 자연 생태계는 회복력을 상실하고, 인간은 자연을 대체할 기술과 시스템을 찾는다. UN 보고서는 우리의 식량 생산 시스템이 산림 벌채의 80%, 온실가스 배출의 29%, 그리고 생물 다양성 손실의 대부분 요인을 제공한다고 밝힌 바 있다. 식량을 더 많이 생산하려고 노력할수록 상황은 더 나빠진다.

먹는 일은 인간에게 여러 의미를 갖는다. 생존을 위한 것인 동시에 사회적, 경제적, 심리적 의미도 깊다. 인간은 건강을 유지하기 위해 먹고, 맛있는 음식에 대한 욕구를 충족하기 위해 먹고, 사람들과 관계를 유지하기 위해서도 먹는다. 하루에 세 번 무엇을 어떻게 먹을지, 먹는 일을 둘러싸고 고민하는 것은 당연한 일이다. 냉장고를 열었는데 당장은 비싸서, 가까운 미래에는 구하지 못해서 원하는 식재료가 없다면 서운한 마음에 생각이 기후 위기에 닿을 것이다. 어떻게 하면 원하는 것을 먹을 수 있을지 고민하다 보면 기후 위기를 극복할 의지와 해법이 떠오를지도. 먹는 일은 개인이 기후 문제에 가장 큰 영향을 미칠 수 있는 행위다. 기후 위기를 극복할 의지가 생기고 그 해법을 찾았을 때 우리는 매일 세 번 혹은 그 이상 그것을 행동에 옮길 수 있다. 기후 위기와 함께 음식이 의미하는 바가 하나 더 생겼다. 먹는 일은 기후 위기에 대응해야 하는 이유이자 수단이다.

지구를 곧 떠나고 말
식재료 8

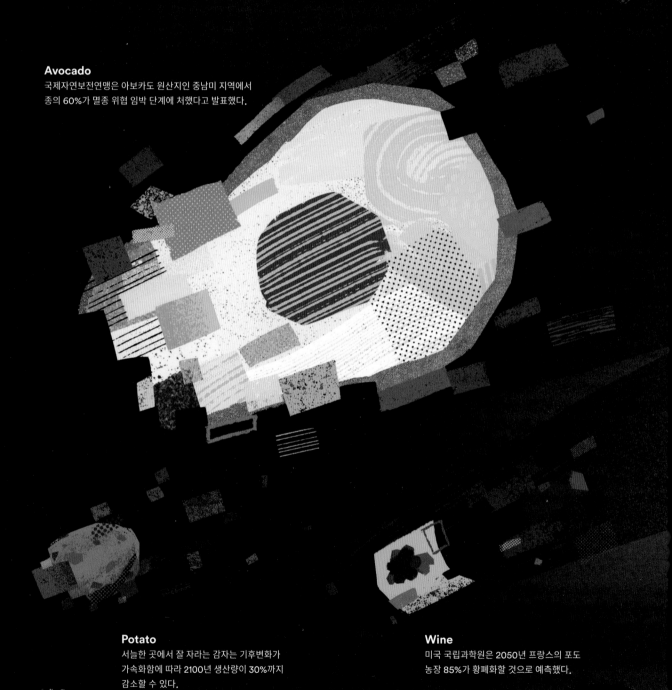

Avocado
국제자연보전연맹은 아보카도 원산지인 중남미 지역에서
종의 60%가 멸종 위협 임박 단계에 처했다고 발표했다.

Potato
서늘한 곳에서 잘 자라는 감자는 기후변화가
가속화함에 따라 2100년 생산량이 30%까지
감소할 수 있다.

Wine
미국 국립과학원은 2050년 프랑스의 포도
농장 85%가 황폐화할 것으로 예측했다.

Coffee

IPCC가 2021년 발표한 보고서에 따르면, 2050년 아라비카 품종의 커피 경작지 가운데 75%가 커피를 재배할 수 없는 환경으로 변할 것이라고 한다.

Chocolate

옥스퍼드대학교 환경변화연구소의 연구 결과에 따르면, 세계 최대 카카오 생산지인 가나와 코트디부아르 등이 기온이 오르면서 생산에 적합하지 않은 땅으로 변할 것이라고 한다.

Seafood

새우와 조개, 생선 등을 포함한 해산물은 기후 위기로 인한 수온 상승과 남획으로 2050년 대부분 멸종할 것이라는 전망이 나오고 있다.

Corn

기온의 변화와 대기 중 이산화탄소 농도, 강우 패턴의 영향을 많이 받는 옥수수는 2100년 생산량이 24%까지 감소할 것으로 예상된다.

Berry

늦장마와 고온, 한파 등 이상기후에 취약한 딸기와 베리류는 탄저병 등 병충해가 확산해 수확량이 급감하고 있다.

HONEY
BEE
EXTINCTION
FOOD
SYSTEM
CRISIS

꿀벌이 차린 식탁
그 밥상을 걷어찬 인간

여기 꿀벌이 분주하게 움직여 차린 식탁이 있다. 생태계를 굴리는 작지만 큰 손, 벌이 인간 활동에 의해 멸종 위기에 처했다. 우리가 먹는 세 입 중 한 입은 벌이 차린 것이나 마찬가지. 벌의 멸종이 그 어떤 동물의 멸종보다 인류 생존에 치명적으로 작용하는 이유다. 꿀벌의 날갯짓에 담긴 범지구적 의미를 숫자로 들여다봤다.

NUMBERS   EDITOR. Seohyung Jo / ILLUSTRATOR. Jaeha Kim

벌과 꽃의 거래 연혁

1억 년 전 백악기까지 거슬러 올라

꿀벌은 꽃 사이를 날아다니며 꿀을 모으는 작고 부지런한 친구다. 화가 나면 가차없이 엉덩이의 침을 쏘아 공격하는 매운 친구이기도 하다. 그러나 그게 전부는 아니다. 벌은 인간을 포함한 지구 전체에 크고도 중요한 존재다. 생태계를 굴리는 게 벌이라고 해도 과언이 아닐 것이다. 꽃을 피우는 식물은 모두 수분으로 종을 이어나간다. 이 수분 활동 대부분을 벌이 책임진다. 그동안에도 그랬고 지금도 그렇다. 벌은 인간이 존재하기 훨씬 전인 1억 년 전부터 꽃을 피우는 식물과 상호 진화했다. 중생대 백악기부터 벌은 육식을 그만두고 꽃가루를 옮기는 데 최적의 몸을 만들기 시작했다. 여러 모양의 털이 풍성하게 몸을 덮었다. 많은 털은 먼지떨이처럼 작은 입자의 꽃가루를 순식간에 쓸어 모으는 데 유리하다. 벌은 한 번에 자기 몸무게의 30%에 달하는 꽃가루를 옮긴다. 이는 70kg의 사람이 23kg짜리 배낭을 짊어지는 것과 맞먹는다. 벌만큼 꽃도 노력한다. 벌의 환심을 사기 위해 진한 향과 화려한 꽃잎을 만들었다. 지구 생태계가 무너지지 않도록 유기성과 다양성을 부여하는 자연의 섭리가 마치 마법 같다. 오늘날 수분을 돕는 벌의 종류는 무려 2만5000여 종에 이른다. 1억 년의 시간 동안 꽃과 벌의 상호작용이 지금의 지구 생태계를 만들었다.

지난겨울 국내에서만
흔적도 없이 사라진 벌의 수

지구 전체 인구와 맞먹는 79억 마리

멸종 위기를 말할 때 우리는 주로 북극곰, 시베리아호랑이, 아프리카코끼리같이 몸집 큰 동물을 떠올린다. 그런데 크기는 작지만 누구보다 생태계에 큰 영향을 미치는 동물이 있다. 바로 벌이다. 벌의 멸종은 지구의 다른 동물들이 먹고사는 데 가장 치명적인 영향을 미친다. 2006년 미국 플로리다주의 양봉 농장에서 하루아침에 꿀벌이 죄다 사라지는 현상이 벌어졌다. 80만 개의 벌통이 비고 300억 마리의 벌이 사라진 것. 꽃가루를 채집하러 나간 일벌 무리가 돌아오지 않아 벌집 속의 여왕벌과 애벌레가 모조리 굶어 죽었다. 학자들은 이를 군집 붕괴 현상이라고 부른다. 국제 환경 단체 그린피스에 따르면 미국은 이 사건으로 꿀벌의 40%를 잃었다. 북미에 서식하는 700종 이상의 벌이 개체 수 감소를 겪었다. 같은 현상이 북미와 유럽에 이어 우리나라에서도 나타났다. 농림축산식품부에 따르면 지난겨울에만 우리나라의 사육 꿀벌 39만 봉군, 약 79억 마리가 사라졌다. 벌의 군집 붕괴 현상은 17년 전 처음 발견됐다. 그사이 전문가들의 연구가 계속 이어졌지만 여전히 뚜렷한 원인을 파악하지 못하고 있다. 하지만 살충제를 무분별하게 사용하고 다양한 식물의 서식지를 농경지로 개발하는 등 지구환경을 파괴하고 지구 온도를 부쩍 끌어올린 인간 활동에 기인한 결과인 것만큼은 확실해 보인다.

THE
QUEEN
↓

벌 한 마리가 꿀 1KG을 얻기 위해 이동하는 거리

4만 KM, 약 지구 한 바퀴

여러 종의 곤충이 암꽃과 수꽃이 따로 피는 식물의 번식을 돕는다. 그러나 어느 누구도 꿀벌만큼은 아니다. 평균 12mm 크기의 일벌은 벌집에서 매일 반경 4km를 날아다니며 꿀을 모은다. 신장 170cm인 인간이 강릉에서 해남 땅끝마을까지 매일 567km를 이동하며 일하러 다니는 것과 같다. 부지런히 날아 광범위하게 활동하는 만큼 벌은 식물 번식에 주된 역할을 한다. 실제로 양봉을 하지 않는 지역보다 양봉을 하는 지역의 식물이 훨씬 더 잘 자란다고 한다. 꿀벌이 식물에서 꿀을 덜어내면 자연은 더욱 부지런히 일해 과일을 더 많이 만들어내기도 한다. 벌은 한 번의 비행에서 30mg의 꿀을 구해 오는데, 이는 숙성 과정에서 반으로 줄어든다. 꿀 1kg을 얻으려면 6만7000번의 비행이 필요한 셈이다. 이 비행 거리를 모두 합치면 약 지구 한 바퀴에 달한다.

인간이 꿀벌에게 줘야 할 연봉은

약 380조 원

벌을 대신해 식물의 꽃가루받이를 하는 로봇이 만들어졌다. 이 로봇 벌은 솔과 전하를 띤 젤을 이용해 꽃가루를 모은다. 온실재배 작물을 대상으로 먼저 실험을 시작했다. 수동으로 조작하고 수시로 충전해야 해 아직은 효율성이 낮지만, 미래에는 좀 더 나아질 수 있다. 수명이 긴 배터리를 장착하거나 태양광이나 풍력 등을 활용해 스스로 에너지를 만들거나 인공지능으로 자율주행이 가능할지도 모른다. 그러나 기계가 자연의 복잡하고 정교한 기능을 온전히 대신할 수는 없다. 꽃가루받이는 인간이 이해할 수 없을 만큼 복잡하다. 로봇 벌은 온실 밖 자연 세계를 거침없이 탐험할 수 없다. 그린피스에 따르면 식량 재배에 기여하는 꿀벌의 경제적 가치는 무려 373조 원이다. 꿀벌은 먹이사슬의 최상위 포식자로 군림하는 우리 인간의 발 아래에서 전체 생태계를 지탱하는 절대자다. 인간에게는 자연의 선물과도 같은 존재다. 꿀벌이 멸종할 때를 대비해 운 좋게 대안을 찾을 수는 있을지언정 그 과정에서 인간은 어마어마한 대가를 치르게 될 것이다.

꿀벌이 사라졌을 때 빵과 반쪽짜리 패티를 합한 50G
빅맥의 무게는

《벌의 사생활》을 쓴 소어 핸슨은 꿀벌 없는 세상의 빅맥을 상상해본다. 맥도날드 홈페이지에서 성분 및 영양 정보를 확인한 다음, 벌의 도움을 받은 재료를 하나씩 빼낸다. 오이, 양파, 파프리카, 터메릭 등의 채소를 가루 형태로 함유한 사우전드 아일랜드 드레싱이 먼저 빠진다. 양상추와 참깨, 토마토를 함유한 케첩, 겨자 씨와 열매로 만든 머스터드 소스도 덩달아 모두 사라진다. 젖소는 장미목 콩과의 풀인 알팔파를 먹고 자라며, 이 알팔파는 가위벌에 의존해 수분을 하므로 슬라이스 치즈까지 빠진다. 풀을 먹고 자란 소가 사라지니 인간이 만든 합성사료를 먹고 자란 소만 남는다. 대략 절반가량의 소가 사라지니 패티도 반토막이 난다. 빅맥 송 가사 중 "순쇠고기 패티 두 장"이 '한 장'만 남는 셈이다. 이 과정을 거치고 나면 213g의 빅맥에서 볼 수 있던 맛과 향·식감은 사라지고 복제 곡물, 화학 재료, 약물과 사료를 먹고 자란 고기만 남는다. 빵과 패티를 합친 무게는 겨우 50g. 더 이상 '빅맥'이라는 이름에 걸맞지 않은 초라한 행색이다. 벌의 멸종은 온갖 식물과 동물의 멸종을 불러올 테고, 우리가 먹을 수 있는 음식은 반의 반도 채 남지 않을 것이다. 벌이 사라져도 인간은 어찌어찌 생존하겠지만, 먹는 일이 지금처럼 다채롭고 즐겁진 못할 거라는 얘기다.

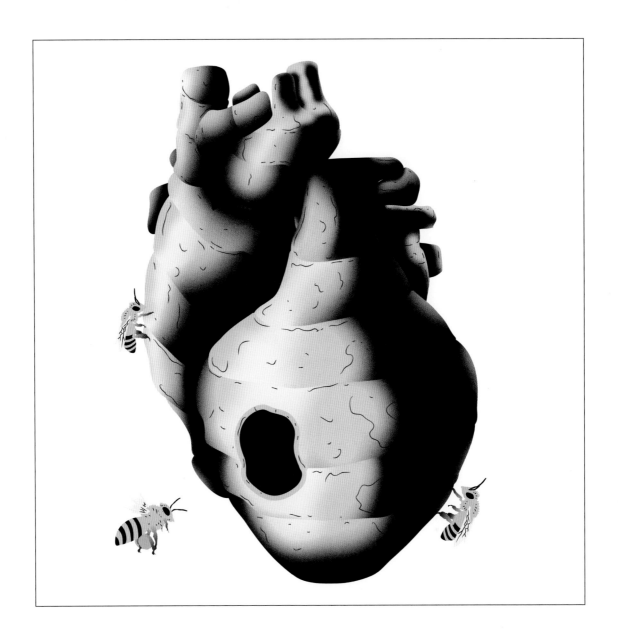

벌이 없으면 영양 결핍으로
사망하는 인간의 수

한 해 140만 명

우리가 먹는 음식 중 세 입에 한 입꼴로 벌한테 의존한다는 얘기가 있다. UN식량농업기구(FAO)는 꿀벌이 없으면 100대 농작물의 78%, 과일의 80%가 사라진다고 발표했다. 그리고 UN환경계획(UNEP)은 꿀벌의 감소가 식량 안보에 큰 문제를 일으킬 거라고 경고했다. 한편 코넬대 연구소에 따르면 "아몬드는 100% 꿀벌의 수분에 영향을 받으며 딸기, 양파, 호박, 당근, 사과 등의 작물은 그 수치가 90%에 육박한다"고 한다. 영양학자들도 그 심각성에 공감한다. 인간이 필수적으로 섭취해야 하는 리코펜, 비타민A, 칼슘, 엽산, 지질, 각종 항산화제, 비타민C를 벌 없이는 얻을 수 없기 때문이다. 먼 미래의 일이 아니다. 꿀벌 개체 수가 감소하자 당장 영양가 높은 식재료의 수확량이 줄어들어 식품 물가가 상승하고 있다. 이는 저개발 지역의 영양실조 등 심각한 사회문제를 야기한다. 하버드대 보건대학원 연구원들은 벌의 감소로 인한 저소득층과 노약자들의 영양 결핍으로 한 해에 최소 140만 명이 사망할 수 있다고 경고했다.

2035년 지구상 마지막 벌
Last Bee on Earth

꿀벌이 지구를 완전히 떠나게 되는 날

그린피스는 앞으로 15년 안에 꿀벌이 멸종할 수 있다고 경고했다. 2015년 196만3000개이던 봉군이 이듬해 175만 개로 10.8% 줄어든 이후 그 감소 속도를 적용하여 계산한 결과다. 이런 진행 속도라면 2035년쯤 지구에서 꿀벌이 완전히 사라진다. 벌이 사라진 지역에서는 야생동물이 자동차에 치여 죽는 '로드킬' 수가 증가한다는 통계가 있다. 수분 매개체가 없어지면 식물이 열매를 맺지 못하고, 먹을 것을 찾지 못한 동물이 도로로 내려오기 때문이다. 벌이 없으면 이처럼 즉시 비극적인 결과가 생긴다. 식물 생태계 체인이 끊기면 초식동물, 육식동물에 이어 인류가 멸종할 것이다.

그러나 아직 기회는 있다. 벌은 워낙 몸집이 작고 번식이 빠르기 때문에 작은 변화에도 민감하게 반응한다. 2017년 UN은 꿀벌의 중요성을 강조하기 위해 매년 5월 20일을 '세계 벌의 날'로 지정했다. 벌을 살리려면 먼저 자연수분을 지켜야 한다. 벌의 면역력은 결국 벌이 먹는 일에 달렸다. 벌에게 영양을 공급하는 자연수분이 도시화로 대거 사라졌다. 식물의 서식지 파괴를 멈추고 건강한 생태계를 만드는 것이 벌을 살리는 길이다. 또한 독성 강한 농약과 화학물은 벌의 신경계를 교란해 집을 찾아가지 못하게 만든다. 사용을 멈춰야 한다. 과도한 농경지 개발은 다양한 식물의 서식을 막는다. 인간이 먹을 수 있는 농작물만 집약적으로 생산하면 벌은 여러 꽃에서 난 꿀을 골고루 섭취할 수 없다. 벌이 사라진 요인이 하나가 아닌 것처럼 해결책도 하나가 아니다. 다양한 방법으로 노력을 기울여야만 우리의 밥상을 지킬 수 있다. 다행히도 벌은 둥지를 지을 터와 꽃이 무성한 장소, 그리고 몇 주일의 시간만 주어지면 얼마든지 새로 집을 짓고 번식할 수 있다.

FOOD TECH

기후식을 향한
푸드테크의 발전상과 명암

식량 시스템을 향한 고찰과 대대적 개선이 필요하다는 기후학자와 환경
운동가의 간절한 목소리, '기후 재앙을 피하는 법'에 일가견 있는 빌 게이츠의
천문학적 투자, 눈부신 기술혁신과 희망찬 미래를 지향하는 과학자들의
지성이 모여 먹거리에 지각변동을 일으켰다. 고기 없는 육식, 햇빛 없는
농장이 그 대표적 예다. 그런데 이 푸드테크가 일으키는 식량 시스템의 혁신이
과연 우리에게 탄소 없는 식탁을 가져올지, 기후 위기에 적응하는 수준을
넘어 극복하는 해법이 될지 여전히 확신할 수 없다. 기후와 관련한 푸드테크의
현주소를 둘러보고 밝은 미래 이면에 어두운 현재는 없는지 들여다본다.

NOW

EDITOR. Dami Yoo

01

MEAT
ALTERNATIVE

고기 없는 육식 - 대체육

행동주의 철학자 제러미 러프킨은 그의 저서 《육식의 종말》에 이렇게 썼다. "소고기는 불에 탄 산림, 침식된 방목지, 황폐해진 경작지, 말라붙은 강을 희생시키고 수백만 톤의 이산화탄소·메탄을 허공에 배출시킨 결과물"이라고. 역사를 되돌아보면 육식을 퇴출시킬 기회가 전혀 없었던 것은 아니다. 육식을 대체하기 위한 인류의 시도는 아주 오래전부터 있었으며, 심지어 다채로웠다. 가장 오래된 시도로는 두부 요리를 '모조 양고기볶음'이라고 묘사한 965년의 중국 문헌을 통해 확인할 수 있다. 그로부터 1000년 후인 1896년 현대인의 아침 식사 풍경을 바꾼 미국의 존 하비 켈로그 박사가 땅콩으로 식물성 고기를 만드는 연구를 했으며, 역시 미국의 비건 식품 회사 '애틀랜틱 내추럴 푸드'가 최초의 식물성 고기를 제품으로 만들어 세상에 출시했다.

육식을 대체하기 위한 본격적 움직임은 많은 역사의 변곡점이 된 세계대전 이후 피어났다. 영국의 조지프 아서 랭크는 효율적인 단백질 공급원을 찾기 위해 균류를 이용한 마이코프로틴 mycoprotein 기반의 대체육을 개발했다. 평화를 노래한 존 레넌이나 오노 요코 같은 힙스터들은 밀 글루텐과 식물성 식재료로 만든 최초의 베지 버거를 먹기 위해 런던 패딩턴에 위치한 레스토랑 '시드'에 자주 드나들곤 했다. 전쟁에서 포로 생활을 한 네덜란드 의사 빌렘 반 엘렌은 당시 겪은 굶주림을 떠올리며 세포를 배양해 많은 사람이 배불리 먹을 수 있는 고기를 구상했다. 이것이 오늘날 대체육 시장을 구성하고 있는 미생물 발효 대체육, 식물성 고기, 세포 배양육의 태동이라고 볼 수 있다. 공장식 축산으로 이어진 육식을 향한 인간들의 욕망에 비하면 대대적인 성공을 거두지 못했으나 기후 전환을 도모할 식탁 위 혁신으로 재조명받고 있으니 알아둘 만한 역사다.

전 세계에서 가장 큰 비중을 차지하는 대체육은 단연 식물성 고기다. 콩, 밀, 버섯, 호박 등 식물성 식재료가 주를 이룬다. 열을 가하고 수분을 조절한 후 압출 성형 기법으로 형태와 식감을 완성한다. '비욘드미트' '임파서블푸드' 등이 글로벌 시장을 이끌고 있는 브랜드다. 이들이 생산한 식물성 고기는 KFC, 맥도날드, 버거킹 등 글로벌 프랜차이즈 식품 기업부터 비건을 지향하는 전 세계 크고 작은 레스토랑에서 활용된다. 지난해에는 녹두에서 추출한 단백질에 강황을 더해 달걀의 색감과 맛, 식감을 재현한 '저스트에그'도 국내에 상륙했다. 이케아는 미트볼의 맛과 식감을 모사한 플랜트볼을 선보이며 스웨덴과 튀르키예 사이에서 시끄러웠던 미트볼 국적 논쟁에 종지부를 찍었다. 몇 년 전까지만 해도 대체육 불모지였던 국내에도 식물성 대체육이 차지하는 파이가 눈에 띄게 커졌다. 신세계푸드의 '베러미트', CJ제일제당의 '플랜테이블', 오뚜기의 '헬로베지' 등 국내 대형 식품 회사들이 너 나 할 것 없이 대체육 시장에 본격적으로 진출했다. 한편, 식물성 대체육 스타트업 '지구인컴퍼니'는 자체 브랜드 '언리미트'로 이 영역에서 존재감을 드러내고 있다. 이제는 불고기, 제육볶음, 숯불 갈비, 차돌박이 등 우리의 입맛을 겨냥한 다채로운 식물성 가공식품을 슈퍼마켓에서 쉽게 찾아볼 수 있다. '콩고기'라는 이름으로 마트 냉장 코너 한쪽에 있던 식물성 대체육의 초라한 과거와는 사뭇 다르게 평가받는 시대가 열렸다.

미생물 발효 대체육은 말 그대로 곰팡이를 키워 만든 고기다. 미생물 발효 단백질을 뜻하는 '마이코프로틴'이라는 단어를 기억하자. 토지 이용 면적을 효율적으로 줄일 수 있는 동시에 영양 측면에서도 뛰어나 오늘날 크게 주목받고 있다. 식물성 고기는 콩과 밀로 대체육을 만드는 만큼 드넓은 경작지가 필요한 반면, 미생물 발효 대체육은 1000리터 용량의 발효 기계 한 대만 있으면 하루에 2톤씩 단백질을 만들어낼 수 있다. 실제로 독일 포츠담기후영향연구소가 발표한 자료에 따르면, 전 세계 사람들이 육류 소비량의 20%를 미생물 발효 대체육으로 전환하면 삼림 벌채로 인해 발생하는 이산화탄소 배출량을 절반 가까이 줄일 수 있다고 한다. 이 분야는 현재 영국의 식품 브랜드 '퀀'이 주도하고 있다. 1960년대 균류를 이용해 단백질 배양에 도전한 랭크 경의 연구를 계승한 결과다. 퀀을 대표하는 제품 '베지테리언 치킨 슬라이스'의 절묘한 식감 같은 경우 토양 미생물인 푸사리움이 그 비결인 것으로 알려져 있다. 100g당 단백질 14g, 섬유질 7.1g, 지방 2.6g, 탄수화물 1.7g을 함유해 영양적 측면에서도 잘 균형 잡혀 있는 제품으로 평가받는다. 다른 제품으로는 다진 고기, 너깃, 미트볼, 슬라이스 햄 등이 있다.

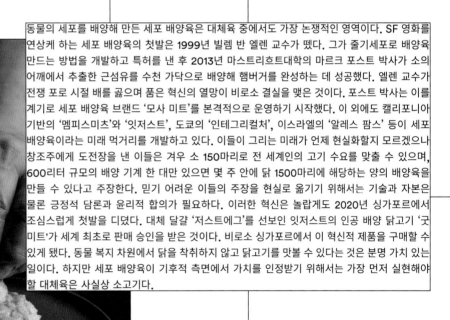

동물의 세포를 배양해 만든 세포 배양육은 대체육 중에서도 가장 논쟁적인 영역이다. SF 영화를 연상케 하는 세포 배양육의 첫발은 1999년 빌렘 반 엘렌 교수가 뗐다. 그가 줄기세포로 배양육 만드는 방법을 개발하고 특허를 낸 후 2013년 마스트리흐트대학의 마르크 포스트 박사가 소의 어깨에서 추출한 근섬유를 수천 가닥으로 배양해 햄버거를 완성하는 데 성공했다. 엘렌 교수가 전쟁 포로 시절 배를 곯으며 품은 혁신의 열망이 비로소 결실을 맺은 것이다. 포스트 박사는 이를 계기로 세포 배양육 브랜드 '모사 미트'를 본격적으로 운영하기 시작했다. 이 외에도 캘리포니아 기반의 '멤피스미츠'와 '잇저스트', 도쿄의 '인테그리컬처', 이스라엘의 '알레스 팜스' 등이 세포 배양육이라는 미래 먹거리를 개발하고 있다. 이들이 그리는 미래가 언제 현실화할지 모르겠으나 창조주에게 도전장을 낸 이들은 겨우 소 150마리로 전 세계인의 고기 수요를 맞출 수 있으며, 600리터 규모의 배양 기계 한 대만 있으면 몇 주 안에 닭 1500마리에 해당하는 양의 배양육을 만들 수 있다고 주장한다. 믿기 어려운 이들의 주장을 현실로 옮기기 위해서는 기술과 자본은 물론 긍정적 담론과 윤리적 합의가 필요하다. 이러한 혁신은 놀랍게도 2020년 싱가포르에서 조심스럽게 첫발을 디뎠다. 대체 달걀 '저스트에그'를 선보인 잇저스트의 인공 배양 닭고기 '굿 미트'가 세계 최초로 판매 승인을 받은 것이다. 비로소 싱가포르에서 이 혁신적 제품을 구매할 수 있게 됐다. 동물 복지 차원에서 닭을 착취하지 않고 닭고기를 맛볼 수 있다는 것은 분명 가치 있는 일이다. 하지만 세포 배양육이 기후적 측면에서 가치를 인정받기 위해서는 가장 먼저 실현해야 할 대체육은 사실상 소고기다.

01 Q&A ON MEAT ALTERNATIVE

고기 없는 육식을 향한 기대와 우려

Q1. 대체육은 기후 전환에 이로울까?
Q2. 육식에 길들여진 우리 입맛을 만족시킬 수 있을까?
Q3. 대체육은 마음 놓고 먹어도 안전한가?
Q4. 대체육은 육식을 대체할까?

A1
식물성 대체육으로 인해 소고기 소비가 줄어든다는 점에서 긍정적 효과를 기대할 만하다. 하지만 식물성 대체육 산업이 온실가스 배출에 있어 마냥 자유로운가 따져보면 또 그렇지도 않다. 질소비료를 사용하고 밭을 갈아 땅속의 이산화탄소를 끄집어내는 농법으로 생산한 곡물이 원료라면 더욱 그렇다. 참고로 그렇지 않은 곡물을 활용할 가능성은 거의 희박하다. 한편, 미생물 단백질 발효 대체육과 세포 배양육은 식물성 대체육에 비해 토지 이용 문제에서 자유로울 수 있다. 그러나 기억해야 할 것은 이러한 인공 식품은 그럴싸한 희망과 환상으로 인간과 자연을 분리하고 음식과 생명을 양분화한다는 점이다. 육식 비율을 줄이는 것도 중요하지만 땅과 생태계를 이해하고 인간과 자연의 관계에 대해 더욱 긴밀히 사유하는 것이 기후 전환을 고려하는 근본적 해결 방법이 아닐까. 대체육 브랜드들의 웹사이트가 한결같이 "축산업은 온실가스 배출량의 20%를 차지하며…"로 시작하는 기업 비전을 제시하는 것이 영 찜찜한 이유다. 무엇보다도 그들의 주장과 달리, 식물성 대체육을 만들 때 발생하는 탄소의 양이 닭고기를 생산할 때와 맞먹는다는 연구 결과가 세상에 공개되기도 했다.

A2
우리가 음식으로 느끼는 맛은 기본적으로 단맛, 신맛, 쓴맛, 짠맛, 감칠맛이다. 고기는 환원당, 아미노산, 지방산, 핵산 등의 성분을 통해 우리 미각 수용체를 자극한다. 지방이 고기 특유의 풍미를 만들어내는 주역이라면 육즙과 콜라겐, 단백질 함량은 고기를 씹는 식감을 구성한다. 그리고 가축이 어떤 환경에서 자랐는지, 무엇을 먹었는지 등의 조건에 따라 고기의 맛과 식감이 세분화된다. 여기에 수많은 조리법, 소스의 세계까지, 유구한 육식의 역사가 이룩한 관성적인 미각은 금방 털어내기 어렵다. 이렇다 보니 고기가 아닌 것으로 고기 맛을 내겠다는 인간의 시도는 사뭇 감동적이다. 예컨대 고기 맛을 훌륭하게 모사하기로 유명한 임파서블푸드의 식물성 대체육은 완두와 대두, 식물성 오일과 감자 전분이 주원료다. 그리고 고기 맛의 본질이 헤모글로빈의 분자에 있다고 판단해 이 맛을 일으켜줄 유전자를 콩과 식물의 뿌리혹에서 찾아 고기 특유의 맛을 섬세하게 구현했다. 여기에 코코넛 오일로 육즙의 느낌까지 더해 우리가 아는 버거 맛을 완성했다는 평가를 받는다. 고기 맛을 재현하는 기술이 고도화하면서 이제는 식물성 대체육과 일반 육류로 요리한 음식을 놓고 진위를 가려내는 실험에서 미각이 예민한 셰프마저도 혼동하는 경우가 종종 있다. 하지만 고기의 익숙한 맛을 변함 없이 추구하는 절대 미각의 육식주의자도 여전히 존재한다. 그런 사람들에게는 식물성 고기, 미생물 발효 고기 또한 닭고기·소고기·돼지고기처럼 육식의 또 다른 장르이니 고기 생활을 더 풍성하게 만드는 새로운 선택지로 여기고 시도해볼 것을 권하고 싶다. 어쨌든 육고기를 취하는 것보다는 대체육을 취하는 것이 우리의 미래에 더 유리하니 말이다.

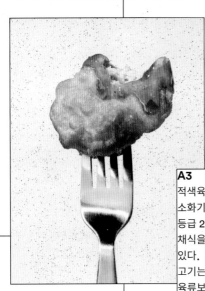

A3

적색육의 헴철 Heme Iron은 혈액에 산소를 공급하고 근육을 만드는 데 중요한 역할을 하지만 소화기관 내에서 지방성 산화 물질을 활성화한다. 이러한 이유로 세계보건기구는 적색육을 발암 등급 2A군으로 지정했다. 따라서 만성 대사 질환이나 심혈관 질환, 암 환자처럼 건강상의 이유로 채식을 고수하는 사람들에게 대체육은 가끔 육식이 그리울 때 찾을 수 있는 선택지가 될 수 있다. 그렇다고 식물성 고기를 건강식품이라고 말하기는 어렵다. 시중에서 유통되는 식물성 고기는 공장에서 여러 조리 과정을 거친 고도의 가공식품이다. 포화지방과 나트륨 함량이 일반 육류보다 높고 제품에 따라 다르지만 각종 첨가물을 함유하며, 어떤 식물성 고기는 GMO 대두를 사용한다. 결국 소비자가 더욱 꼼꼼히 따지고 살펴야 하니 마음 놓을 수 없는 것이 사실이다. 한편, 실험실에서 만든 대체육을 '클린 미트'라고 부르는 사람들은 공장식 축산으로 생산한 고기에 묻어 있을 노로바이러스, 살모넬라 등의 세균과 가축이 평생 달고 사는 항생제 문제로부터 자유롭다고 말한다. 세포 배양육은 깨끗한 무균실에서 만들어지기 때문에 '클린하다'고 여길 수 있다. 하지만 기술과 지식재산 보호를 이유로 배양 과정은 철저한 보안 속에서 이루어진다. 이렇게 비밀에 부쳐진 생산과정을 과연 클린하다고 말할 수 있을까? 하이테크 고기가 일으킬 문제는 당장 보이지 않고, 매우 긴 시간이 지나고 나서야 알아차릴 수 있다. 또 앞서 일어난 농업혁명이 마냥 긍정적인 결과만 남기지 않았던 것을 떠올려보면 대체육 산업 역시 또 다른 해악을 야기할 가능성도 배제할 수 없다. 오늘 내가 먹은 음식이 어디에서 어떻게 왔는지 출처를 알기란 지금도 어려운데, 대체육이 식탁에 오르기까지 과정을 이해하기란 더욱 어려운 일이 될 것이다.

A4

대체육 산업이 활기를 띠기 시작한 것은 빌 게이츠를 비롯한 실리콘밸리 투자자들이 비욘드미트와 임파서블푸드에 전폭적인 투자를 하면서부터다. 그 결과 2019년 비욘드미트는 나스닥에 상장하며 전 세계 식탁에 혁신을 불러일으켰다. 또 비건 지향 라이프스타일이 메가 트렌드로 굳어지며 대체육 산업이 눈부시게 성장할 것이라는 희망이 더욱 커졌다. 블룸버그도 대체육 시장이 2020년부터 10년간 40억 달러에서 740억 달러 규모로 확장될 것이라고 전망했다. 우리의 주변을 둘러보더라도 버거킹과 맥도날드 같은 글로벌 식품 기업이 대체육으로 비건 옵션을 선보이고, 동네마다 하나둘 문을 여는 비건 레스토랑이 눈에 띄게 늘고 있다. 소비자 가격 또한 기술의 발달과 높아진 수요 덕분에 점점 합리적 수준을 향하는 중이다. 여기에 세포 배양육 기술이 안정되고 인체 영향과 윤리적 한계를 모두 해소하며 사회적 합의까지 이뤄낸다면 대체육이 육식을 실제로 완벽하게 대신하는 날이 올지도 모르겠다. 그러나 걸림돌은 여기저기에 잠복해 있다. 첫째는 축산업계다. 육식주의자들의 입맛은 길들이면 그만이지만 당장의 생계가 걸린 축산업계의 반응은 꽤나 적대적이다. 한 세기 동안 이어온 축산 혁명, 그리고 길고 긴 인류의 육식 문화로 계보를 이어온 그들 입장에서 고기의 정의는 전통적 방법으로 기른 동물의 살코기일 수밖에 없다. 그들은 식물성 대체육을 비롯한 모든 대체육 제품에 '고기' '육(肉)' '미트' '버거' '스테이크' 등의 용어를 사용하는 걸 반대하고 대체육을 슈퍼마켓의 정육 코너에 두는 것은 이율배반적 태도라고 지적하면서 육류 시장에 진입하기 시작한 대체육 브랜드를 강력하게 배척하고 있다. 각국 정부는 축산업의 비중을 줄여야 하는 시대적 목소리를 반영해 축산업자들이 다른 삶의 방편을 찾을 수 있도록 제도적 지원을 고민해야 한다.

02 SMART FARM

햇빛 없는 채소밭

해가 뜨면 이른 아침부터 밭으로 나가 뙤약볕과 맞서고 종일 농작물을 들여다보는 일, 계절과 절기를 살피며 자연의 이치를 따르는 모습은 1만 년째 지속해온 농부의 일과다. 그런데 오늘날 몇몇 농부의 일과는 예전과 확연히 다르다. 전 세계 도시 곳곳에서 흙과 햇빛 그리고 계절의 영향 없이 정밀화된 기술로 농작물을 재배하며 유통을 지능적으로 관리하는 애그테크 Ag-Tech가 도래한 이후부터다. 동시에 기후 위기는 기술 발전과 별개로 애그테크의 당위성을 강화했다. 잦아진 이상기후로 인해 기존 방법으로는 더 이상 안정적으로 식량을 확보하기 어려운 상황이 되었기 때문이다. 특히 지구 인구는 점점 늘어나고 최근에는 러시아-우크라이나 전쟁까지 겹쳐 식량 안보가 세계적 화두로 떠올랐다. 그래서 전 세계 혁신가들은 농작물이 잘 자랄 수 있도록 시설의 온도와 습도 그리고 빛과 이산화탄소를 관리하는 수직 농법과 스마트팜, 인공지능 농사 봇, 자율주행 농기계 장비, 농업용 드론 등 오늘날 농사에 필요한 일손과 지혜를 첨단 테크놀로지로 보완한다.

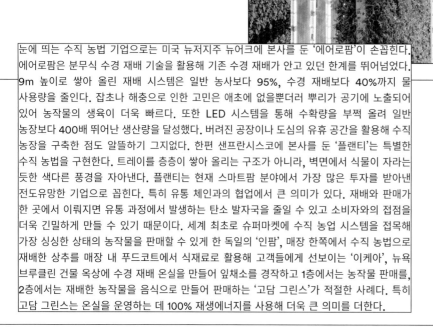

눈에 띄는 수직 농법 기업으로는 미국 뉴저지주 뉴어크에 본사를 둔 '에어로팜'이 손꼽힌다. 에어로팜은 분무식 수경 재배 기술을 활용해 기존 수경 재배가 안고 있던 한계를 뛰어넘었다. 9m 높이로 쌓아 올린 재배 시스템은 일반 농사보다 95%, 수경 재배보다 40%까지 물 사용량을 줄인다. 잡초나 해충으로 인한 고민은 애초에 없을뿐더러 뿌리가 공기에 노출되어 있어 농작물의 생육이 더욱 빠르다. 또한 LED 시스템을 통해 수확량을 부쩍 올려 일반 농장보다 400배 뛰어난 생산량을 달성했다. 버려진 공장이나 도심의 유휴 공간을 활용해 수직 농장을 구축한 점도 알뜰하기 그지없다. 한편 샌프란시스코에 본사를 둔 '플랜티'는 특별한 수직 농법을 구현한다. 트레이를 층층이 쌓아 올리는 구조가 아니라, 벽면에서 식물이 자라는 듯한 색다른 풍경을 자아낸다. 플랜티는 현재 스마트팜 분야에서 가장 많은 투자를 받아낸 전도유망한 기업으로 꼽힌다. 특히 유통 체인과의 협업에서 큰 의미가 있다. 재배와 판매가 한 곳에서 이뤄지면 유통 과정에서 발생하는 탄소 발자국을 줄일 수 있고 소비자와의 접점을 더욱 긴밀하게 만들 수 있기 때문이다. 세계 최초로 슈퍼마켓에 수직 농업 시스템을 접목해 가장 싱싱한 상태의 농작물을 판매할 수 있게 한 독일의 '인팜', 매장 한쪽에서 수직 농법으로 재배한 상추를 매장 내 푸드코트에서 식재료로 활용해 고객들에게 선보이는 '이케아', 뉴욕 브루클린 건물 옥상에 수경 재배 온실을 만들어 잎채소를 경작하고 1층에서는 농작물 판매를, 2층에서는 재배한 농작물을 음식으로 만들어 판매하는 '고담 그린스'가 적절한 사례다. 특히 고담 그린스는 온실을 운영하는 데 100% 재생에너지를 사용해 더욱 큰 의미를 더한다.

'만나CEA'는 해외에서도 주목받고 있는 국내 스마트팜 기업이다. 아쿠아포닉스 농법을 이용해 잎채소와 딸기를 재배하는 것이 만나CEA의 핵심 사업이다. '아쿠아포닉스 Aquaponics'란 물고기와 식물을 함께 키우는 시스템을 말한다. 물고기의 부산물이 물속 미생물과 만나 발효되며 자연스럽게 식물에 필요한 영양분을 공급할 수 있는 액상 비료로 변한다. 그리고 이 물은 농작물이 자라는 과정에서 정화되어 물고기를 키우는 데에 다시 쓰인다. 이러한 순환적 재배 방식은 화학비료를 사용하지 않는 동시에 질병에 노출될 위험이 없는 환경에서 질 좋은 작물을 얻을 수 있으며 높은 에너지효율로 생산량을 15% 이상 높일 수 있는 친환경 농업 방식이다. 농업 분야에서 가장 먼저 유니콘 반열에 오른 미국의 '인디고 애그리컬처'는 화학비료 대신 미생물로 작물을 키워 토양 오염을 줄이고 생산 품질을 높이는 기술을 선보였다. 그리고 탄소 배출을 줄이는 농장에 인센티브를 제공하는 서비스도 운영한다. 조 바이든 정부의 기후 계획에는 탄소 농법을 채택한 농가에 크레디트를 제공하는 탄소 은행 제도가 포함돼 있다. 인디고 애그리컬처는 이 사이에 개입해 농부들이 이산화탄소를 1톤 포집하면 15달러를 주고 구입해 탄소 배출권이 필요한 기업에 판매하는 중간 다리 역할을 자처하며 지속 가능한 농업을 지지하고 있다.

'아이언 옥스'는 구글에서 드론을 개발하던 엔지니어들이 설립한 스타트업이다. '철로 만든 황소'라는 뜻의 아이언 옥스 농장을 방문하면 그야말로 미래에 온 것 같다. 사람은 없고 로봇이 실내를 돌아다니면서 새싹 채소, 잎채소, 허브 등을 돌본다. 이동형 로봇 앵거스가 농작물이 담긴 트레이를 싣고 이동하면 유니버설 로봇 팔이 작물의 종류와 생육 상태를 판별해 옮겨 심는 작업을 수행한다. 유기적이면서도 획기적인 광경이다. 작물의 영양 상태와 병충해 가능성은 '더 브레인'이라는 인공지능 소프트웨어가 분석한다. 아이언 옥스의 밀폐되고 자동화한 시스템은 전통적인 농업보다 약 90% 적은 물을 사용하며, 수확량을 정확히 통제해 생산물 관리를 효율적으로 할 수 있다는 장점이 있다.

Q&A ON SMART FARM

햇빛 없는 채소밭을 향한 기대와 우려

Q1. 수직 농법은 정말 효율적인가?
Q2. 애그테크는 기후 전환을 가능하게 할까?
Q3. 탄소 농법과 탄소 배출권 거래 제도는 기후 전환에 얼마나 큰 의미가 있을까?

A1

수직 농법의 명확한 장점은 공간 대비 생산성을 향상시킬 수 있다는 것이다. 더불어 작물을 재배하는 데 최적의 생육 환경을 유지할 수 있고, 스마트폰으로 농장의 상황을 손쉽게 파악하고 원격으로 제어할 수 있어 전통적인 농사 방법보다 사람의 개입을 확실히 줄일 수 있다. 또 배송과 유통 과정에서 발생하는 탄소 발자국 단축과 비용 절감에도 의미가 있다. 그러나 농작물을 땅에 펼쳐 심고 재배하는 전통적인 방법과 비교했을 때 시설을 구축하는 데 필요한 비용을 따져보면 효율성의 모순이 발생한다. 대체로 스마트팜 기업이 공개하는 에너지 계산에는 건물 자체를 유지하는 데 필요한 에너지 비용이 빠져 있다. 일례로 태양전지 패널로 재생에너지를 조달할 경우 밀을 실내에서 $1m^2$ 규모로 재배하기 위해 $20m^2$의 패널이 필요하다는 계산도 덧붙일 필요가 있다. 또한 수직 농법 기술이 잎채소처럼 재배 주기가 짧은 채소나 과일을 생산하기에는 적합하지만 밀이나 쌀 같은 곡물, 즉 주식을 생산하기에는 효율성이 영 떨어진다.

A2

애그테크가 최근 '기후 위기' '그린노믹스' '기후 테크'라는 키워드를 등에 업고 약진한 것은 사실이다. 혁신적 아이디어와 기술로 기후 위기에 지속 가능한 솔루션을 내는 기업가들의 진심을 의심하는 것은 아니지만 농사 없는 농업, 디지털화한 농업은 어쩌면 생물 다양성의 가치를 외면하고 1만 년 동안 쌓아온 순환의 지혜를 내려놓는 일처럼 여겨져 어딘가 씁쓸한 감정이 남는다. 생태학적 관점에서 바라보면, 순환적 유기 농법이 농사 과정에서 발생하는 온실가스 배출을 줄이고 토양의 생명력을 지켜 농경지가 온실가스를 격리하는 이상적인 수단임은 분명하다. 그럼에도 기술의 환상에 자꾸 매료되는 것이 사실이다. 동시에 빌 게이츠의 '브레이크 스루 에너지 벤처스' 같은 거대 자본이 기후 위기를 언급하며 추진하는 농업 분야의 혁신, 세계화, 디지털화는 종 다양성을 해치는 상업적 종자를 지원하고 화석연료 기업에 투자하며 화학비료를 개발하는 것 또한 포함돼 있다. 이런 사실을 알면서도 기술혁신을 통해 대안을 찾을 수 있다는 희망을 갖는 것은 혁명을 좇는 인간의 욕망인 듯싶다.

A3

'탄소 농업'이란 토양을 탄소 저장고로 삼는 것을 뜻한다. 수확을 마친 뒤 잔재물을 땅에 묻으면 미생물 분해가 촉진되며 탄소를 수십 년간 땅속에 저장할 수 있다. 기후 변화에 관한 정부간협의체(IPCC)의 보고서에 따르면 전 세계 농경지를 탄소 농업으로 전환하면 연간 최대 8.6기가톤의 탄소를 저장할 수 있다고 한다. 이는 미국에서 1년 동안 배출하는 탄소의 1.3배에 달하는 양이다. 그리고 지난해 6월 미국 상원은 탄소 배출량을 감축한 농업 관계자가 탄소 배출권을 판매할 수 있도록 하는 법안을 통과시켰다. 이에 인디고 애그리컬처 같은 스타트업이 조력자로 나섰다. 그러나 탄소 배출권 거래 제도가 시작된 이후 끊임없이 잡음이 나오고 있는 게 현실이다. 2011년부터 '탄소농업협의체 Carbon Farming Initiative'를 만든 호주 농업부는 탄소 배출권 판매를 통해 농가 소득을 지원해왔다. 그러나 지난 3월 호주 국립대학교 교수이자 환경법 정책 전문가인 앤드루 매킨토시는 "이 시스템은 환경을 해치고 10년 동안 10억 달러 이상의 세금을 낭비한 사기 행각"이라고 발언해 논란을 불러일으켰다. 그뿐만 아니라 탄소 배출권 거래 제도의 오류를 은폐하려는 당국의 시도를 고발하기도 했다. 탄소 배출권 거래 제도로 많은 사람이 탄소 포집과 탄소 배출 저감에 관심을 갖게 되었지만 그에 따른 오류와 모순 때문에 실망스러운 일이 발생하는 게 안타깝다. 미국에서 시행할 탄소 농업이 눈에 띄는 결과를 남기고 기후 위기를 돌이키는 솔루션이 되길 바랄 뿐이다.

03

AGAINST FOOD CRISIS

이미 도래한 음식의 미래 - 미래의 음식 기술

우리는 미래에 무엇을 먹게 될까. 혹은 기후에 미치는 영향을 최소화하기 위해 무엇을 먹어야 할까. 미래식이라고 생각했던 낯선 음식들이 이미 우리를 기다리고 있다. 좋든 싫든 곧 먹게 될 미래식을 창조해낸 신기술 알아보기.

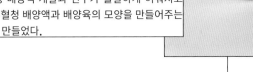

무혈청 배양액

고기를 배양할 때는 영양소를 제공하는 배양액이 중요하다. 이전에는 소 태아 혈청을 배양액으로 주로 사용했다. 그로 인해 전 세계적으로 75만 마리에서 150만 마리의 소가 태아 혈청 채취용으로 사육되고 있다는 사실이 밝혀졌다. 이는 윤리적, 환경적 논란을 야기한다. 그래서 최근에는 무혈청 배양액 개발과 연구가 활발하게 이뤄지고 있다. 국내 세포 배양육 기업 '셀미트'는 무혈청 배양액과 배양육의 모양을 만들어주는 지지체 기술을 개발해 독도새우 배양육을 만들었다.

식용 곤충

곤충은 단백질을 비롯한 영양소가 풍부하고 성장과 번식이 빨라 친환경 식재료로 떠오르고 있다. 또 같은 양의 단백질을 얻는 데 곤충을 사육하는 과정에서 사용하는 물의 양은 소의 8분의 1, 식용 곤충을 기를 때 배출하는 이산화탄소 양도 소의 3분의 1에 불과하다. 영화 <설국열차> 꼬리 칸 사람들에게 배급되던 단백질 블록 같은 것은 아니니 안심해도 좋다. 식용 곤충으로는 메뚜기, 귀뚜라미, 거저리 등을 사육한다. 식용 곤충을 본래의 온전한 모습으로 식탁에 올린다면 아무래도 누군가는 즐거운 식사 시간을 망칠 수 있기 때문에 주로 가공식품의 원료로 쓰인다. 단백질이 풍부하지만 곤충이 가진 이미지 때문에 그 기술보다는 식용으로 활용할 수 있는 문화적 흡수성이 중요한 상황이다.

바이오 프린팅

스페인의 식물성 대체육 제조사 '노바미트'는 2018년 3D 프린팅 기술을 이용한 소고기를 만들었다. 쌀, 완두콩, 해조류에서 추출한 단백질을 이용한 식물성 고기다. 미국 푸드테크 스타트업 '블루날루'는 해산물을 대체할 세포 배양 해산물을 연구한다. 생선의 근육 조직에서 줄기세포를 채취해 효소 단백질로 처리한 다음 배양액을 넣고 키운다. 배양된 세포를 따로 뽑아내 영양 물질이 들어 있는 바이오 잉크와 섞은 뒤 3D 프린터를 통해 생선 살을 프린트하면 원하는 모양의 음식이 출력된다.

로봇 벌

영국 맨체스터대학교의 모스타파 나바위 박사는 생물에서 영감을 받은 '마이크로봇'을 선보였다. 로봇 벌을 대량으로 제조해 개체 수가 줄어들고 있는 꿀벌을 대신하게 하는 것이 목표. 꿀을 모으고 꽃가루를 옮기는 벌의 움직임을 디자인하는데, 독자적으로 날아다니며 벌의 임무를 수행할 수 있도록 연구 개발 중이다. 물론 벌이 제 역할을 못 하고 로봇 벌이 출동해야 하는 미래는 절망적이지만, 로봇 벌을 통해 성취한 기술은 항공 역학 등 부가적인 기술을 발전시키는 데 도움을 줄 수 있다. 물론 만에 하나의 경우를 대비한다는 점에서도 개발할 가치가 있다.

AI 푸드 스캐너

음식을 인식하고 데이터화하는 기술로, 여러 방면에서 활용할 수 있는 가능성이 무궁무진하다. 자신이 먹은 음식과 잔반의 종류 및 양을 분석해 식사 습관을 데이터화할 수 있다. 이렇게 수집한 빅데이터는 단체급식 시설에서 필요한 음식의 양을 예상할 수 있게 도와준다. 음식물 쓰레기가 발생하지 않도록 미리 설계해주는 것만으로도 자원 낭비를 줄이고 쓰레기 처리 비용과 기후에 미치는 영향을 저감할 수 있다.

스마트 양식

연어나 넙치 등 국내에 서식하지 않는 어류를 수조에서 양식하는 스마트팜이다. 수온 및 용존 산소량, pH센서 등을 통해 AI가 실시간으로 양식장 상태를 모니터링하고 최적의 환경을 조성한다. 적절한 사육 환경과 적정량의 사료를 공급하면 어류의 품질을 최상으로 관리할 수 있다. 이 기술이 업계에서 떠오르는 이유는 급증하는 수산물 소비량을 충족하고 고갈될 가능성이 높은 해양 생물자원을 보존할 수 있는 해결책으로 기대를 받고 있기 때문이다.

도시 농업

푸드 마일리지를 낮추고 품질 좋은 농산물을 생산하기 위해 도시의 유휴 공간에 구축하는 스마트팜이다. 최근 여러 기업에서는 사옥의 유휴 공간이나 옥상에 스마트팜을 마련하고 거기서 수확한 작물을 구내식당에서 식재료로 활용하는 사례가 등장하고 있다. 집에서 소량의 식물을 재배해 그때그때 깨끗하고 싱싱한 잎채소를 먹는 장점을 더욱 적극적으로 끌어들인 사례다.

GLOBAL FOOD COMPANIES, READY FOR FIGHT FOR NET-ZERO

글로벌 식품 기업의
탄소 중립 성적표

기후 위기를 막기 위한 특단의 조치 없이는 살아남기 힘든 위기의 식품 기업들.
세계인의 입맛 패권을 놓고 경쟁하던 식품 기업들이 누가 먼저 탄소 중립을 이뤄 변화하는 시장에서
우위를 차지하느냐를 두고 치열한 눈치 게임을 시작했다. RE100에 가입한 식품 기업의
현재 성적을 훑고 선두 기업의 전략을 살펴본다. 또 여전히 구체적 전략을 세우지 않는 등
탄소 중립에 미온적 태도를 보이는, 눈치 없는 국내 식품 기업이 참고할 만한 기술을 소개한다.
탄소 중립은 이제 세계시장에서 살아남기 위한 선택이 아닌 필수 가치다.

NOW

EDITOR. Youngin Won

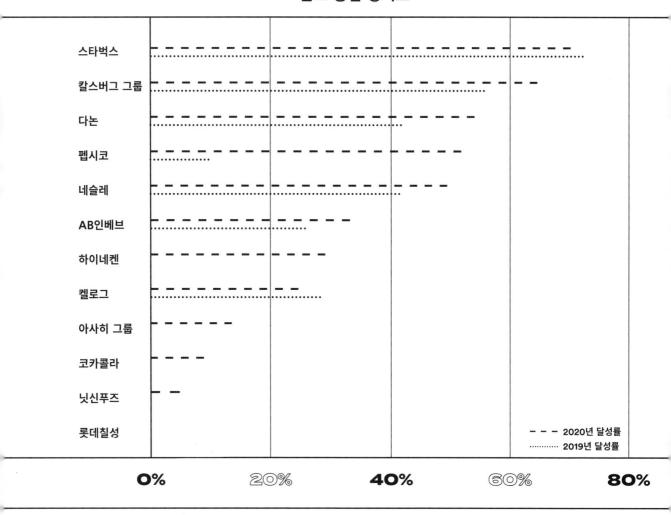

탄소 중립 성적표

	0%	20%	40%	60%	80%
스타벅스					
칼스버그 그룹					
다논					
펩시코					
네슬레					
AB인베브					
하이네켄					
켈로그					
아사히 그룹					
코카콜라					
닛신푸즈					
롯데칠성					

- - - 2020년 달성률
.... 2019년 달성률

RE100에 가입한 글로벌 식품 기업

RE100은 기업이 사용하는 전력의 100%를 2050년까지 재생에너지로 전환하자는 취지로 시작한 국제 협업 프로젝트다. 전력을 연간 1000GWh 이상 소비하는 기업이 자발적으로 에너지를 완전히 전환할 목표 연도를 정하고, 기업이 이를 잘 이행하는지 주최 기관이 감시한다. 2022년 10월 현시점을 기준으로 글로벌 기업 379개 업체가 가입했다. 이들 모두가 2050년까지 화석연료를 재생에너지로 100% 전환한다고 가정할 경우 절약되는 총소비 전력은 340TWh로 추산한다. 무려 전 세계 전력 소비량의 10%에 달하는 수치다.

RE100에 가입한 기업 중 식품 기업은 32개 업체다. 소프트웨어나 금융 산업과 달리 식품 산업은 원료를 생산하는 과정부터 이를 산지에서 운송하고 가공·생산·유통하며 서비스하는 전 과정에서 기업의 역량과 책임이 두드러진다. 그만큼 탄소 배출량을 관리해야 하는 범주가 넓은 동시에 감축해야 할 전력 소비량 단위 자체가 상당히 큰 편이다. 이는 역으로 말하면 식품 기업이 결단을 내리고 조금만 움직이더라도 온실가스를 획기적으로 줄일 수 있다는 것이다.

매머드급 식품 기업인 네슬레, 마스 Mars 등이 RE100을 시작한 2014년에 가입했다. 뒤이어 스타벅스, 칼스버그, 다논, '펩시' 제조사인 펩시코 등이 RE100 명단에 이름을 올리고 괄목할 만한 변화를 만들어내고 있다. 아시아권 식품 기업들은 2020년부터 한두 업체가 이름을 올리기 시작했으며, 현재까지 국내 식품 기업 중에서는 롯데칠성음료가 유일하게 가입한 상태다. RE100의 시스템과 실효성 등 여전히 논란의 여지가 있지만, RE100에 가입했는지 여부가 그 기업이 탄소 중립에 얼마나 적극적인지를 보여주는 척도로 작용하는 만큼 국내 기업들의 저조한 가입률이 안타깝게 느껴진다. 특히 식품업계는 기후 위기로 인한 식량 위기로 가장 큰 타격을 받는 분야인데도 말이다.

스타벅스 Starbucks

기업 영향력 1971년 미국 시애틀에서 시작한 스타벅스는 세계 커피 시장에서 부동의 1위 기업이다. 84개국에 3만4000개 이상의 매장을 보유하고 있으며, 하루 평균 400만 잔을 판매한다. 전 세계 직원 수는 13만8000명 수준이다.
탄소 중립 목표 2030년까지 탄소·물·쓰레기 배출량 50% 감축

RE100 성적 71% 달성
RE100 달성 전략 소비자의 적극적 참여 유도하기, 재생에너지 프로젝트 투자하기

전 세계 모든 도시의 스타벅스 매장에서 플라스틱 빨대가 퇴출됐다. 국내에서는 2025년이 되면 일회용 테이크아웃 컵도 사라질 예정이다. 20회 이상 사용 가능한 '리유저블 컵'을 대여해주고 사용한 컵은 무인 키오스크에 반납하는 시스템을 구축하고 있으며, 이미 제주 전역에서 시범 운영 중이다. 소비자의 변화를 촉구하는 이러한 친환경 캠페인은 스타벅스의 대표 전략 중 하나다. 덕분에 우유 대신 두유나 오트밀을 선택하거나 텀블러를 지참하는 이가 느는 등 소비자의 변화를 쉽게 체감할 수 있게 됐다. 하지만 탄소 중립을 내세운 적극적 마케팅은 양날의 검이기도 해 텀블러 등 굿즈를 필요 이상으로 생산한다는 지적을 받으며, '그린워싱'을 의심받고 있다.

하지만 사실 탄소 중립을 향한 스타벅스의 노력은 소비자의 눈에 보이지 않는 곳에서 더 많이 이뤄지고 있다. 특히 괄목할 만한 성과를 이루고 있는 것은 재생에너지를 향한 지속적인 투자다. 이미 미국, 캐나다, 영국에 위치한 매장과 사업장의 전력을 100% 재생에너지로 교체하는 데 성공했다. 한편, 재생에너지를 생산하는 데 직접투자도 한다. 2021년부터 매장뿐 아니라 뉴욕의 지역사회를 위한 태양광 프로젝트에 약 9700만 달러를 투자하고 있으며, 캘리포니아에 위치한 550여 곳의 매장에 태양광 패널을 설치해 매장에서 생산한 재생에너지를 지역사회에 공급할 예정이다. 워싱턴주의 풍력에너지 개발 프로젝트도 지원한다. 기후변화로 피해를 입은 커피 농가를 위해 2025년까지 커피나무 1억 그루를 기증하겠다는 목표 아래 꾸준히 노력하고 있다.

이렇듯 소비자 눈에 보이지 않는 실천들이 차곡차곡 쌓여 2030년까지 탄소 배출량은 물론, 물과 쓰레기도 각각 50%씩 감축하겠다는 자체 목표를 현재 64%까지 달성하는 쾌거를 이뤘다.

STARBUCKS

71%

칼스버그 Carlsberg

기업 영향력 1847년 덴마크 코펜하겐에 설립한 양조장에서 시작한 브랜드로, 하루 평균 1억 병을 판매하는 세계 3위 맥주 회사. 700여 종의 맥주를 33개 국가의 75개 양조장에서 생산하고 있으며, 150개 국가에서 판매 중이다.
탄소 중립 목표 2022년까지 양조장 100%, 2030년까지 생산·운송·유통 과정 포함 30% 전환, 2040년까지 전체 생산공정 100% 재생에너지 전환

RE100 성적 64% 달성
RE100 달성 전략 재사용을 통한 탄소 중립 실현

칼스버그 그룹은 일찌감치 양조장에서 필요한 전기를 재생에너지로 변환하는 데 집중했다. 2015년부터 중국에 태양전지 패널을 8000개 이상 설치하고, 전 세계 18개 양조장 폐수에서 바이오가스를 추출하는 등 2016년에 이미 약 45%에 달하는 전력을 재생에너지로 공급하는 데 성공했다. 2021년 핀란드에 위치한 양조장이 최초로 100% 재생에너지 시설 인증을 받은 이후, 2022년 현재 전 세계 모든 양조 시설에서 소비하는 전력을 100% 재생에너지로 전환한 상태다.
칼스버그는 탄소 중립을 넘어 탄소 순배출량을 마이너스로 만드는 '탄소 네거티브'까지 욕심을 내는 중이다. 단순히 효율을 높이고 재생에너지를 사용하는 데 그치지 않고 한 번 사용한 원료를 재사용한다는 방침. 이를 위해 덴마크의 프레데리시아 양조장에서는 2020년부터 냉각 과정에서 사용한 물을 재사용하는 시스템을 개발했다. 이 시스템을 활용함으로써 기존 맥주 100리터를 생산하기 위해 사용하는 물 340리터의 25%가량을 줄일 수 있다.
또한 맥주를 만드는 데 활용한 곡물과 효모 찌꺼기를 모아 가축의 사료나 비료로 활용할 수 있도록 농가에 제공하기로 했다. 참고로 매년 배출하는 찌꺼기의 양은 160만 톤에 달한다. 이 밖에 패키징, 운송, 관리 등 맥주 생산과정에서 함께 하고 있는 다양한 협력 업체와도 재생에너지를 사용할 경우 인센티브를 제공하거나 재생에너지에 투자하게끔 유도하는 파트너십을 맺고 있다.

64%

다논 Danone

기업 영향력 1919년 설립한 세계 최대의 신선 유제품 생산업체로 우유, 요구르트, 분유 등은 물론 생수도 생산한다. 국내에서는 풀무원과 합작한 '풀무원다논' 브랜드로 요구르트 시장에 진출해 있으며, 롯데칠성음료와 함께 생수 에비앙을 판매한다. 2021년 매출 기준으로 전 세계 식품 기업 랭킹 10위, 55개국에 9만 8000명의 직원을 고용하고 있다.
탄소 중립 목표 2030년까지 전체 생산과정에서 재생에너지 100% 전환

54%

RE100 성적 54% 달성
*식품 생산 라인에서 탄소 배출 절대량 48.3% 감소, 재생에너지 전력 구입률 68.5% 달성
RE100 달성 전략 낙농 자원 관리를 통한 탄소 감축

낙농업은 자연적으로 발생하는 온실가스가 많은 업종이다. 생산품의 57%를 농업과 낙농업에 의존하는 다논이 탄소 중립에 골머리를 앓을 수밖에 없는 이유다. 안전한 먹거리 생산 역시 젖소의 건강과 직결되기에 토양의 지속 가능성은 그룹의 최대 관심사다. 이를 위해 다논은 자체 연구소를 설립해 재생 농법을 연구했으며, 2018년부터 네덜란드의 로얄 프리즈랜드 캄피나 목장에서 시범적으로 이를 접목해 실험하고 있다. 연구소에서 개발한 단백질 사료를 소에게 공급하자 소의 장운동으로 인해 배출되는 메탄가스의 양이 줄어들고 목초지가 덜 훼손됐다. 동시에 소의 분뇨를 비료로 재활용하는 방식으로 수질오염도 줄였다. 이렇게 재생과 순환에 중점을 둔 연구와 실험을 꾸준히 시행한 후 3년간 변화를 측정한 결과, 감축한 온실가스 배출량은 17.6%에 달했다. 현재 이러한 재생 농업 방식을 전체 협력 농가로 확대해 지역별로 화학비료 없는 농업과 동물 복지 관련 교육을 시행하고 있으며, 탄소를 줄이는 데 동참한 농가를 적극 지원하고 있다.

제조 설비 시설에 도입한 재생에너지 역시 농업·낙농업과 관계가 깊다. 2020년 최초로 '탄소 배출 제로' 인증을 받은 아일랜드의 분유 제조 공장에서 핵심적으로 사용하는 에너지는 바이오매스 biomass다. 바이오매스란 톱밥, 볏짚부터 음식물 쓰레기 및 하수슬러지, 축산 분뇨에 이르기까지 산업 활동에서 발생하는 유기성 폐자원을 말한다. 다논 연구소는 지역의 목재 가공업체들과 손잡고 지속적으로 바이오매스를 공급받을 수 있는 채널을 확보했다. 2007년부터 바이오매스를 에너지원으로 활용해 화석연료에 비해 탄소 배출량을 크게 줄였다. 덕분에 10년간 이 생산 시설에서 배출하는 이산화탄소가 70%까지 급감했으며, 같은 기간 생산량은 2배 가까이 증가했다.

DANONE

탄소 중립 성적표

52%

펩시코 PepsiCo

기업 영향력 2021년 네슬레를 꺾고 매출 면에서 식품 산업 내 세계 1위를 차지했다. 펩시콜라뿐 아니라 게토레이, 마운틴듀, 치토스, 도리토스 등 유서 깊은 스낵 브랜드 22종을 보유하고 있다. 직원 수가 31만 명에 달하는 펩시코는 전 세계 200개 이상의 국가에 진출해 있으며, 지난해 790억 달러의 순수익을 냈다. 국내에서는 롯데칠성음료와 함께 음료를 생산·유통한다.
탄소 중립 목표 2030년까지 직영 사업장과 생산업체에서 재생에너지로 100% 전환, 2040년까지 전 세계 프랜차이즈 매장에서 재생에너지로 100% 전환

PEPSICO

RE100 성적 52% 달성
RE100 달성 전략 탄소 배출 샐 틈 없이 막기

식품 생산 규모 면에서 세계 1위인 펩시코는 2006년부터 구체적으로 생산과정별 탄소 배출량을 점검했다. 제조 공장, 창고, R&D센터, 사무실 등 기업이 소유한 자산과 프랜차이즈 매장, 협력 업체, 지역별 농가 등 제3자의 자산, 그리고 신제품 개발 및 디자인에 해당하는 미래 자산 단계에서 전체 22개 브랜드별로 배출하는 온실가스와 제품의 수명 주기를 조사해 관리하는 중이다. 이렇게 관리 영역을 세분화한 후 분야별 탄소 중립을 위한 구체적 목표를 세웠다.

첫 번째 분야는 농업이다. 펩시코에 작물을 납품하는 농경지의 규모는 2만8000km² 수준. 전 세계에 포진한 협력 농가를 설득하기 위해 시범적으로 태국, 멕시코, 인도 등에 위치한 농가 72곳에서 재생 농업을 실시했다. 그 결과 특히 태국에서의 효과와 반응이 좋게 나타났다. 수확량이 25% 증가한 한편, 온실가스 배출은 23% 줄어들었으며, 관개용수 사용량도 40% 이상 감소했다. 이렇게 재생 농법의 긍정적 효과를 증명함으로써 자연스럽게 전 세계 600여 농가가 동참을 약속했다. 현재 1375km² 이상의 경작지에서 재생 농업을 시행하고 있으며, 2030년까지 전체 농경지에 적용할 수 있도록 준비하는 중이다.

두 번째 분야는 생산 라인과 운송 설비의 연료 관리다. 2030년까지 미국 자회사 및 지사 설비에 적용한 다음, 2040년까지는 전 세계 모든 프랜차이즈와 협력 업체에도 재생 가능한 전기를 100% 공급한다는 목표를 세웠다. 운송에서는 탑차 650대를 탑재 공간이 25% 많고 연료 효율이 3% 높은 차량으로, 트럭 700대를 압축천연가스를 연료로 쓰는 차량으로 교체함으로써 한 해에 6만3000톤의 온실가스를 감축하는 데 성공했다. 현재 140대분의 전기 트럭을 준비하는 중이다. 포장 용기 역시 2030년까지 생분해 재질과 재활용 용기 사용률을 50% 늘릴 예정이다. 생분해 물질로 포장지를 바꿀 경우 비닐에 비해 제작 과정에서 발생하는 온실가스를 60% 줄이는 효과가 있다.

BIOMASS ENERGY

음식물 쓰레기도 처리하고 재생에너지로의 전환율을 높여줄 국내의 바이오매스 기술

버릴 것 없는 생명의 선순환

감자칩 1kg을 만드는 데 필요한 감자는 3.5kg이다. 그렇다면 나머지 2.5kg은 어떻게 될까? 버려진다. 이렇게 가공 과정에서만 하루에도 수백 톤의 식재료가 음식물 쓰레기로 전락한다. 이 과정에서 나온 부산물은 퇴비로 재사용하는 경우도 있지만, 폐수로 분류되어 하천으로 흘러가거나 쓰레기 매립지에 모여 하염없이 탄소를 배출한다.

음식물 쓰레기, 동물의 부산물 등은 오랜 시간 인류의 에너지원이었다. 특히 농사짓고 남은 원료의 잔여물인 볏짚·쌀겨 등은 가축의 사료로 활용했으며, 동물의 배설물은 밭의 거름이나 연료로 사용했다. 다만 복잡해진 산업화 공정에서 이들이 자연으로 돌아갈 기회를 잃었을 뿐이다. 이를 원래대로 에너지원으로 사용하기 위해 다양한 기술이 개발됐다. 오늘날의 기술은 생산 라인에서 발생하는 폐수와 하수슬러지, 축산 분뇨도 새로운 에너지원으로 만들 수 있다.

음식물 쓰레기가 에너지로 환골탈태하는 과정

에너지 분야에서 바이오매스란 톱밥과 볏짚부터 음식물 쓰레기나 축산 분뇨에 이르기까지 인간 활동에서 발생하는 유기성 폐기물을 총칭한다. 이 바이오매스를 고체 연료나 액체, 가스로 변환시켜 에너지원으로 사용할 경우 탄소를 비롯한 오염 물질이 더 이상 나오지 않는다. 다만 워낙 다양한 재료를 원료로 사용하기 때문에 활용 가능한 재료를 표준화하지 않을 경우 자원이 낭비될 가능성이 있다. 원래의 취지인 '버려진' 유기물이 아닌 건강한 나무를 벌목해 에너지원으로 사용하는 사례가 종종 발견되고 있다. 바이오매스 에너지의 친환경성에 대한 논의가 일고, 더 엄격한 규제가 필요하다는 우려의 목소리가 나오는 이유다.

그럼에도 불구하고 버려지는 유기물을 지구에 유효한 자원으로 재탄생시킨다는 바이오매스의 본질은 재생에너지의 새로운 차원을 열고 있다. 앞선 논란을 잠재우기 위해 소울에너지가 마련한 방법은 폐기물의 기준을 자체적으로 세우는 것. 식품 가공 시 발생하는 폐수나 하수슬러지, 축산 분뇨 등으로 엄격하게 제한하고 있다. 소울에너지는 국내 대기업 및 글로벌 회사와 유기성 폐수 공급에 대한 계약을 확보해 안정적으로 사업을 운영하고 있다. 동시에 유기물을 보다 효율적으로 에너지화하는 '감압유증건조' 기술을 직접 개발했다. 유기성 폐수를 감압한 후 저온 건조하는 공법으로 사료의 원료와 발전용 연료를 생산한다.

소울에너지의 감압유증건조 기술 공정도 사료화 예시

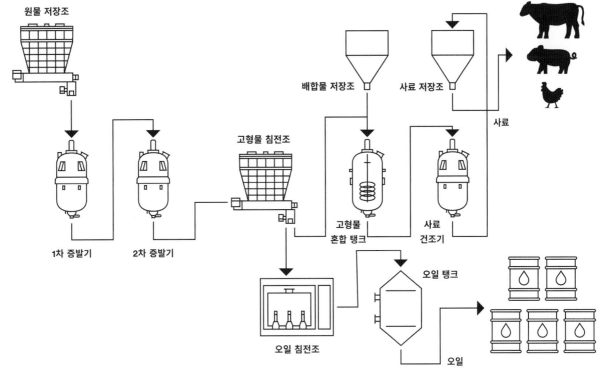

소울에너지가 고안한 감압유증건조 기술은 이름 그대로 압력을 낮추어 기름 속에서 슬러지를 저온으로 건조하는 기술이다. 밀폐된 진공상태에서 공기 대신 기름을 열전달 물질로 사용해 폐수를 건조하는 방법으로, 기름과 물이 섞이면 열전도율이 더 높아진다는 원리에 착안했다. 이렇게 하면 악취 없이 고농축 바이오 자원 및 친환경 연료탄을 제조할 수 있다.

장기적으로 자원을 재활용하는 순환 경제로 전환하기 위해서는 공정의 효율성도 중요하다. 감압유증건조 기술은 전체 중량에서 물의 중량이 차지하는 비율인 함수율을 1% 이하로 낮추고, 사용한 기름은 재활용하는 고효율의 친환경 건조 공법이다.

감압유증건조 기술로 만든 친환경 연료탄은 발열량이 5000kcal/kg 이상의 고효율 연료로, 고체 연료를 대체해 다양하게 사용할 수 있다. 국내 기술로 개발한 하수슬러지 연료탄 중 최초로 우수 재활용 인증인 'GR 인증'을 획득했다.

환경산업기술원에 따르면 국내에서는 360만 톤에 달하는 하수슬러지가 72만5000톤의 친환경 연료탄으로 전환될 수 있으며, 이는 연간 549억 원 상당의 석탄을 대체할 수 있는 규모로 추산한다. 하수 슬러지를 바다에 투기하는 것을 막을 수 있는 한편, 공장 시설 운영에 필요한 액화천연가스(LNG)를 대체하는 효과도 기대할 수 있다.

지구상에서
꿀벌이 사라지면

1.5℃

4년 안에 인류도 멸망할 것이다.

99

물리학자 알베르트 아인슈타인
Albert Einstein

내일의 식사를
남겨두는 방법

PEOPLE

EDITOR. Seohyung Jo / PHOTOGRAPHER. Kisik Pyo
HAIR · MAKEUP. Yunkyeong Hong

기후와 식량 위기를 맞아 식탁 위 미래가 위험해지고 있다. 우리가 지금처럼 원 없이 고기를 먹는다면 미래엔 누구의 밥상도 안녕하지 못할 것이다. 오늘의 만족스러운 한 끼를 포기하지 않으면서 내일의 식사를 남겨둘 방법을 벨기에 출신 방송인 줄리안에게 물어봤다.

줄리안 퀸타르트

이야기를 나누려는데, 자꾸 대체육 육포에 손이 가네요.
생라면에 라면 수프 찍어 먹는 수준의 중독성이죠?
'비건' 하면 건강식, 동물권, 기후와 지구 등 거대한 개념의
수호자를 떠올리는데, 인터뷰 전에 미리 말할게요. 전
맛있어서 비건 하는 거예요.

아니, 어머니가 한국에서 요리책을 냈더라고요.
엄마가 요리를 워낙 좋아해요. 자기만의 레시피 북이 있을
정도로. 그걸 어디서 얘기했더니 책 내자고 연락이 왔어요.
엄마는 자기가 읽지 못하는 언어로 쓰인 책의 작가예요.

어머니 음식 중에 특히 좋아하는 게 있나요?
으아, 너무 많아요. 딱 하나 말하기 어려울 만큼. 엄마
요리는 샐러드랑 수프가 특히 맛있어요. 지난주에 벨기에
갔을 때 엄마한테 쐐기풀 수프를 만들어달라고 했어요.
오랜만에 먹으니 맛있더라고요. 유튜브 보고 쐐기풀로
페스토도 만들어봤어요. 역시 맛이 좋았어요.

**어릴 때 부모님이 유기농 식품 가게를 운영했다고
들었어요. 그때 기억이 나요?**
너무 어릴 때라 기억은 없어요. 제2차 세계대전이 끝나고
1968년 유럽에서 전쟁, 공장, 농약 같은 것에 반대하는
문화 혁명이 있었어요. 학교의 교복과 체벌이 없어지고
회사에는 유급휴가와 복지가 생기면서 사람들 생각도 많이
달라졌죠. 부모님도 형이 태어나자마자 도시 외곽으로
이사를 했어요. 작은 마을에서 텃밭을 일구고 유기농 식품
가게를 차렸죠. 1980년대에 대도시에도 없던 콘셉트의
가게를 연 거예요. 엄마는 식습관과 건강의 중요성을 아는
분이었어요. 우리 형제에게 건강한 음식을 주려고 많이
노력했고요. 전 어릴 때부터 '밀단백'이라는 대체육을 많이
먹고 자랐어요.

**아까 촬영하면서 한국에 온 지 18년 차라고 했어요. 2004
년에 온 거예요?**
정확합니다. 충남 서천에 있는 동강중학교를 다녔어요.

그때 급식으로는 뭘 먹었나요?
음, 뭐 일반적인 메뉴였어요. 어묵볶음, 콩나물무침, 각종
김치, 된장찌개. 벨기에서는 편식을 좀 했던 것 같은데,
한국 와서는 다양하게 먹었어요.

이전엔 어떤 음식을 꺼려 했나요?
한국 오기 전엔 워낙 어린 나이였으니까요. 비린내가
싫어서 해산물을 안 먹었어요. 주키니 호박도 안 먹었고,
여러 식재료가 합쳐져 있거나 섞어 먹는 음식을 안
좋아해서 매번 재료들을 따로 조리해 담아달라고 엄마한테
부탁하곤 했죠.

**외국인으로서 기후 위기 대응에 도움이 될 만한 식단을
한국에서 찾는다면 뭐가 있을까요?**
사찰 음식요.

절에서 먹는 밥 말인가요?
네. 아직까지 한국 사람에게 사찰 음식은 스님들의 밥
정도로 인식되는 것 같은데, 해외에서는 굉장히 주목받고
있어요. 넷플릭스 다큐멘터리 시리즈 <셰프스 테이블>을
보면, 정관 스님이 나와요. 한국 사찰 음식의 대가로 해외
셰프들도 만나고 싶어 하는 셰프들의 셰프죠. 그만큼
관심도가 높아요.

사찰 음식이 왜 그렇게 주목받고 있나요?
철학이 명확하잖아요. 한국의 긴 역사가 담겨 있기도
하고요. 사찰 음식은 그때그때 주변에서 나는 제철 음식을
먹어요. 계절별로 자연의 기운을 얻는 것까지 먹는 행위에

포함돼요. 먹을 만큼 만들기 때문에 쌀 한 톨도 버리지 않고요. 탄소 발자국으로 치면 거의 0km에 수렴할걸요? 이런 사찰 음식이 곧 한국에서도 재해석되고 재조명되지 않을까 생각해요.

부처님오신날에 비빔밥을 얻어 먹은 기억 정도만 있는데, 새삼 다르게 느껴지네요.
고려 시대부터 1000년 넘게 먹어온 거고, 주지 스님께 드리는 음식이니 정성을 많이 들여 만들었을 거예요. 제한된 재료로 조금이라도 더 맛있게 먹으려고 고민도 많이 했을 거고요. 얼마 전 사찰 음식 셰프와 얘길 나눴는데, '시금치' 하면 우리는 데쳐서 참기름이랑 간장에 무쳐 먹는 나물로만 생각하잖아요. 그런데 사찰 음식엔 시금치 요리만 100가지가 넘는다고 해요.

맛을 굉장히 중요하게 생각하네요. 잠깐 사이에 "무엇보다 맛있어서"라는 얘기가 세 번은 나온 것 같아요. 비건은 맛있는 걸 포기한 사람이란 인식도 있는데 말이죠.
비건의 가장 큰 적은 고깃집이 아니라 맛없는 비건 식당이에요. 도덕적으로, 환경적으로 비건이 낫다는 걸 알아도 맛이 없으면 실천하기 어렵죠. 주변에서 이런 말을 할 때가 있어요. 비건 식당에서 밥을 먹었는데 배도 안 차고 맛도 없었다고. 그 사람은 아마 그 경험으로 인해 비건은 맛있는 걸 못 먹는다고 생각할 거예요.

JTBC의 <쿠킹>이라는 방송에 나온 걸 봤어요. "전문 셰프 빼고 한국에 사는 외국인 중 내가 요리를 제일 잘한다"고 말하던데, 요리에 자신 있나 봐요.
오우, 제가 그런 말을 했다고요?(웃음)

방송에서 본 오이 샐러드가 인상 깊었어요. 오이 속을 파고 소스를 넣어 만드는데 손님 대접하기에 좋아 보이더라고요. 고기 없이도 손님상을 차릴 수 있겠다 싶었어요.
대접이란 게 마음을 전달하는 거잖아요. 그 방법에는 여러 가지가 있지만, 우리는 사회적으로 배운 걸 따라 하게 돼요. 조선 시대에는 누가 고기를 먹을 수 있었을까요? 기껏해야 임금님과 몇몇 양반뿐이었을 거예요. 사는 게 나아지면서 모두가 육식을 할 수 있게 됐지만, 여전히 고기는 귀한 음식, 즉 귀한 손님을 대접하기 위한 음식이었던 거죠. 하지만 마음과 정성을 전할 수 있다면, 고기 없이도 충분히 손님을 기분 좋게 대접할 수 있어요.

유튜브 채널에 캐슈너트로 만드는 비건 떡국 레시피를 올렸어요. 반응이 꽤 좋았던 걸로 기억하는데, 어떤

맛인가요?
놀랍게도 깊은 사골 국물 맛이 나요. 장담하는데 캐슈너트라고 말 안 하면 그냥 그런 맛 나는 사골이라고 생각할 거예요. 지금 저희가 먹고 있는 대체육 육포처럼요. 차이가 거의 없는데 누가 의심하겠어요?

대체육이 꼭 필요한 걸까 궁금했어요. 요즘 논란이 많잖아요.
대체육은 필요해요. 사찰 음식을 찾아 먹는 게 의지가 필요한 일이라면, 대체육은 큰 결심이 필요하지 않은 선택지죠. 마트에 갔는데, 고기 육포랑 대체육 육포가 있다면? 그런데 그 둘의 맛이 비슷하다면? 환경과 동물권에 관심 있는 사람이라면 후자를 고르겠죠.

고기가 아닌데 '육'이라는 글자가 붙는 건 어떻게 생각해요?
저는 대체유, 대체육이라는 단어를 쓰는 게 맞다고 생각해요. '대체'라는 게 카테고리를 대신한다는 거잖아요. 우유 카테고리에서 식물성으로 대체할 수 있는 제품, 고기 카테고리에서 식물성으로 대체할 수 있는 제품이라는 의미로 생각하면 이게 맞아요. 아몬드 우유의 역사는 300년이 넘어요. 그동안 늘 '아몬드 밀크'라는 이름으로 불렸고요. 소의 젖을 대신해 아몬드, 귀리, 쌀, 헴프, 오트, 헤이즐넛, 호두 등에서 추출한 음료를 마실 수 있다면 우유의 자리를 대신 채우는 대체유가 되는 거라고 생각해요.

대체육이나 대체유를 만드느라 오히려 탄소를 더 배출한다는 의견도 있어요.
개발 단계라 당장은 그럴 수 있어요. 그렇다고 지금의 식습관을 유지할 수는 없죠. 우리는 인류 역사상 가장 많은 고기를 소비하고 있어요. 계속 그럴 순 없을 겁니다. 대체육과 대체유가 비건의 진입 장벽을 낮춰주는 거예요. 이게 진짜 중요해요. 한번은 제가 달리기를 하고 배가 고팠는데, 근처에서 튀김 냄새가 났어요. 가서 보니까 치킨만 팔아요. 채소 튀김 같은 걸 팔았으면 사 먹었겠는데, 없으니까 의지로 참을 수밖에 없었죠. 전기차도 그래요. 화석연료를 써서 차를 굴리고 싶진 않지만, 아직 충전소 인프라가 충분하지 않으니 대단한 의지 없이 전기차를 선택하기 어렵잖아요. 대체 재료와 맛있는 비건 식당이 늘어나야 하는 이유죠.

육류 소비를 줄여야 하는 건 알겠는데, 비건이 되는 일은 엄두가 나질 않아요.
그럼 알고 있는 데서부터 시작해보세요. 육류 소비를

줄이는 데서부터요. "오늘부터 비건 시작!" 이렇게 할 필요는 없어요. 그렇게 하면 중간에 도저히 못 하겠다고 포기하거든요.

시작이 힘들다면, 그걸 쉽게 만들자는 거군요.
네. 몸짱이 되려는 것과 같아요. 오늘부터 탄수화물과 당을 아예 끊고 아침저녁으로 운동 두 시간씩 해야지, 생각하면 어려워요. 길어야 보디 프로필 찍을 때까지 석 달이에요. 패턴을 계속 유지하려면 차근차근 해야 해요. 일단 오늘 헬스장 등록하고, 간 김에 운동 좀 하고, 운동한 김에 식단을 관리해야 지속할 수 있죠. 저 역시 비건이 되기까지 오래 걸렸어요. 달걀이랑 우유를 먹지 않은 지 8년 정도 되었는데도 비건은 못 할 거라 생각했어요. 외식하면 맛집을 찾게 되고, 맛집은 주로 고기를 재료로 하니까요.

그럼 달걀과 우유를 먹지 않는 페스코테리언이었나요?
'비건 지향'이라고 할까요? 비건의 단계나 종류 얘기를 많이들 하는데, 비건은 식단에 동물성 재료를 포함하지 않는다는 개념 딱 하나예요. 생선까지 먹는 페스코나 달걀까지 먹는 오보는 다 비건으로 가는 길, 비건 지향이라고 생각하면 될 것 같아요.

유튜브 채널에 다큐멘터리를 추천하는 영상을 올렸어요. 그중 <더 게임 체인저스>를 봤는데, 옛 로마의 검투사들도 고기 없이 곡식과 채소 식단을 유지했다고 하더라고요. 강한 사람의 필수 조건이 고기가 아니라는 사실에 놀랐어요. 도움될 만한 다큐멘터리를 하나 더 추천해주세요.
제가 환경영화제 때 봤던 다큐멘터리가 있는데, <우리의 식생활: 멸종을 부르다>라고. 곧 유튜브에 한글 자막이 달려 나올 계획이래요. 전반적인 식생활과 기후 위기 내용을 잘 정리해놓아 하나만 봐도 많은 걸 이해할 수 있어요. 《탄소로운 식탁》이라는 책도 추천해요. 지금까지 기후 위기 관련 서적이 세계적인 상황을 설명했다면, 이 책은 한국에서 일어나는 일을 주로 언급해요. 내 일처럼 가깝고 흥미롭게 읽을 수 있죠.

"세상이 레몬을 주면 그걸로 레모네이드를 만들어라"는 외국 속담이 있어요. 지구가 처해 있는 기후 위기라는 상황을 레몬으로 봤을 때, 우리는 이걸로 레모네이드를 만들 수 있을까요?
이건 너무 쉬운 질문이에요. 답해볼게요. 기후 위기가 어제오늘 일은 아니잖아요. 지난 100년간 환경오염 얘기는 계속 나왔어요. 몇 년 안에 인류가 멸망할 수도 있다는 식으로요. 그런데 사람들은 위기를 미룰 수 있는 기술과 방식을 또 계속 찾아냈어요. 늑대가 온다고 했는데 그걸 임시로 막아뒀더니 사람들의 경각심이 둔해진 거죠. 양치기 소년 이야기처럼요.

앞으로 더 나은 기술이 개발되어 이 문제를 해결할 수도 있지 않을까요?
지구의 환경은 제한적이에요. 더 성장하는 데는 한계가 있죠. 저는 기술이 한계에 다다랐다고 생각해요. 그저 사는 방식을 바꾸기 싫으니까 기술이 해결해줄 거라고 계속 믿고 있을 뿐이죠. 사람 몸도 아프기 전에 다양한 신호를 보내는데, 그걸 무시하잖아요. 시간이 지나면 회복되겠지, 괜찮겠지 하면서요. 삶이 바쁘니까 생각할 여지가 없는 거예요.

그런데 정말로 사는 일이 너무 바빠요.
진짜로 바쁘죠. 다들 바빠요. 기후 위기 같은 건 생각할 겨를도 없을 만큼 바쁘게 살죠. 문제는 우리가 향하는 길이 모두 기후 위기와 맞닿아 있다는 거예요. 제게 조카가 한 명 있어요. 아직 학교도 다니지 않는 어린 나이인데, 종종 생각해봐요. 아이가 학교에서 배우는 공부가 중요할까? 학교에서 배운 걸 활용할 수 있는 미래가 없을 수도 있는데? 그러니까 중요한 건 우리에게 미래가 있는지부터 알아보는 일이라고 생각해요. 크리스마스 데이트 때 뭘 할 건지 물어보기 전에 애인이 있느냐고 묻는 게 먼저인 것처럼요. 당연히 다른 할 일이 너무 많지만, 이게 가장 우선이에요. 동물이 불쌍해서 전기를 아껴 쓰는 게 아니라 이젠 우리 안보와 정말 깊게 연관돼 있어요. 평화가 위협받을 거예요. 그중에서도 한국은 식품 수입량이 많아 직접적인 타격을 받을 거고요.

음, 그래서 레모네이드는요?
아, 제가 말이 길었죠? 그러니까 기후 위기에 당면한 인간은 앞으로 어디서 어떻게 만든 무엇을 먹어야 할지 되돌아보는 시간을 가졌으면 해요. 이렇게 살아온 게 맞았나, 사는 데 중요한 것은 무엇인가, 어떻게 살면 좋을까 곱씹어보자는 거죠. 오늘은 더 잘 사는 세상을 만들 수 있는 마지막 찬스예요. 저 인터뷰 끝나고 경복궁역 근처 식당에 사찰 음식 먹으러 갈 건데, 같이 갈래요? 정말 맛있어요. 사찰 음식이 얼마나 맛있는지 보여주고 싶어요.

줄리안이 추천하는
비건 레스토랑 & 카페

@monksbutcher

1.

몽크스부처
라구 파스타, 버거, 닭강정 등의 익숙한 메뉴를 비건 재료로 재현한 대중적인 레스토랑.

Add.	서울 용산구 이태원로 228-1 대로변 3,4층
Tel.	02.790.1108
Open.	11:00-23:00 (15:00-17:00 쉬는 시간)
Sns.	@monksbutcher
Menu.	비욘드 버거(18,000원), 버섯 닭강정(18,000원)

2.

@cafe.siva

카페시바
'뜨리요가' 산하의 비건 활동 단체가 운영하는 레스토랑 겸 문화 공간. 인도풍의 이국적 인테리어가 특징.

Add.	서울 용산구 한강대로 276-1 1층
Tel.	0507.1352.1339
Open.	11:30-21:00 (15:00-17:00 쉬는 시간)
Sns.	@cafe.siva
Menu.	비건 장조림 간장 마요 덮밥(10,000원)

@plantcafeseoul

3.

플랜트
줄리안이 어떤 메뉴를 주문해도 분명 맛있을 거라며 적극 추천한 비건 카페. 샌드위치, 랩 등 가벼운 식사 메뉴가 있다.

Add.	서울 용산구 보광로 117 2층
Tel.	02.749.1981
Open.	11:00-22:00
Sns.	@plantcafeseoul
Menu.	치즈버거(13,000원), 캐럿케이크(7,000원)

4.

@templefood.com

마지
정갈한 사찰 음식을 경험할 수 있는 경복궁 근처 식당. 고급 코스 메뉴가 있어 특별한 날 찾기에도 좋다.

Add.	서울 종로구 자하문로5길 19
Tel.	0507.1418.5228
Open.	11:30-21:00 (15:30-17:00 쉬는 시간)
Website.	templefood.com
Menu.	오늘의마지(10,000원)

@stylevegankr

5.

스타일비건

동물성 재료 없이 화덕 피자, 밀크셰이크, 프라이드치킨을 즐길 수 있는 곳. 멕시코 출신의 셰프가 만드는 타코도 일품이다.

Add.   서울 강남구 선릉로135길 6, 2층
Tel.   1800.2361
Open.   11:00-22:00
Sns.   @stylevegankr
Menu.   바질페스토 피자(28,000원)

6.

두수고방

정관 스님의 음식 철학을 바탕으로 한 제철 음식과 발효 음식을 맛볼 수 있는 곳. 파인다이닝처럼 격식 있는 서비스를 제공한다.

Add.   경기 수원시 영통구 광교호수공원로 80 앨리웨이 광교 어라운드 라이프 3층
Tel.   031.548.1912
Open.   11:30-20:00
Sns.   @doosoogobang
Menu.   두수고방 원테이블 다이닝(70,000원)

@doosoogobang

@chezvalerie.vegan

7.

셰발레리

캐나다 출신 사장님이 운영하는 식당. 대체육을 활용한 비건 피자, 파스타를 맛볼 수 있다. 비건 관련 질문에 성실히 답해준다.

Add.   서울 마포구 포은로 52 1층
Tel.   02.6013.0269
Open.   금·토·일요일 12:00-21:00 (15:30-17:30 쉬는 시간)
Sns.   @chezvalerie.vegan
Menu.   샹피뇽 비건 피자(14,500원)

8.

파르크

전통적인 한식 가정식을 맛볼 수 있는 곳. 채식과 육식을 고를 수 있으며 정갈하게 한 상 차림으로 제공하는 것이 특징.

Add.   서울 용산구 이태원로 55가길 26-5
Tel.   0507.1409.2022
Open.   11:30-21:00 (15:20-17:30 쉬는 시간)
Sns.   @parcseoul
Menu.   점심 가정식 백반(8,000~33,000원)

@parcseoul

내일 110살이 되더라도 오늘 한 그루의 사과나무를 심겠다

EDITOR. Seohyung Jo / PHOTOGRAPHER. Kisik Pyo

경기도 양평 혜림원의 농부 김주진은 밭을 갈지 않는다. 풀도 베지 않고 물도 주지 않는다. 그저 제때 제자리에서 사과가 익길 기다린다. 기후 위기 시대에 인간을 살릴 강인한 사과를.

김주진

정글 같은 산길을 한참 따라 올라갔다. 그 길 끝에 외딴집이 모습을 드러냈다. 집을 향해 큰소리로 인사를 건네자 김주진 박사가 나왔다. 농장을 둘러보기 전 할 일이 있으니 일단 안으로 들어오라며 손짓했다. 그를 따라 창고 겸 주방으로 개조한 컨테이너 박스에 들어섰다.

앉아요. 사과를 먹어보고서 얘기를 나누자고.
(표기식) 오, 딱 옛날에 먹던 그 사과 맛이에요.
그렇지. 사진사 선생이 맛을 아네.

지금이 사과 수확철인가요?
지금부터 가을까지 사과가 나와요. 지금 건 아오리, 추석쯤에 홍로, 10월 되면 부사를 따요. 사과가 껍질도, 속도 단단하지요? 이게 본연의 사과 맛이야. 요즘 사과는 껍질을 얇게 만들고 과육을 부풀린 거예요. 사과를 옛날 모습으로 되돌리는 데 꼬박 10년이 걸렸어.

여기가 농장이 맞나 생각하면서 올라왔어요.
근처에 인가도, 공장도 하나 없죠? 해발 400m의 청정 지역이에요. 원래 한국유기농협회에서 교육장으로 쓰려고 길을 닦고 컨테이너 박스도 놓은 건데 11년 전에 내가 샀어요. 마을이랑 가까우면 자연농에 적합하지 않아요. 일반 식물이랑 섞이기 쉬우니까. 우리 옥수수는 100년 전 시골에나 있던 씨를 가지고 재배해요. 개종 옥수수랑 접촉하면 쉽게 교잡되어버려요. 최대한 그걸 피하고 있죠.

꽤 넓어 보이는데, 몇 평이에요?
6만2000평입니다.

사과 재배를 주로 하죠? 나무가 몇 그루나 있나요?
사과나무는 2000주를 심었는데, 지금은 1400주쯤 있을 거예요. 그 밖에도 매실 1500주, 복숭아 600주, 블루베리 1000주, 오미자 2000주를 심었어요. 그리고 포도, 복숭아, 자두, 산양삼, 버섯 등등 뭐 다양하죠. 사과 다 먹었죠? 이제 밭 구경 한번 가보자고.

김주진 박사가 우리 일행을 차에 태웠다. 수풀을 헤치고 달리는 동안, 그가 창 밖에 보이는 식물에 대해 일일이 설명했다. 이 계절에 꽃피는 풀 얘기를 하다가 포도 넝쿨 앞에서 차를 멈췄다.

포도가 잘 익었네요.
먹어봐요. 섬유질이 단단하죠? 우리가 키우는 샤인머스캣엔 씨가 있어요. 백화점에서 사 먹는 샤인머스캣은 씨가 없잖아요. 인간이 먹기 불편하다고 없앤 건데, 식물이 과육을 가진 건 애초에 씨를 퍼뜨리기 위해서잖아요. 씨 없는 과육은 자연스럽지 않은 거예요. 아, 이 옆에 있는 게 사과나무예요.

사과나무 아래 풀이 무성하네요. 일부러 키우시는 건가요?
다 알아서 자라는 거지.

이렇게 풀이 자라면 사과로 가야 할 양분이 분산되지 않나요? 그래서 농부들이 그렇게 잡초를 뽑는 걸로 아는데.
이건 잡초가 아니에요. 잡초라니, 사람한테 잡놈이라고 하는 것만큼 실례예요.

아, 죄송해요. 그럼 뭐라고 불러야 할까요?
고사리예요. 사과나무 아래서 고사리 자라는 거 본 적 없죠? 그 옆에는 쑥, 질경이, 명아주, 도라지, 원추리, 무릇, 야콘, 토란, 달맞이꽃. 저기가 우산나물이고, 이건 '잔대'라는 귀한 식재료예요. 그 옆이 왕고들빼기. 뜯어서 먹어봐요. 생으로 먹어도 향기롭고 좋아요. 여기, 들깨 잎도 먹어보고.

샐러드 가게 차려도 되겠어요. 종류가 엄청 다양하네요!
한 가지만 나는 게 이상한 거예요. 지구의 다른 생명체처럼 식물도 유기적으로 자랍니다. 상호 교류를 해요. 단일 경작을 하면 한 종류의 뿌리 분비물만 토양 생태계에 공급되니 좋을 게 없어요. 흙이 약해지죠. 약한 흙에서

자라는 나무는 약할 수밖에 없고요. 약한 나무는 새와 곤충의 먹잇감이 됩니다. 현대 농업이 농약 없이 재배를 못 하는 이유예요. 그러니 풀을 적대시하면 안 돼요. 그럴 이유가 없죠.

《기적의 사과》라는 책을 쓴 일본의 기무라 아키노리 역시 자연농을 주장하는 사람인데, 제초제 대신 식초를 뿌리더라고요. 박사님은 제초 작업을 아예 안 하시나요?
나 역시 그 책을 읽고 농사에 관심을 가졌어요. 하지만 우리 밭에는 식초를 안 뿌려요. 처음부터 안 뿌렸어요. 식초를 뿌리는 게 과일에 생기는 진딧물을 잡기 위해서인데, 그러면 진딧물을 먹고 사는 무당벌레가 함께 사라져요. 구분하자면 무당벌레는 인간에게 익충인데 말이에요. 나한테 피해를 준다고 그것만 죽여버릴 수는 없어요. 그렇게는 곤란하지요.

자연이 공생하기 때문인가요?
그렇지. 식초를 나무에만 붓는다고 해도 땅으로 떨어질 수밖에 없어요. 나무 아래 사는 고사리가 강한 산성의 식초를 좋아하겠어요? 흙에는 현미경으로도 볼 수 없는 미생물이 100만 종 넘게 있어요. 흙의 생태계는 대단히 복잡하고 신비로운 겁니다. 흙 속에서는 바닷속만큼이나 어마어마한 일이 일어나고 있어요. 식초를 뿌려 진딧물을 죽이느니 손으로 일일이 잡는 게 낫죠.

제초제를 뿌리면 벌레 먹는 과일 문제를 쉽게 해결할 수 있잖아요. 흔들린 적은 없나요?
없어요. 집사람이 우리도 식초 좀 뿌릴까, 물은 적은 있지. 그렇게 하면 내가 집 나간다고 했어.

아, 집을… 단호하네요. (웃음)
확실하다고 믿으니까요. 코로나19 바이러스 유행하는 것만 봐도 그래요. 온통 소독하고 백신 맞고 했는데, 자꾸만 변이가 생기잖아요. 올해 '1'의 농도로 농약을 치면 이듬해에는 '2'의 농도로 쳐야 해요. 그다음 해에는 여러 농약을 섞어야 효과가 있고, 그러는 사이 토양 속 미생물이 다 죽어버리는 거예요. 농부들은 그렇게 화학물질에 의존하고 산업형 농업은 악순환의 길을 걷게 됩니다. 식초를 안 치는 이유도 같아요. 미생물의 생태계를 깨고 싶지 않거든요.

비료도 없겠네요.
비료는 대체로 질소예요. 작물의 필수영양소 중 유일하게 외부에서 공급해줘야 하는 게 질소거든요. 생산량은 토양이 가진 질소 함량과 비례해 증가하지만, 흙에 들어간 질소는 미생물에 의해 암모니아가 돼요. 비료를 주면 식물이 빨리, 많이 클 수 있지만 그만큼 빨리 썩게 되죠.

질소가 암모니아가 되는군요.
질소는 식물 성장에 꼭 필요한데 잎이 바로 흡수를 못 해. 공기 중에 있는 질소를 소화할 수 있게 만드는 게 식물 뿌리에 있는 미생물이에요. 미생물은 질소를 물에 녹인 다음 암모니아태질소로 만들어 식물에게 먹이고 그게 줄기와 잎으로 가요. 그렇게 자란 식물을 동물이 먹고 그 동물이 죽으면 사체가 다시 미생물로 분해되어 흙으로 돌아가고 순환하는 겁니다. 뭐 대충 끼어들어서 비료를 뿌리고 이치에 맞지 않는 짓을 하니까 다 엉망진창이 되는 거예요. 이제 와서 이상 기온이니 얘기하는 게 웃겨요. 자연의 신비를 인간이 파헤쳐서 조작할 수 있을 줄 알았어요?

그럼 물은요? 물도 안 줘요?
안 주지요. 못 줘. (웃음) 여기가 이렇게 산인데, 언제 어떻게 물을 다 줘요.

가뭄이 들면 어떻게 해요?
그래도 어쩔 수 없죠. 씨앗이 다 기억해요. '혜림원은 물 한 방울 안 주더라.' 유전자에 새겨져요. 이렇게 사과를 재배하면, 어떻게 되는지 나도 보고 싶고 알고 싶어요. 지난 10년간 해온 일이고, 앞으로 10년은 더 지켜봐야 할 것 같아요. 사과나무가 강해질 것인가, 그렇다면 어떤 모습으로 강해질 것인가 실험해보고 있는 거예요.

나무가 강해진다는 건 자생 능력을 갖게 된다는 건가요?
덜 상처받게 되는 거죠. 새·벌레·곰팡이로부터, 홍수와 가뭄 같은 자연재해로부터. 성장촉진제를 맞으면 나무의 세포 크기가 커져요. 공기 함량도 많아지고요. 건강한 나무는 그 반대죠. 바람에 부러지지 않을 만큼 탄성이 좋고, 균이 서식할 수 없을 만큼 줄기가 질겨요. 상처를 입어도 껍질이 그 부위를 덮어 빨리 아물죠. 믿고 기다리면 작물이 자연의 변수를 스스로 해결할 힘이 생기는 겁니다.

혜림원의 사과는 강해졌나요?
사과나무를 심은 지 11년이 되었는데, 올해 가장 크고 맛 좋은 사과가 났어요. 10년이 인간한테나 길지, 자연한테는 1초 같은 시간이에요. 아직 더 지켜봐야 해요.

사과밭 뒤는 거의 산이네요.
집 뒤에 가용하지 않는 산도 있어요. 독초와 삼이 자라고 있는데, 거의 안 건드려요. 여기, 풀을 헤치고 보면 와송이

있어요. 이것 역시 귀한 재료죠.

와송도 심은 건가요?

심은 건가? 기억이 가물가물하네. 아마 11년 전에 조금 심었던 게 번진 걸 거예요. 옆에 있는 야관문이나 달개비는 자생한 거고요. 달개비는 샐러드에 넣어 먹으면 맛있어요.

보통은 돌을 치우고 경사를 깎아서 밭을 만들지 않나요?

자연농이라고 하는 게 자연의 적재적소를 인간이 맞추는 거예요. 적당한 땅에다 적당한 시점에 맞춰 적당한 식물이 자라도록 하는 거죠. 자연을 식물에 끼워 맞추는 건 이치에 어긋나요. 땅을 바꾸는 게 아니라 땅에 맞는 걸 심는 게 더 간단하죠.

그 적당함은 어떻게 맞출 수 있나요?

맞추기 어려워요. 그걸 맞추느라 계속 실험을 하고 있는 거고요. 주기율표에 있는 원소 110개가 전부가 아닌 건 알죠? 아직 밝히지 못한 미량원소가 무궁무진하게 많아요. 이 흙 한 줌에 수조 마리의 미생물이 살고 있어요. 지구에 평생 살았던 인간의 수보다 더 많은 미생물이 흙에 있다는 거죠. 학자들이 밝혀낸 종류가 1%도 안 될 걸요? 나무에 달린 과일은 부차적인 거예요. 진짜 중요한 건 우리 발밑에 있어요.

같은 이유로 경운도 안 한다고 들었어요.

흙을 갈아엎으면 아래와 위의 흙이 반전되면서 양분이 많아진다고들 아는데, 그런 걸 할수록 토양이 침식되고 약해져요. 경운하지 않은 땅은 더 많은 물을 저장하고, 그런 땅에 더 많은 미생물이 살아요. 미생물이 많은 땅에 식물이 더 잘 자라고요. 경운하지 않는 지역이 강수량도 더 많고, 대기 중 탄소도 더 많이 흡수해요.

어떻게 그렇게 되는 거죠?

식물은 햇빛을 에너지로 쓰잖아요. 알지? 대기의 이산화탄소를 흡수해서 탄소 연료로 바꾼 다음 그걸 성장에 써요. 흡수한 탄소 연료 중 반은 뿌리로 내려가는데, 거기서 토양 속 미생물한테 탄소가 전달된다고. 식물이 토양 속 미생물한테 탄소를 먹이는 셈이야. 자연은 유기적이라고 했죠? 미생물이 받아먹기만 하겠어? 아니에요. 미생물은 식물한테 무기질 영양소를 내놓아요. 그 과정에서 미생물이 탄소를 흙에 단단히 잡아놓는 거야. 여기, 우리 블루베리 좀 먹어봐. 맛을 보면 내 말을 알 거야.

확실히 단단하네요. 먹던 거랑 달라요. 혜림원의 수확량은

얼마나 되나요?

수확량은 아직까지도 보잘것없어. 일반 농민들한테 자연농을 권하기는 아직 어려워요. 나처럼 철학과 신념이 있고 금전적 여유가 있는 사람이 먼저 길을 터주길 바라고 있죠.

박사님은 원래 다른 일을 하셨다고요?

섬유 무역을 했어요. 대기업에서 10년 근무하다가 나와서 사업을 했는데, 그게 잘됐어. 쉰 살이 되면 전원으로 돌아가는 게 늘 목표였어요. 내가 어려서부터 공부를 잘해서 아버지 기대가 컸는데, 그때도 산에 가서 나무 만지고 밭에 가서 흙 쳐다보는 걸 좋아했거든요. 그때는 아버지가 쓸데없는 짓 한다고 많이 야단을 쳤어. 별 수 있나. 부모님 뜻대로 공부 열심히 하고 직장 다녔지. 쉰 살이 넘어서야 하고 싶던 일을 할 수 있게 된 거예요. 아까 얘기한 《기적의 사과》를 보고 남은 인생은 자연농에 바쳐야겠다고 생각했어요. 건국대학교 생명자원식품공학과에서 석·박사 과정을 밟으면서 농사 공부를 했죠.

여기서 농장 일을 배우고 싶다며 찾아오는 젊은이는 없었나요?

있었어요. 다만 내가 아직 뚜렷하게 보여줄 게 없다고 생각해서 다음에 오라고 했죠.

이 책 독자 중엔 20대부터 40대가 많아요. 언제쯤 찾아오면 될지 알려주세요.

아, 그래요? 나는 나이 든 사람들이 보는 책인 줄 알았네. 젊은 사람들이 뭐 자연농에 관심이 있겠어요?

아유, 귀농 꿈꾸는 사람 많아요. 관심 있는 젊은이에게 조언 좀 해주세요.

아직은 자연농으로 소득을 얻어 생활하기 어려워요. 돈이 나오는 일을 따로 가지고 하면 모를까. 아니면 자연농을 사업으로 접근하세요. 예를 들면 우리 농장에 와서 사과를 달라고 하는 거예요. 블루베리·사과를 가지고 암 병동 가서 환자를 상대해도 되고, 발사믹 식초를 담가 팔아도 되고, 화장품으로 만들어도 팔릴 거예요. 스위스에 '썩지 않는 사과'가 있어요. 그냥 둬도 네 달 동안 스스로 상처를 치유해가며 신선도를 유지하는데, 그 사과에서 줄기세포를 추출해 만든 화장품이 있어요. 검색하면 나올 거예요. 피부 재생 효과가 있다고 미셸 오바마, 제니퍼 로페즈… 이런 사람들이 쓰는 걸로 유명해요. 우리 사과는 줄기세포 추출할 것도 없어요. 먹다 남은 거 얼굴에 문지르기만 해도 좋아.

왜 박사님이 직접 안 하시고요?

내가 또 열정적인 사람이라 마음만 먹으면 하겠지. 그런데 이 혜림원 보느라 바빠요. 그런 사업까지 할 만큼 배가 고프지도 않고 나이도 많아. 젊은 사람들이 그런 기회를 갖는 게 더 좋죠. 국가에서 일자리 창출 겸 제대로 된 음식 문화를 만들기 위해 개입할 필요도 있다고 봐요. 국유림 중에서 몇 개를 열어 국가 예산 투자하고요. 스케일을 키우려면 아무래도 정부 개입이 필요해요.

규모 얘기를 하셨는데, 다시 조금 좁혀서 물어볼게요. 기후 위기 시대의 밥상은 어떻게 변해야 할까요?

자연에서 난 먹거리를 먹으면 많은 부분 해결될 거라고 봐요. 내가 마트에서 아오리 사과를 사 왔는데, 보름 만에 곰팡이가 피었어. 같은 날 따서 같은 곳에 보관한 우리 건 하나도 안 썩었어. 장독이나 유리병에 넣어두면 그대로 삭아서 식초가 돼. 스스로 치유할 줄 아는 작물을 먹어야 인간도 나을 수 있어요. 벌레도 손 대지 않는 걸 먹을 게 아니라, 자연을 해치는 먹거리가 결국 인간을 해치는 거예요. 잊고 살기 쉽지만 인간은 자연의 일부니까. 이런 시대일수록 먹거리에서 답을 찾아야 해요. 면역력의 70%가 장에서 나온다고 하잖아. 살아 있는 음식을 먹어야 우리도 살고 자연도 삽니다.

박사님은 평소 뭘 드시나요?

밭에서 나오는 채소나 과일을 먹죠. 차 타고 마을로 내려가서 식당 밥을 사 먹기도 하고. 칼국수랑 피자 같은 걸 좋아해요. 사람이 간사한 게 몸이 아플 때는 식단 관리를 그렇게 철저하게 했는데, 살 만하니까 몸에 나쁜 걸 알면서도 먹게 되더라고요.

어디가 아팠어요?

몇 년 전에 침샘암을 앓았어요. 신촌 세브란스병원에서 수술을 못 한다고 할 만큼 중증이었죠. 자연농으로 사과밭 하면서 왜 그런 병에 걸렸느냐고 생각할 수도 있죠. 그동안 긴 세월을 담배 피우고 아무거나 먹고 했으니 병에 걸리지 않았겠어요? 아프기 전엔 자연에서 농사를 짓고 싶은 생각뿐이었지, 건강한 먹거리까진 크게 관심이 없었어요. 꼼짝없이 죽는다는 얘기를 들으니까 그제야 살고 싶어서 고민도 많이 하고 공부도 많이 했어요. 음식이랑 재료가 건강의 답이에요. 먹는 게 굉장히 중요해요. 가장 중요해. 자연과 야생에서 난 먹거리를 찾으세요. 지금은 회복해서 이렇게 에너지가 넘치잖아요. 목표 수명을 110살로 잡아놨어요.

지금 연세가 어떻게 되나요?

일흔셋. 1950년생입니다. 허황된 목표가 아니에요. 중간에 우여곡절을 겪고 몸이 상했기 때문에 그 정도로 잡은 거지, 이런 여건에서 110살이면 많지도 않아요. 현대 의학이 굉장히 발달했지만 의존할 게 있고 아닌 부분이 있어요. 암 치료를 보면 병이 퍼지지 않게 할 뿐 근본적인 원인 제거가 어려워요. 그 원인은 거의 먹거리에서 나오거든요. 제대로 먹는 일에 신경 써야 해요. 그걸 사람들한테 알려주는 게 굉장한 보람이에요. 앞으로도 그런 삶을 살고 싶고.

그럼 앞으로 40년 정도가 더 남았는데, 그동안 혜림원에서 더 실험해보고 싶은 게 있나요?

조만간 카자흐스탄에 가서 태초의 사과 종자를 구해 실험해보려고 해요. 거기가 사과의 고향이거든요. 지금 밭에 있는 나무들도 대부분 접붙여서 육종한 거예요. 씨앗에서 나온 게 아니고요. 아예 처음으로 돌아가서 씨앗부터 시작해보고 싶어요. 110살에도 사과나무를 심고 있었으면 좋겠어요.

지난여름 창고에서 있었던 일이 내일의 숲을 살린다

PEOPLE

EDITOR. Seohyung Jo

2020년 덴마크 코펜하겐 인근에 노르딕 하비스트 Nordic Harvest라고 쓰인 대형 창고가 들어섰다. 물류 창고를 연상케 하는 흔한 컨테이너 박스다. 그런데 그 안에서는 전혀 다른 일이 벌어진다. 무수히 많은 생물이 자라고 있다. 물과 LED 조명, AI 로봇이 식물을 기르는 실내 농장이다. 햇빛도, 흙도, 곤충이나 트랙터도 없다. 무엇보다 신기한 것은 100% 풍력에너지로 가동한다는 점. 노르딕 하비스트 대표 안데르스 리만 Anders Riemann은 이 수상한 창고가 앞으로 덴마크의 숲을 살리는 키가 될 것이라고 자신한다.

©Nordic Harvest

안데르스 리만

농장이 마치 SF 영화 속 한 장면 같아요.
일반 실내 농장과는 전혀 다른 모습이죠? 수경 재배 형식의 실내 수직 농장이에요. 저희 노르딕 하비스트는 유럽에서 가장 큰 규모의 수직 농장 중 하나입니다.

면적이 얼마나 되요?
2만3000m²쯤 될 겁니다. 밖에서 보면 창문이 하나도 없는 대형 창고 같은 형태예요. 2019년까지만 해도 110m 길이에 10m 높이의 빈 창고였는데, 2020년 12월부터 수직 농사를 시작했어요. 채소로 가득한 14층 선반이 천장까지 채워져 있죠.

어떤 작물이 자라고 있나요?
아이스버그 양상추, 케일, 로메인, 루콜라 같은 잎채소와 바질, 파슬리, 오레가노, 민트 같은 허브까지 16종의 작물을 키우고 있어요. 1년에 약 250톤을 수확하죠. 내년엔 1000톤 정도로 늘릴 계획이고요. 이는 덴마크 국민이 연간 소비하는 채소의 5%에 해당하는 양이에요.

맛이 어떤지 궁금하네요.
식물도 힘들거나 고생하면 속에 독을 품어요. 쓴맛이 들죠. 수직 농장의 식물은 바깥과 차단되어 고생을 모르고 자라기 때문에 쓰고 떫은 맛이 없어요. 대신 아삭하고 물기가 많죠. 기존 채소보다 인간이 소화하기 좋아요. 맛이 순하고 독성이 적으며 섬유질이 짧은 편이거든요.

작물은 어떤 기준으로 고르나요?
짧은 시간에 빨리 자랄 수 있는 작물로 골랐어요. 현재 기준으로 밀과 쌀 같은 작물은 자라는 데 시간이 오래 걸려 수직 농장의 건설과 유지 비용을 감당하지 못해요. 그 경우 최종 비용이 높아질 수밖에 없죠. 지금의 샐러드 채소류는 덴마크에서 파는 다른 유기농 채소와 비슷한 가격을 형성해요. 앞으로는 관행적인 방법으로 재배한 작물과 같은 금액으로 판매하는 게 목표예요.

수경 농장이 궁금해요. 흙에서 자라던 식물을 물에서 키우는 거죠?
물이긴 물인데 식물이 자라는 데 필요한 영양분을 더한 물이에요. 더 정확히는 젤에 가까운 질감의 액체 미생물 비료죠.

그건 뭘로 만든 건데요?
단백질 함량이 높은 콩, 칼슘이 많은 굴 껍질, 탄소를 품은 설탕, 식물 폐기물 등을 한데 모아 자외선을 쐬어 살균해서요. 타이완의 수직 농업 전문 회사 '예스 헬스 그룹 Yes Health Group'과 공동 개발했어요.

광합성이 따로 필요하진 않나요?
광합성을 위한 빛은 LED 조명으로 대신해요. 추가로 대기에 이산화탄소를 첨가해 식물이 자라는 데 최적의 환경을 만들죠. 밀폐된 공간에서 공기, 물, 영양 그리고 빛까지 필요한 만큼 제공합니다. 여기 있는 식물은 그저 크고 향기롭게 자라는 데만 집중하면 되는 거죠.

수직 농법을 적용하는 다른 이유가 있나요? 식물이 스트레스를 덜 받게 하기 위한 것 말고요.
그럼요. 식물 복지는 수많은 이유 중 하나일 뿐이에요. 수직 농장은 관행 방식의 농업보다 물을 250배 가까이 절약할 수 있어요. 온실보다는 80배 덜 사용하는 거고요. 통제된 환경이라 살충제와 과도한 비료도 필요 없고, 살충제가 흘러 나가 다른 동식물에게 피해를 주는 일도 막을 수 있죠. 반면 면적당 수확량은 200배 이상 많습니다. 밭에서 재배하는 것보다 식물이 적은 공간을 차지해요.

작물이 성장하는 동안 공간을 적게 차지하는 데는 어떤 이점이 있나요?
2016년에 이미 지구 토지의 37%를 농지로 사용했어요. 그 이후에도 빠른 속도로 증가하는 인구와 더불어 농지도 계속 늘어났죠. 필요한 식량과 연료 소비가 증가할수록

삼림 벌채도 늘어나고, 당장의 효율을 좇는 농업 때문에
토지는 황폐해졌어요. 그럼에도 불구하고 늘 가용 토지가
부족하다고 해요. 이제 진지하게 토지 사용을 줄이는
방법을 고민할 때가 온 거죠. 노르딕 하비스트가 추구하는
생명공학과 컴퓨터과학, 그리고 로봇과 인공지능을 결합한
새로운 농법은 적은 자원으로 더 많은 식물을 빠르고
효율적으로 재배할 수 있습니다. 앞으로 다가올 기후 위기
시대의 여러 문제에 대응하는 농법이죠.

스마트팜답게 역시 농장의 많은 역할과 기능이 자동화되어 있군요. 그렇게 한 이유가 있나요? 인건비를 줄이기 위해서인가요?

맞아요. 앞으로 규모를 늘려갈 생각인데, 인건비를 줄이는
게 재정적 관점에서 타당하다고 봤어요. 수경 재배부터
포장 프로세스까지 최대의 효율을 가질 수 있도록 계속
연구하고 있어요. 데이터를 수집할 수 있다는 이점도 있죠.
현재의 시스템을 통해 5000개 이상의 데이터를 모니터링
및 수집하고 있습니다. 이렇게 축적한 데이터가 나중에
다른 제품을 재배하는 데 도움을 줄 거라고 믿어요.

파종부터 수확까지 14일이 걸린다고 들었어요. 어떻게 그렇게 빨리 자라죠?

땅에서 영양분을 끌어올리고 해충과 싸우는 노력을 할
필요가 없기 때문이에요. 여기선 온도, 습도, 영양분, 빛,
물 모든 걸 완벽하게 통제하고 있어요. 다 자란 채소는 사람
손 한 번 타지 않고 자동으로 수확해요. 수확 후
10분 이내에 포장하고요. 수확에서 포장까지 걸리는
시간이 짧으면 신선도를 3배까지 오래 유지할 수 있어요.
그만큼 유통 과정은 물론 소비자들이 취식하기까지
신선도가 떨어져 버려지는 일이 줄어들겠죠.

주로 어떤 사람들이 노르딕 하비스트의 채소를 먹나요?

마트에서 식료품을 사는 덴마크 전역의 사람들요. 그냥
평범한 사람들이에요.

스마트팜에서 수직 재배하는 농작물의 가장 큰 장점은 무엇인가요?

여러 가지가 있는데요, 먼저 이상기후와 관계없이 1년 내내
같은 품질의 작물을 수확할 수 있어요. 1년에 15번 넘게

수확을 하니 생산성도 높고요. 또한 같힌 공간만 있으면 어디서든 구현할 수 있기 때문에 식량난을 겪는 나라의 걱정과 고민을 해소하고, 그만큼 수입을 줄일 수 있죠. 덴마크만 해도 식품의 70%를 스페인, 이탈리아, 네덜란드에서 수입하고 있거든요. 중요한 것은 오직 전기에너지에만 의존해 생산한다는 거예요. 그 덕에 노르딕 하비스트는 풍력발전을 통해 100% 재생에너지로 전환할 수 있었어요.

재생에너지 중에서도 풍력을 선택한 이유는 뭔가요?
덴마크에 기반한 회사이기 때문이에요. 덴마크는 풍력발전의 역사가 깊죠. 2019년 덴마크에서 생산한 전기의 47%는 풍력발전에서 나온 거예요.

'바람의 나라'답군요.
북유럽은 스마트팜의 상업화에 적합한 지역이에요. 이곳 소비자들은 신선하고 농약을 치지 않은 제품에 기꺼이 웃돈을 지불할 의향이 있습니다. 춥고 일조 시간이 짧아 싱싱한 채소를 기대하기 어려운 날들이 워낙 많으니까요.

우리 협력사가 있는 타이완만 해도 관행적으로 생산하는 농산물이 워낙 저렴해 스마트팜 제품이 시장에서 가격 경쟁력을 갖기가 어려워요.

스마트팜을 운영하려면 전력이 많이 든다고 들었어요.
LED 조명을 작동하고 온도를 유지하는 데 전기가 많이 들어요. 다행히 기술이 빠르게 발전하고 있지만요. 태양과 같은 빛을 만들기 위해 2만 개의 LED를 24시간 가동해요. 외부와의 공기 흐름을 차단하면서 24시간 조명을 켜두니 불가피하게 올라가는 실내 온도를 일정하게 유지하기 위해 에어컨도 늘 가동해야 하고요. 노르딕 하비스트는 100% 풍력에너지를 활용해 전력을 충당합니다. 화력발전으로 기후 위기가 앞당겨지는 건 막아야죠.

기후 위기 대응책으로 스마트팜을 얘기하지만, 에너지 고민을 해결하지 못한 채 운영하는 곳도 많아요. 재생에너지를 추천하는 이유가 있나요?
재생 가능한 에너지를 사용하지 않는다면 우리는 문제의 절반만 해결하는 셈입니다. 노르딕 하비스트는 청정에너지를 사용할 뿐 아니라 안에서 쓰는 물을 모두 순환해요. 액체 미생물 비료에서 태어난 식물의 폐기물이 다시 액체 비료가 되어 새 생명을 틔우죠. 공장 밖으로 나가는 물은 없어요. 어떤 물질도 함부로 그리고 허투루 하천과 강으로 흘려 보내지 않아요.

스마트팜과 관련해 앞으로 개발이 더 필요한 기술을 하나만 꼭 집어 얘기해주세요.
잎채소는 재배할 수 있지만 단백질이 풍부한 작물은 여전히 스마트팜이 대체할 수 없어요. 2년 안에 딸기·블루베리·오이를, 10년 안에 감자 같은 뿌리채소를 생산할 수 있도록 연구하고 있어요. 지금도 생산은 가능하지만 재정적으로 지속하기가 불가능하거든요.

그런 발전을 이룬다면 스마트팜이 관행 농업을 대체할 수 있을까요?
스마트팜을 바라보는 제 시각을 말씀드리죠. 그건 결코 관행 농업을 대체할 수 없습니다. 작물을 키울 수 없거나 농약을 피할 수 없는 지역에서 응용하는 틈새 기술일 뿐이에요. 1년 내내 안전하고 건강한 채소를 제공하는 것은 고기 위주의 식단을 식물 위주로 바꿔나가는 시발점이기도 하고요. 2050년엔 지구에 100억 명의 사람들이 살게 될 거라고 해요. 수직 농업과 스마트팜은 그때 맞닥뜨릴지도 모를 식량 위기에 대비하는 거예요. 관행 농업의 한계를 보완하는 것이지 대체하기 위한 게 아니라는 얘깁니다.

도시에 스마트팜을 지어 채소 수요를 자체적으로 해결하면 농촌의 수익이 줄어들까 걱정하는 의견도 있어요. 결국엔 인구가 도시로 과하게 집중되지 않을까요?
도시화가 더 나은 세상을 만들 수도 있어요. 저는 사람들이 도시 밖으로 흘러 나가는 걸 오히려 막아야 한다고 생각해요. 도시에 사람과 자산이 밀집해야 해요. 인간이 차지하는 공간이 적을수록 좋아요. 그래야 지구를 덜 파괴할 테니까요. 인간은 가능한 한 작고 좁은 공간에 모여 지내고 그 밖의 공간은 자연이 차지하는 거죠. 넓게 펼쳐진 밭을 보면 벌채된 숲이 떠올라요. 저는 그 숲을 되찾고 싶어요.

인공 액체 비료, LED, 도시화 다음에 숲을 되찾는 얘기가 나올 줄 몰랐어요.
제가 들어도 어울리지 않는 흐름이네요.(웃음) 여기서 바로 인간의 병치성이 빛을 발하는 겁니다. 지금은 농장을 하고 있지만 저 역시 오랜 시간 재무와 금융 분석가로 일했어요. 어렸을 때부터 나무를 그렇게 좋아했는데, 40대 중반까지도 은행에만 앉아 있었습니다. 하지만 그

시간이 있었기에 농장을 시작할 때 큰돈을 투자받을 수 있었죠. 숲을 되찾자는 이야기가 설득력을 가질 수 있도록 데이터와 실질적인 근거도 아주 많이 모았고요.

그 데이터에 따르면 앞으로 인간은 어떤 밥상을 마주해야 할까요?
노르딕 하비스트의 목표는 바람직한 농산물을 만드는 것입니다. 소비자들이 더 많은 식물성 식품을 먹고 싶어 할 정도로요. 우리가 1000톤의 채소를 생산하는 날, 덴마크의 채소 소비량이 2만 톤에서 2만1000톤으로 증가했으면 좋겠어요. 이런 식물 공장을 더 많이 만들어 채소와 곡식 소비를 늘리고 생산을 최적화해 고갈된 농경지를 숲으로 돌려놓고 싶어요. 제 계산으로는 당장 덴마크의 채소 생산량만 커버해도 600만 평의 농경지를 숲으로 되돌릴 수 있습니다.

10년 뒤 지구는 어떤 모습일 것 같아요?
"이렇게 빨리 저렇게 멀리까지 갔다고?" 하고 놀랄 만큼 다른 모습일 거예요. 요즘의 젊은이들은 이미 지구를 의식하고 있어요. 그중 많은 사람이 자연을 우선하는 삶을 살고 있고요. 이전 세대들과 달리 그들은 이대로 지구가 파괴되지 않도록 적극적으로 움직여요. 미래 세대가 변화를 모색할 때 기업은 바뀔 수밖에 없어요. 거대한 구매력을 무시할 수 없으니까요. 젊은이들은 지속 가능한 방식으로 생산한 더 나은 품질의 식물성 식품을 기업에 요구할 거예요. 그렇게 함으로써 많은 농업 용지를 숲으로 되돌릴 수 있습니다.

10년 뒤 노르딕 하비스트의 모습도 궁금해지네요.
우리는 계속 같은 얘기를 하고 있을 거예요. 지속 가능한 농업은 현실에 존재하며, 우리는 건강한 식물 기반 식단을 통해 지금의 일상을 유지할 수 있을 거라고요. 또한 우리는 농지를 매입해 숲으로 재건하는 프로젝트를 추진 중이에요. 만약 이 글을 읽는 당신이 덴마크에 있다면, 노르딕 하비스트의 탄소 중립 채소를 구매하는 것으로 우리를 응원해주세요. 한국에 있는 독자라면, 다른 방법이 있어요. 우리와 같은 생각을 가진 사람에게 영감을 주기 위해 우리 이야기를 전달해주는 거예요. 우리 같이 가요!

청양의 돼지는 에너지를 생산한다

PEOPLE

EDITOR. Seohyung Jo / PHOTOGRAPHER. Hoon Shin

충청도 청양에는 돼지 분뇨로 친환경 비료와 전기를 만드는 바이오가스 플랜트가 있다. 매일 청양군 일대의 돼지 농장에서 200톤의 분뇨를 모아 전기를 생산하고 그 과정에서 발생한 열을 이웃 농가에 제공한다. 남은 분뇨는 발효해서 무취의 비료로 만들어 청양군의 논밭에 뿌린다. 이처럼 완벽한 자원 순환을 국내에서 실현하고 있는 칠성영농조합법인의 법인장이자 돼지를 키우는 '여양농장' 대표 최동석을 만났다.

최동석

'칠성'이라는 이름을 듣고 사이다 파는 회사랑 관련이 있나 생각했어요.
아니에요. 삼성보다 2배 큰 회사가 되자는 생각으로 지은 이름이에요.

2배면 '육성'인데요?
아, 농담입니다. 사실은 저희 할아버지 성함을 따서 지었어요.

아버지 최명복 씨가 여기서 소를 키웠다고 들었어요. 최칠성 할아버지도 청양에서 축산업을 했나요?
청양에서 쭉 소를 키우며 살아오긴 했어요. 형태는 달랐죠. 우리나라에서 육고기 문화가 일반화한 건 오래되지 않았어요. 혹시 50년 전의 밥그릇 본 적 있어요? 영양 섭취를 탄수화물에 의존했다는 사실이 실감날 정도로 커요. 할아버지는 식용이 아닌 쟁기질할 일꾼으로 소를 키웠고, 아버지는 젖소를 키우다가 나중에 돼지로 전향했죠. 돼지를 키우면서 분뇨 처리를 고민하던 아버지가 바이오가스 플랜트를 접목했고요.

아버지가 운영하던 '여양농장'이 국내 최초 바이오가스 플랜트라고 들었어요.
아버지가 산업통상자원부 실증 과제로 국내 최초로 설비를 갖추게 됐어요. 2005년에 선정되어 2007년에 준공했죠. 그때 저는 고등학생이었어요.

아버지는 어떻게 분뇨와 바이오가스 분야에 빠르게 눈을 떴나요?
아버지는 어렸을 때부터 농업과 축산업에 종사하며 업계에 남다른 애정을 키워왔어요. 30대 초반부터 농업 관련 단체의 회장직을 맡아 농업의 증진을 고민하는 동시에 선진지 견학을 다니며 더 나은 축산을 꿈꿨죠. 1990년쯤 독일로 견학을 갔다가 바이오가스 플랜트를 처음 봤대요. 온실가스를 감축한다는 측면보다는 처치 곤란한 분뇨로 에너지를 만든다는 사실에 매료됐죠. 귀국 후 그걸 시도해보려 했는데, 비용이나 시설 문제 때문에 쉽지가 않았어요. 그래서 농업 단체에서 일한 경험을 살려 산업통상자원부에 아이템을 제시했고, 다행히 선정된 걸로 알고 있어요.

무려 16년도 더 된 이야기인데, 당시엔 어려움이 많았겠어요.
힘들었겠죠. 아이템이 아무리 좋아도 국내에 관련 인프라나 정책이 전무했으니까요. 모든 기자재와 기술을 수입에 의존하니 작은 문제에도 쩔쩔맸어요. 제가 대학을 졸업하고 독일로 1년 반 동안 연수를 다녀온 후 독일과의 소통 문제가 많이 해결되었어요. 여양농장에서는 여전히 바이오가스 플랜트를 운영하고 있어요.

여양농장 바이오가스 플랜트에는 없고 칠성에는 있는 게 있나요?
여양농장의 플랜트는 여양농장의 분뇨만 처리하고요, 여기 칠성에서는 청양군에 위치한 모든 양돈 농가의 분뇨를 모으죠.

규모가 다르네요.
네. 하지만 프로세스는 거의 같아요. 칠성에 들어오는 분뇨의 양과 바이오가스 및 부산물 저장 공간이 2만 7000여 톤으로 훨씬 크죠.

2만 7000톤이라니 어마어마하네요. 하루에 들어오는 분뇨의 양은 얼마나 되요?
청양에는 5만 마리의 돼지가 있어요. 이들이 하루에 배출하는 분뇨는 200톤, 여기에 음식물 쓰레기 50톤을 더해 250톤 정도를 매일 처리하고 있습니다. 한 달이면 7500톤이죠. 공정을 마치고 만든 비료도 저장해야 하기 때문에 넉넉하게 공간을 확보하고 있습니다.

분뇨로 에너지를 만들기까지 시간이 얼마나 걸리나요?
20일 걸려요. 자원화하는 데는 30일이 더 걸리고요. 비료가 되기까지 50일 정도 걸린다고 생각하면 됩니다.

돼지의 똥과 오줌으로 전기를 만드는 곳에 취재를 간다고 하자 주변에서 다들 신기해했어요. 어떤 원리인가요?
분뇨와 음식물 쓰레기 등을 발효하면 메탄이 주성분인 에너지원이 생겨요. 메탄은 대기 중으로 방출되면 온실 효과를 일으키지만 잘 활용하면 에너지로 쓸 수 있죠. 에너지원으로 발전기를 돌려 전기를 만들고, 부산물로는 친환경 비료를 만듭니다.

그렇게 만든 전기의 양은 얼마나 되나요?

하루에 2만3000kW를 생산해요.

금액으로는 어느 정도인가요?

한 달에 1억5000만 원 정도의 매출을 올려요.

법인장님의 자동차도, 공장의 트럭들도 모두 전기차더라고요. 플랜트에서 만든 전기로 충전하나요?

아뇨. 저희도 한전에서 구매해 쓰고 있어요. 우리가 만든 전기는 전부 한전으로 보내거든요. 플랜트가 상시 발전이긴 한데 간혹 멈출 때도 있어 일단은 안전한 방법을 택했어요. 앞으로 안정성이 완벽에 가까워지면 그렇게 할 수도 있겠죠? 청양에는 1만6000세대가 살고 있어요. 저희가 생산하는 전기는 4600세대를 커버할 수 있는 양이고요. 에너지 자립률을 40% 이상 달성했다고 할 수 있죠.

다른 지역의 돼지 농가들은 분뇨를 어떻게 처리하나요?

통계에 의하면 90%는 퇴비로 자원화하고 10%는 방류한다고 해요. 그렇게 방류하는 양만 1년에 5500만 톤에 달합니다. 우리나라에서 분뇨를 에너지로 전환하는 비율은 2%밖에 안 돼요.

유럽에서는 가축 분뇨로 에너지 만드는 기술이 오래전에 발달했나 봐요.

독일과 덴마크는 40년 전부터 관련 사업을 시작해 바이오가스 플랜트 선진국이라고 부르죠. 한국은 아직 많은 부분을 수입에 의존하고 있지만, 10여 년 전부터 관련 대리점과 수리업체가 생기면서 상황이 좀 나아지고 있어요. 농식품부와 환경부의 시설 지원이 늘기도 했고요.

칠성에서 사용하는 기술도 해외 것인가요?

저희 시설엔 'KS 공법이 적용된 현장입니다' 라는 문구가 있어요. 돼지 농장을 운영하면서 얻은 노하우, 독일 발전기 업체와의 협력, 그리고 자체 개발한 기술 등을 적용했죠. 앞으로 자체 기술의 비율을 더욱 늘리려 합니다.

개발 중인 기술도 있나요?

바이오가스를 만드는 과정에서 생기는 '바이오차 biochar'를 연구하고 있어요. 바이오차는 바이오매스 biomass와 차콜 charcoal의 합성어로 둘의 중간 성질을 가졌어요. 바이오차에는 숯처럼 작은 구멍이 많은데 그 안에 탄소를 묶을 수가 있어요. 토지에 살포하면 이산화탄소와 메탄가스 같은 온실가스를 바이오차가 머금고 있어요. 100년 이상 반영구적으로 탄소를 격리하는 거죠. 관련해 더욱 기술을 개발할 수 있도록 연구 중이에요.

아까 에너지를 만들고 남은 부산물로 친환경 비료를 만든다고 했는데, 화학비료와는 어떻게 다른가요?

액상 비료를 줄여서 '액비'라고 부르는데요, 화학비료는 말하자면 링거 같은 거예요. 질소, 칼륨, 인의 세 가지 필수영양소를 포함하고 있어 적은 양으로도 큰 효과를 볼 수 있죠. 하지만 링거만 맞고 살 수 있나요? 밥이랑 찌개, 반찬도 먹고 후식으로 과일도 깎아 먹어야 미네랄이나 비타민, 기타 영양소를 섭취할 수 있잖아요. 저희 비료가 그 역할을 해요. 필수영양소만 공급해 키운 땅보다 평소 밥을 골고루 먹은 땅이 훨씬 더 건강해요. 그 땅에서 자란 작물도 건강하고요.

그럼 밥 먹고 영양제 먹듯 둘 다 사용하면 좋나요? 아니면 친환경 비료만 사용하는 게 좋나요?

인간이 살면서 나오는 부산물을 자연으로 순환하고 모자라는 부분을 화학비료로 대체하는 게 가장 좋죠. 액비만으로 충분한 방법은 계속 연구하고 있어요. 1년에 액비 9만 톤을 주변 농가에 살포하고 계절별로 농가에 나가서 컨설팅을 해드려요. 기존 화학비료로 짓던 농사와 다른 점이 있어 그걸 알려주려고요.

무료로 준다고 해도 액비를 거부하는 농가는 없었나요?

있었죠. 지금도 있어요. 모두를 이해시키는 일은 쉽지 않아요. 그래도 선택 전에 꼭 설명은 드려요. 부정적 인식을 해소했으면 하는 마음으로요. 최근 폭발적인 강수량으로 많은 지역이 침수됐잖아요. 그래서 인근에 있는 수해 복구 현장에 나가 함께 일하고, 저희 장비로 공사 지원도 했죠. 가뭄이면 농사용 급수 지원도 해요. 금전적 보상은 단기 해결책이라 오히려 나중에 부정적 효과를 가져올 수도 있어요. 계속 더 큰 돈을 요구한다던가, 꼭 문제가 생기죠. 사람들 마음에 보다 본질적인 해결책이 있다고 생각해요.

동네에 액비를 활용하는 농가가 처음보다 늘었나요?

예전엔 액비 한번 뿌려보라고 애원했다면, 올해는 신청이 일찌감치 마감됐어요. 우크라이나 전쟁 때문에 화학비료 가격이 굉장히 많이 올랐거든요. 한 3배 정도? 비룟값이 올라도 작물값은 올리기 어려우니 농부들의 고민이 많죠. 3~4월까지 접수를 받는데, 올해는 1월에 신청한 분들도 다 못 뿌려드릴 것 같아요.

액비를 그렇게 무료로 나눠줘도 괜찮아요? 공짜로 분뇨를 받긴 하지만, 그래도 애초에 폐기물인데 이렇게 하는

이유가 있나요?

가축 분뇨에 대한 혐오감을 줄이고, 지역 주민이 상생할 수 있으니까요. 무상이지만 그만큼 농식품부에서 지원을 받아요. 저희도 지원받은 돈으로 뿌리는 거죠. 그래서 이런 사업일수록 가축 분뇨 재활용에 대한 정부의 의지가 중요해요. 바이오가스 플랜트를 세우고 가동하면서 가장 기대한 효과는 주민들의 이해와 지지를 얻는 거였어요. 기존 가축 분뇨 처리장은 냄새도, 먼지도 많이 발생해 대표적 님비 시설로 꼽히거든요. 다행히 이 시설에선 냄새가 안 납니다.

그러게요. 냄새가 거의 안 나네요.

바이오가스를 만드는 미생물은 공기를 아주 싫어해요. 밀폐가 필수죠. 공기 없는 곳에서 발효한다는 건 반대로 냄새가 바깥으로 안 나간다는 얘기도 되죠. 이 외에도 바이오가스 플랜트는 신재생에너지를 만들고 그 부산물인 폐열과 비료를 주민과 나눕니다. 덕분에 주민과의 상생이 어느 정도 가능해요. 폐열 시설은 올 초에 완공했어요. 공정을 마치고 남은 열을 200m 거리에 있는 원예 농가에 공급하는 시설을 지하에 만들었습니다. 1년에 7000만 원 정도의 연료비를 절감할 수 있을 겁니다.

주민과의 상생을 강조하는 데는 법인장님이 이 동네 토박이라는 점이 크게 작용하나요? 아니면 시설에 대한 오해가 억울해서 풀고 싶은 건가요?

주민들이 자기 동네에 들어선 바이오가스 플랜트를 이해할 수 있으면 좋겠어요. 사실 우리나라에는 축산업에 대한 부정적 시선이 많아요. 당장 농장 근처에서 역한 냄새가 나니까요. 그런데 같은 냄새가 나도 유럽은 달라요. 거긴 오래전부터 우유를 마시고 고기를 먹는 사회였으니까요. 하지만 우리는 아니잖아요. 갑자기 가축 사육이 많아지니 이 냄새나 환경이 당황스러운 거죠. 알고 나면 다들 잘 지낼 수 있을 거라 생각해요. 마을 분들 모시고 분뇨 처리 시설과 관련해 선진지를 견학하거나 토론회, 국회 포럼 등에 참석하러 자주 다녀요. 저희도 농가를 이해하기 위해 직접 농사를 짓고요. 우린 '수단그라스 sudan grass'라고 하는 조사료를 키워요. 수단그라스는 소한테 먹일 수 있으면서 바이오가스 에너지원으로 쓸 수 있죠. 탄소를 많이 흡수하는 작물이기도 하고요.

돼지 농장과 바이오가스 플랜트 일은 어떻게 하게 된 건가요? 3대째 가축을 키우고 있다고 해도요.

원래는 다른 꿈이 있었는데, 독일 농업연구소에서 1년 반 동안 실습을 다녀온 이후 대를 잇기로 마음을 굳혔죠. 유럽은 우리나라보다 높은 등급의 동물 복지를 요구하고,

이를 충족하기 위해 지하 채널 환기 방식이라든가 창 없는 돈사 등 다양한 시스템을 접목하고 있거든요.

대학 진학 전에 꿨던 다른 꿈이 뭐였을지 궁금하네요.

남들과 같이 도시의 일상을 누리는 게 꿈이었죠. 돌이켜보면 별거 없었어요.(웃음) 아버지는 처음부터 제가 농장을 물려받길 원하셨어요. 고등학교도 농업고등학교를 권하셨는데, <개그콘서트>에서 "소는 누가 키우나!"가 유행하던 때예요. 농사는 절대 짓고 싶지 않았죠.

지금은 분위기가 많이 달라졌죠?

그렇죠. 예전에는 나이도 젊은데 농사짓는다고 하면 '남들이 어떻게 볼까' 신경 쓰였는데, 지금은 농촌에 젊은이들이 많아요. 돈도 잘 벌고요. 환경뿐만 아니라 제 마음가짐도 달라졌어요. 독일에서 실습과 함께 가축 키우는 효과에 대해 공부했는데, 그게 좋았어요. 지금도 농업대학 교수님이나 교육자들을 만나면 농업과 관련한 철학 교육 과정이 국내에서도 꼭 필요하다고 얘기해요. 앞으로 청양에 농업 교육원을 만들고 싶어요. 테마파크도요. 누구나 농업에 쉽게 접근하고 배워가는 시설이 생겼으면 해요. 먹는 것은 모든 일의 기본이니까요.

모든 인터뷰한테 공통으로 묻는 질문인데요, 돼지를 키우는 농부 입장에서 미래의 기후식은 뭐가 될까요?

참 고민되네요. 언론에서 온실효과 주범으로 축산을 꼽는데, 돼지를 키우는 입장에서 고기를 먹지 말라고 할 수도 없고요. 세계인이 육고기 중심의 식단에 이미 길들여졌는데, 한꺼번에 모두가 비건이 될 수는 없겠죠. 그렇게 되면 오히려 역효과가 생길 거예요. 통계에 따르면 농업이 1.4%의 온실효과를 만든다고 해요. 일부 통계는 20%까지도 꼽고요. 작물을 재배하는 일뿐 아니라 사실은 사람이 먹는 일, 움직이는 일 모두가 그렇죠. 하지만 적당히 먹고살 수 있는 접점이 있을 거라고 생각합니다.

그 접점을 어떻게 맞추면 될까요?

이 시기에 맞는 기후 식단은 세 번 먹던 고기를 두 번으로, 두 번 먹던 걸 한 번으로 줄이는 자발적인 노력이라고 생각해요. 그와 더불어 육고기 생산 과정이 어떤지 관심을 가져야 해요. 가축의 분뇨는 가만히 두면 기후 위기를 초래하지만, 그걸 에너지로 쓰면 화석연료 태우는 일을 줄일 수 있어요. 마침 분뇨가 도착했네요. 지금은 발효 전이라 냄새가 좀 납니다. 마음의 준비를 하세요.

칠성영농조합법인에서 분뇨를
친환경 에너지 바이오가스로 만드는 과정

1.

퇴비 반입

가축 분뇨에 섞인 협잡물을 분리해 소각한다. 남은 가축 분뇨는 다음 단계로 갈 수
있도록 저장한다.

2.

혐기성 처리

바이오가스를 만드는 공간. 미생물이 유기물을 먹이 삼아 가스를
뿜는다. 침체물이 생기지 않도록 프로펠러 날개 같은 블레이드가
돌아간다. 미생물은 번식을 위한 환경만 마련해주면 알아서 증식한다.

3-1.

액비화 및 정화

고액 분리 solid-liquid separation 과정을 통해 고상과 액상 퇴비를 분리한다. 톱밥과 분뇨를 발효해 만드는 고상 비료에서는 마른 나무와 흙 냄새가 난다. 액상 퇴비는 농경지에 살포한다. 분뇨에서 퇴비를 분리하고 정화 과정을 거친 물은 골프장 관수에 쓰기도 하고 수계에 방류하기도 한다.

3.

바이오가스 정제

정제·제습·탈환 과정을 거쳐 황화수소 및 기타 가스를 걸러낸다. 재활용 가능한 전기만 발전기로 보낸다.

4.

발전

가스를 활용해서 발전기를 돌려 전기를 생산한다. 만들어낸 전기는 한국전력에 판매한다. 전기를 만드는 과정에서 생긴 열은 주변 원예 농가에 무상으로 제공한다.

66

음식물 쓰레기가 아니라 버려진 음식물 입니다

99

PEOPLE

EDITOR. Eunah Kim

덴마크 코펜하겐의 다이닝 신은 로컬 푸드, 지속 가능성에서 한 단계 진화해 책임감 있는 미식을 추구한다. 그 중심에 아마스 Amass의 오너 셰프 맷 올랜도 Matt Orlando가 있다. 파인다이닝을 운영하는 그는 자신의 레스토랑을 찾는 소수의 고객에게 메시지를 전하는 데 만족하지 않는다. 상품성이 떨어진, 누군가는 음식물 쓰레기로 치부할 빵에서 당분을 추출해 이를 시럽처럼 졸인 후 약간의 유제품을 가미한 아이스크림을 개발해 대량 유통한다. 유명 셰프가 만들었다는, 어쩐지 고급스러운 빵 향이 나는 아이스크림을 먹으며 덴마크 사람들은 음식물 쓰레기가 제법 가치 있다는 생각을 할 것이다.

©Amass

맷 올랜도

오늘날 덴마크 코펜하겐의 미식 신에서 '로컬 푸드' '지속 가능성'은 다소 모호하고 안일한 표현으로 여겨진다. 대신 '책임감 있는 다이닝 responsible dining'이라는 표현이 이를 무게감 있게 대체하고 있다. 이곳에서는 현재 같은 지향성을 지닌 셰프들이 마음 맞는 대량 공급자, 대기업과 협업해 남은 음식물을 획기적인 새 상품으로 탄생시키며 새로운 역사를 쓰고 있다. 또 재생 농업을 보존하는 크라우드펀딩에 앞장서 맛뿐 아니라 구조적으로도 탄탄한 미식 실험을 펼치는 중이다. 하루 지난 빵을 재활용해 크루통으로 굽거나 커피 찌꺼기를 퇴비로 사용하는 수준이 아니다. 더 이상 팔 수 없는 빵에서 당분을 추출해 얻은 시럽으로 아이스크림을 만들어 마트에 납품하는 규모의 혁신이다. <파이낸셜 타임스>가 표현했듯 '푸드계의 실리콘밸리'라는 표현이 과하지 않다.

환경에 최소한의 영향을 끼치는 방식으로 요리하고 일상을 꾸려나가는 맷 올랜도에게는 단 하나의 규칙이 있다. 모든 음식은 반드시 맛있어야 한다는 것. "만약 당신이 업사이클링과 책임감 있는 다이닝 분야에서 일하는데 맛없는 것을 만든다면, 당신은 사실 저에게 맞서고 있는 겁니다. 당신이 맥주 폐기물로 만든 곡물 단백질 바를 먹고 누군가가 역겨운 맛이라고 평한다면, 그것은 당신의 제품에 대한 평가절하일 뿐 아니라 저와 아마스에서 활동하는 다른 모든 사람의 노력을 폄하하는 일일 테니까요."

코펜하겐 외곽에 위치한 작은 해안가 마을 레프샬레외엔 Refshaleøen에 2013년 7월 문을 연 아마스는 해마다 탄소 발자국과 물 사용량, 음식물 쓰레기를 줄여나가고 있다. 그저 아끼거나 단순히 줄인다기보다 조리 과정에서 발생하는 부산물을 주재료로 삼아 창의적인 메뉴를 연구하고 개발한다. 자연환경과 고객, 커뮤니티 모두 만족할 만한 선순환을 구축했다는 설명이 더 적절해 보인다. 이러한 일련의 노력을 통해 맷 올랜도가 이루고자 하는 것은 단순하고도 대담하다. 지속 가능한 음식은 맛보다는 윤리적 의의에 가깝다는 세간의 고정관념을 깨트리는 것, 사용하고 남은 식재료나 부산물이 '음식물 쓰레기'가 아니라 성공적인 메뉴 개발을 위한 재료일 수 있다는 사실을 일깨우는 것, 이러한 운영 방식이 환경보호는 물론 영업 이익의 측면에서도 이로울 수 있다는 걸 증명해 더 많은 이들의 참여를 이끌어내는 것이다.

미국 캘리포니아 출신의 맷 올랜도는 열여섯 살 때부터 샌디에이고의 다양한 레스토랑에서 경험을 쌓았다. 뉴욕의 미쉐린 3스타 레스토랑 르 베르나르댕 Le Bernardin, 영국 버크셔의 미쉐린 3스타 레스토랑 더 패트 덕 The Fat Duck을 거쳐 코펜하겐 노마 Noma 의 수셰프와 수석 셰프로 화려한 경력을 자랑한다. 노마는 미식 불모지에 가까웠던 코펜하겐에 2003년 혜성처럼 등장해 로컬 푸드와 제철 음식 열풍을 일으키며 노르딕 퀴진이 앞으로 나아가야 할 길을 제시한 전설의 레스토랑이다. 실제로 2004년 '뉴 노르딕 마니페스토' 선언을 이끌었으며 <더 레스토랑> 매거진이 선정한 '세계 최고의 레스토랑' 으로 세 차례나 소개된 월드 클래스의 파인다이닝이다.

올랜도는 노마의 헤드 셰프 르네 레제피 René Redzepi 밑에서 일하며 그와 함께 뉴 노르딕 퀴진의 초석을 다진 후 뉴욕으로 돌아가 퍼 세이 Per Se에서 3년간 일했다. 그후 다시 노마의 수석 셰프로 돌아와 3년을 일한 그는 2013년 2월 비로소 경력에 쉼표를 찍었다. 음식과 레스토랑이 나아갈 길, 자신이 진정으로 하고 싶은 요리를 심도 있게 고민하기 위해 1년의 휴식 기간을 갖기로 했다. 그런데 한 달이 채 지나지 않은 3월 중순, 코펜하겐 외곽의 오래된 조선소 창고 건물을 보는 순간 마음을 온통 빼앗겨버렸다. 당시만 해도 주변에 아무것도 없는 외딴곳이었으나 지금은 작고 개성 있는 레스토랑과 빵집이 즐비한 이곳에서 아마스의 전설을 쓰기 시작했다.

당시 올랜도는 레스토랑 산업 전반에 대해 매우 회의적인 태도를 갖고 있었다. "레스토랑업계는 지속 가능성에 관해 끔찍한 습관을 하나 가지고 있어요. 접시 위에 있는 것에만 집중하는 거죠. 접시 위 최종 제품에 치중하느라 제품을 이루는 식재료가 어디서 누구로부터 어떻게 길러져 어떤 경로로 왔는지 그 여정에 관해서는 전혀 관심을 기울이지 않아요." 그가 제시하는 해결책은 분명했다. "이 여정을 추적하고 분석하면 그 순간 사람들의 사고방식이 바뀌기 시작하죠." 그에게 그 변곡점은 흥미롭게도 '데이터'였다. 아마스는 레스토랑이 배출하는 탄소 발자국의 총량을 조사하기 위해 매년 코펜하겐대학교로부터 측정 결과 분석을 받아봤다. 이 수치는 레스토랑 운영과 관련한 결정에 명료한 기준점으로 작용했다. 이산화탄소 배출량에 대한 적나라한 판독은 어떠한 행동이 얼마큼의 영향을 미치며 어떤 프로세스가 얼마큼의 증가를 가져오는지 명확히 보여줬기 때문이다. 달리 보면, 탄소 발자국의 총량을 앎으로써 정확히 무엇을 아끼고 바꾸고 줄이고 고쳐야 변화를 만들어낼지 가늠할 수 있었다.

데이터는 이를테면 레스토랑에서 취급하지 말아야 할 식재료에 확고한 근거를 제시해주었다. 탄소 발자국이 높기로 유명한 양고기가 대표적인 예다. 아마스는 어린 양이 그 크기에 비해 돼지고기나 소고기보다 더 많은 이산화탄소를 배출한다는 분석을 보고 즉각 양고기 수급하는 일을 멈췄다. 또 포획에 너무 많은 전력을 낭비하는 생선 또한 고사했다. 대형 그물을 동력선에 걸고 바다 밑바닥을 긁듯 포획하는 저인망 어업으로 잡은 생선은 낚싯줄로 낚은 물고기보다 최대 10배 많은 온실가스를 배출한다. 그렇기에 낚싯줄이나 일반 그물로 잡은 생선만 구입한다. 생선의 종류와 맛이 아닌 생선 포획 방식을 식재료 선택의 결정적 요소로 삼은 것이다. 이러한 노력 끝에 아마스는 고급 레스토랑이 손님 일인당 배출하는 평균 이산화탄소 25kg의 반절 이하인 12kg까지 배출량을 줄일 수 있었다.

이렇듯 지구에 영향을 덜 끼치는 방식을 우선시하는 아마스의 테스트 키친에서는 커피 찌꺼기, 딱딱해진 빵, 자투리 채소를 두고 끊임없는 연구 개발이 이루어진다. 얼핏 보기에 평범한 만두피 한 장에도 세심한 시도와 의도가 녹아 있다. 올랜도는 아마스의 대표 메뉴 중 하나인 미니 덤플링의 만두피를 만들 때 밀가루에 생선 부산물인 뼈를 곱게 갈아 반죽한다. 그 덕에 만두피에서 전혀 기대하지 못한 감칠맛을 느낄 수 있다. 커피 찌꺼기로는 콤부차와 설탕을 첨가해 커피 식초를 만들거나 라벤더와 검은콩을 더해 된장 페이스트를 만들어 사용한다. 비트를 말려 육포를 만들고, 많은 주방에서 버려지는 식재료인 달걀흰자로는 마시멜로를 만든다. 허브 줄기는 독특한 방식으로 보존해 조미료로 만든 다음 해조류의 깊은 감칠맛을 내고 싶을 때 사용한다. 홀에서 태우고 남은 양초 밑동은 녹여서 불을 지피는 불쏘시개로 쓰고, 손님들이 다 마시지 않은 물병 속 물은 끓여서 화단에 물을 주거나 바닥 청소에 사용한다.

아마스는 레스토랑이 배출하는 탄소 발자국의 총량을 조사하기 위해 매년 코펜하겐대학교로부터 측정 결과 분석을 받아봤다. 이 수치는 레스토랑 운영과 관련한 결정에 명료한 기준점으로 작용했다.

이산화탄소 배출량에 대한 적나라한 판독은 어떠한 행동이 얼마큼의 영향을 미치며 어떤 프로세스가 얼마큼의 증가를 가져오는지 명확히 보여줬기 때문이다. 달리 보면, 탄소 발자국의 총량을 앎으로써 정확히 무엇을 아끼고 바꾸고 줄이고 고쳐야 변화를 만들어낼지 가늠할 수 있었다.

이러한 아이디어의 효용은 그의 레스토랑 안에서만 국한되지 않는다. 올랜도가 구현하는 책임감이 한 번 더 빛나는 순간은 바로 파트너십을 발휘할 때다. 그는 반짝이는 시도가 소규모의 예술적이고 독특한 실험으로 끝나지 않으려면 대중에게 친근하게 다가갈 수 있어야 한다고 믿는다. 많은 사람이 여전히 지속 가능성이나 책임감 있는 미식에 가치적 우선순위를 두고 있지 않기 때문이다. 올랜도에게 아마스는 분명 훌륭한 실험실이지만 그 공간에서 그가 자신의 메시지를 전할 수 있는 인원은 매일 저녁 50~60명에 그친다. 그렇기에 더 많은 사람에게 그들이 음식물 쓰레기라고 여기는 식재료로 맛있고 근사한 상품을 만들 수 있다는 사실을 알리는 일이 무엇보다 중요하다고 여긴다. 그가 셰프로서 지역의 대규모 생산자 및 유통업체와 협업해 생산 규모를 키우는 실험을 지속적으로 해온 이유다.

대표적 성공 사례 중 하나는 '덴마크의 홀푸드'라고 할 수 있는 이르마 Irma에 제빵 전문 브랜드 잘름앤비 Jalm&B와 함께 개발한 아이스크림을 납품한 일이다. 잘름앤비는 자신들이 팔고 남은 빵, 규격에서 벗어나 판매할 수 없는 빵을 처분해줄 파트너를 찾던 중 아마스와 연이 닿았다. 당시 아마스의 리서치 디렉터이던 킴 위젠도르프 Kim Wejendorp 는 올랜도와 머리를 맞댄 끝에 남은 빵을 미지근한 물에 넣고 풀어 녹말이 단맛으로 분리돼 나올 때까지 서서히 데웠다. 마치 맥아로 맥주를 만들 듯. 이렇게 분리한 당을 시럽처럼 바짝 졸인 다음 약간의 유제품을 첨가해 아이스크림을 만들었다. 그리하여 설탕을 첨가하지 않고도 맥아의 은근한 단맛이 깃든 독창적인 풍미의 아이스크림이 탄생했다. 여기서 그치지 않고 아마스와 잘름앤비는 시장에 성공적으로 납품할 퀄리티를 유지하기 위해 지역의 유서 깊은 아이스크림 제조사 한센 Hansen에 도움을 청했다. 세 회사가 합작해 제품의 질을 완벽하게 가다듬은 끝에 음식물 쓰레기가 될 뻔한 무려 320kg 상당의 빵을 1만5000개의 막대 아이스크림으로 재탄생시키며 공전의 히트를 쳤다. 대형 마트에 입점할 수 있는, 음식물 쓰레기로 만든 아이스크림은 그에게 매우 중요한 의미를 지닌다. "우리는 이미 확신을 가지고 있는 사람들을 설득하려는 게 아닙니다. 우리의 생각에 회의적인 태도를 지닌 사람들을 설득하려는 겁니다."

최근 아마스는 덴마크 정부의 요청으로 다른 레스토랑과 함께 땅에서 구할 수 있는 잠재적 단백질을 추출해 요리에 활용하는 실험을 하는 중이다. 대형 식품 기업이 식재료를 낭비하는 경로를 추적해서 특정 부산물을 상품화해 되팔 수 있게 만드는 실험 또한 여전히 진행 중이다. 누군가에게는 한낱 음식물 쓰레기로 치부되는 제약이 그에게는 상상력과 해결책을 찾는 나래이듯 그는 한정된 상황과 조건 속에서 인간의 창의성이 극대화할 수 있다고 말한다. 그리고 이러한 창의성이야말로 새로운 사고방식을 받아들이기 위한 중요한 전제이자 동력이라 믿는다.

지구는 없어지지 않아요, 시스템이 망가지죠

PEOPLE   EDITOR. Dami Yoo / PHOTOGRAPHER. Photoshower

'탄소 중립 중점 학교'로 선정된 최초의 초등학교인 울산 옥서초등학교 문경희 교장은 지금 아이들에게 가장 필요한 것은 생태 교육이라고 말한다. 옥서초의 생태 교육은 급식실에서 벌어진다. 기후 행동을 이끌어내고 민주 시민으로 자라게 하는 큰 그림. 밥으로 가뿐하게 시작한다.

문경희

옥서초가 초등학교로는 최초로 탄소 중립 중점 학교로 선정됐다고 들었어요.

지금 이 시기에 가장 필요한 건 생태 교육이라는 신념을 가지고 이 학교에 부임했어요. 전공과 일치하기도 하고요. 그런 중에 교육부로부터 탄소 중립 중점 학교 지원을 신청받는다는 공문이 왔죠. 선생님들과 한마음이 돼서 준비했어요. 모두들 지속 가능한 발전에 대한 교육이 필요하다는 당위성을 가지고 저마다 진심으로 고민을 해왔더라고요. 선생님들끼리 교과 연구회를 만들기도 했어요. 그렇게 열심히 준비한 만큼 좋은 결과를 얻었죠.

생태 환경 전문가로 활동한 배경이 옥서초에서도 이어졌네요.

제 고향이 시골이거든요. 울산에서 부산 쪽으로 내려가다 보면 웅촌이라는 동네가 나와요. 논도 많고 산 아래 있는 마을이에요. 어릴 때부터 오빠들 따라 농사도 돕고, 큰아버지 따라 과수원에서 놀곤 했어요. 그러다 보니 과학교육과를 갔고, 자연스레 대학원에서 생물교육학을 전공했어요. 그때 만난 선생님들도 화분 분석, 식생학, 식물생태학 등을 전공한 분들이었죠. 옥서초에 오기 전에는 울산 들꽃학습원에서 7년 정도 겸임 활동을 했죠. 삽질이 제 전공입니다.

탄소 중립 중점 학교로서 특별한 점은 뭔가요?

우리가 가장 중요하게 생각하는 건 이벤트성으로 한 번 하고 끝내지 않는 거예요. 그러기 위해서 기후 생태와 관련한 내용을 교육과정에 녹이기로 했죠. 요즘은 교육과정에 '주제 통합 프로젝트'라고 해서 수업을 저마다 재구성할 수 있어요. 그래서 각 학년별로 에너지 전환, 채식, 생태 동아리 등의 주제를 가지고 1년 동안 수업을 이끌죠.

교정에 텃밭도 있어요.

상추, 무, 가지, 부추, 배추, 토란 등 학년에 따라 작물을 가꿔요. 2학년은 방울토마토와 상추, 4학년은 방울토마토와 딸기 이런 식으로요. 부설유치원 아이들은 감자, 고구마를 심고요. 그리고 수확할 때가 되면 점심 메뉴의 식재료로 씁니다. 그리고 급식실에 크게 적어놓지요. "오늘 시락국의 배추는 OO 학생이 농사지은 배추입니다" 하고요.

학생들이 직접 기른 채소를 친구들과 나눠 먹는다는 게 굉장히 의미 있는 기억으로 남겠어요.

텃밭을 가꾸는 일은 치료로도 효과가 상당해요. 학교에 주의 깊은 돌봄이 필요한 학생이 있어요. 그 아이에게 텃밭 하나를 전담해서 가꾸도록 했죠. 다행히도 흥미를 갖고 잘 돌보더라고요. 그런데 다른 것들에 비해 시들시들한 배추가 한 통 있었어요. 유독 그 배추에 정성을 쏟더라고요. 상담 선생님을 통해 들어보니, 다른 배추보다 약한 모습이 자신 같다고 했대요. 그 이야기를 듣고 제가 마음이 쓰여서 주말에 튼튼한 배추로 바꿔 심어뒀어요. 너무 티 나지 않는 걸로요.(웃음) 그 후로 조금씩 자신감을 되찾는 눈치더라고요. 가을에는 그 학생이 기른 배추로 시락국을 끓여 전교생이 먹었어요. 친구들이나 선생님들이 한마디씩 했죠. "네가 농사지은 거 정말 맛있다"라고. 이렇게 농사를 짓고 음식을 나누면서 보람과 기쁨을 누리는 것이 아이들한테는 아주 좋은 경험이 되죠.

이른바 '살아 있는' 교육이네요. 선생님이 그리는 생태 교육의 일환인가요?

생태 교육은 '모든 종은 가치 있다'는 전제로부터 시작해요. 생명 존중은 민주 사회를 이야기하기 위한 첫걸음이고요. 민주 사회란 평등과 균형이 전제된 세상이라는 것은 누구나 알잖아요? 그러려면 종 평등 인식도 수반돼야 하는데, 사람들은 이걸 많이들 외면하죠. 생태주의와 민주주의가 사뭇 동떨어진 거라고 생각하기도 하고요. 둘의 연관성을 인식하기 위해서는 다양하고 자연스럽게 접하는 생태 경험이 필요해요.

특히 오늘날 도시 아이들에겐 생태 경험이 참 부족하잖아요.

네. 정말 안타까워요. 저에겐 정말 잊을 수 없는 경험이 하나 있어요. 호주로 여행을 갔을 때, 한 바다거북이 연구소를 방문했어요. 거북이가 알을 낳는 2월이면 특별한 이벤트를 열어요. 알에서 막 부화한 새끼 거북이는 육지에서 바다로 가는 길에 힘센 포식자한테 잡아먹히는 경우가 많아요. 연구소에서는 이 거북이알이 안전하게 부화하도록 바다 가까이 있는 웅덩이로 옮기는 작업을 해요. 그리고 하루에 딱 2명에게 그 알을 옮길 기회를 주죠. 한 명은 어린이, 또 한 명은 외국인. 운이 좋게도 그날 방문한 유일한 외국인이었던 제게 기회가 주어졌어요.

갓 낳은 거북이알을 손수 옮겼어요?

말랑말랑하고 따뜻한 그 거북이알을 옮기는 순간, 정말 경이로웠어요. 그 촉감이 지금도 생생히 기억나요. 이렇게 생명의 신비를 한 번이라도 경험해본 사람이라면, 생명이 무엇인지에 대한 생각을 하지 않을 수 없을 거예요. 기후 위기를 인식하는 방식도 다를 테고요. 그런데 우리나라의 생태 교육은 너무나 부실하고 단편적인 체험으로 그쳐요. 저는 이것이 정말 큰 문제라고 생각합니다.

기후 위기를 인식하고 실천하는 마음가짐은 생명 존중에서 나온다는 말씀이죠?

우리는 당장 해결하고 싶은 불편에 집중하느라 편리하고 빠른 생활만 추구해왔어요. 모든 종은 평등하고 가치 있는 존재예요. 그렇기 때문에 다 함께 잘 살 수 있는 환경을 만들어야 하는데, 기후 위기가 도래하며 점점 더 일부만 살아남는 환경으로 치닫고 있잖아요. 자연재해, 종 멸종 등으로 가장 약한 동물과 사람들이 가장 큰 피해를 입는 것처럼요. 기후 위기가 민주 사회마저 흔들고 있어요.

아이들은 인간과 지구의 이 복잡한 사정을 알까요?

생태계를 살펴보면 세상과 환경이 어떻게 변하고 있는지 알 수 있어요. 인간과 비인간 동물, 공기와 땅과 물이 모두 관계 맺으며 서로 영향을 주고받기 때문이에요. 이 생태계가 제대로 유지되려면 모든 게 맞아떨어져야 해요. 이런 유기적 관계를 이해하는 순간, 아이들은 생태계를 지키기 위해 불편함을 감수하고 책임감과

경각심을 가져야 한다는 걸 마음에 새겨요. 그다음엔 어떻게 할지 알아보고 실천하겠죠. 그 방법은 결국 탄소 중립인데, 사실 초등학생들도 다 알고 있어요. 육식 비중을 줄이고, 자가용보다는 대중교통을 이용하고, 재활용 분리배출을 성실하게 해야 한다는 것을요. 뻔한 얘기처럼 들리겠지만 모두가 작은 것에서부터 신경을 곤두세워야 해요.

그래서 옥서초의 급식 교육이 인상적이었어요.

먹거리로 인한 탄소 배출이 많은 비중을 차지하는 점에서도 중요하지만, 무엇이든 먹는 이야기로 시작해보면 비교적 쉽게 다가갈 수 있잖아요. 또 우리 영양교사 선생님의 열정이 매우 대단해요. 우리 학교가 탄소 중립 중점 학교로 선정된 후 본인 영역에서 할 수 있는 것에 대해 적극적으로 고민해줬어요. 메뉴 선정부터 아이들의 생태 수업까지 매번 자발적이고 흥미로운 의견을 내주어 감사한 마음이에요.

어떤 프로그램이죠?

채소 버거 만들기가 특히 인기 있었죠. 아이들이 좋아할 만한 활동으로 음식과 기후, 생태를 연관 짓는 수업을 먼저 제안하고 진행했어요. 우리 학교에서는 이런 생태 수업을 1학년부터 6학년까지 모두 진행해요. 보통 하는 자연 관찰 수업은 아이들이 참 재미없어 하는데 그것도 굉장히 좋아해요. 지금까지의 교육으로 생태 감수성을 얼마간 가지고 있으니 이런 수업을 지루하게만 여기지 않는 거죠.

채식 급식은 아이들이 좋아하나요?

매주 월요일에는 육류를 제외한 채식 메뉴를 운영하고, 평소에도 기호에 따라 채식을 선택할 수 있도록 한쪽에 채식 급식 시설을 마련해둬요. 채식 메뉴로는 가끔 콩고기를 사용하고요, 두부도 많이 활용해요. 아이들이 좋아하게끔 돈가스처럼 만들어주기도 하고요. 버섯탕수육도 인기가 많아요.

아무리 그래도 채소를 유독 싫어하는 학생들이 있잖아요.

확실히 고기를 더 좋아하긴 해요.(웃음) 그런데 육식이 얼마나 많은 탄소를 배출하는지 알고, 그래서 고기 소비를 줄여야 한다는 사실을 이해하고는 조금씩 채소 반찬을 먹으려고 노력하더라고요. 잔반 나오는 걸 보면 알 수 있죠. 이제는 집에 가서 부모님께 축산업의 탄소 배출량, 농사에 사용하는 무기질비료의 악영향 같은 얘기를 줄줄 한대요. 웬만한 어른들보다 잘 알아요.

확실히 요즘 아이들의 기후 인식이 남다른가 봐요.

학교 특성상 생태 교육, 기후 인식에 관해 이야기하는 시간이 많아서 그런 면도 있죠. 매주 수요일마다 아침 방송 시간에 탄소 중립에 관한 5분 내외의 영상을 보여주거든요. 가랑비에 옷 젖는 줄 모르게 살금살금 기후 실천에 관한 생각을 심어두는 거죠.(웃음)

반대하는 학부모는 없나요?

예전에는 가끔 있었어요. 아이가 채식 급식을 맘에 안 들어 한다고. 그럴 땐 저도 설명을 해요. 육식이 기후에 어떤 영향을 미치는지, 공장식 축산에 어떤 문제가 있는지 등등. 채식 메뉴를 매일 운영하는 것도 아니기 때문에 이제는 대부분 이해하고 넘어가는 분위기죠. 아마 아이들이 육식을 유독 좋아하는 이유는 고기반찬에 익숙하기 때문일 거예요. 가정에서의 식습관 문제죠. 이유식부터 고기를 먹고, 생선 요리보다 고기반찬을 선호하니 육식이 잦아지기 일쑤죠. 또 편하게 조리할 수 있는 제품도 워낙 많고요. 그래서 때론 학부모님께 다양하게 먹이지 않으면서 골고루 안 먹는다고 잔소리하지 말라고 해요. 아이를 어떻게 키울 것인지도 중요하지만, 아이에게 어떻게 영향을 줄 것인지도 중요하다는 걸 알아야 해요.

급식실에 유독 뭐가 많이 붙어 있어요. 저기 있는 '학생 식단 공모'는 뭐예요?

채식 메뉴 중에서 아이들이 먹고 싶은 것에 스티커를 붙이고, 또 각자 먹고 싶은 음식을 쓴 거예요. 다음 달에 자기가 붙인 스티커 메뉴가 나오면 더 기분 좋게 먹을 수 있잖아요.

이번 달은 고구마맛탕과 채소 버거가 인기가 많네요.

이러나저러나 어차피 나올 메뉴이긴 한데(웃음) 자신이 낸 의견에 반응이 돌아오는구나, 하고 느끼도록 만든 일종의 장치예요. 내가 먹고 싶다고 표시한 메뉴가 나오면 반갑잖아요. 잔반도 줄어들고요. 무엇보다 학생들의 급식 시간이 기분 좋은 순간이 됐으면 해요.

출구에 있는 페트병들은 뭔가요?

'양심 토큰'이라고, 음식을 남기지 않고 먹었을 경우 나가면서 양심적으로 자기 반 페트병에 이 토큰을 넣어요. 그리고 매월 가장 많은 토큰을 모은 반에 간식을 쏩니다.

양심적으로 참여하겠죠?

그런 편이에요. 그런데 사실 영양교사 선생님이 일부러 아이들 몰래 조절하는 경우도 있어요. 1년에 한 번 정도는 모든 반이 선정될 수 있게요.

복도에 붙어 있는 기후 위기 관련 포스터가 정말 인상적이더라고요.

저의 자부심입니다. 초등학생들이 만든 포스터라고 믿기 어렵죠. 이걸 볼 때마다 너무나 기특하고 자랑스러워요. 대충 알고 만든 게 아니라는 게 느껴지지요?

아이들이 어떤 모습으로 자랐으면 좋겠어요?

공부를 잘하거나 그런 것보다는 지켜야 할 것을 지킬 줄 아는 사람으로 바르게 자랐으면 좋겠어요.

"이 시기에 가장 필요한 것이 생태 교육"이라고 한 말씀이 계속 맴도네요.

퇴임하고 나서 제가 진짜 하고 싶은 건 수목원을 만드는 거예요. 지금 제가 학교에서 아이들에게 하는 생태 교육을 개인적으로도 계속하고 싶어요. 학생들이 종종 식물 사진을 찍어서 이름이 뭐냐고 문자를 보내거든요. 방과 후나 방학 때나 상관없이 보내요. 그럴 때 참 기쁩니다. 지금 아이들이 어릴 때부터 생태에 관심을 갖고 생명 존중의 가치를 안다면 앞으로의 세상은 많은 것이 나아질 거라고 믿거든요.

마지막으로, 선생님이 특별하게 꼽는 기후식이 있는지 궁금해요.

아침마다 저희 집에서 먹는 메뉴가 있어요. 계절 채소에 국수랑 연두부를 올려서 먹죠. 오늘 아침에도 먹었고요.

옥서초등학교의
급식을 통한 기후 교육

급식으로 배우는 탄소 중립

여느 학교 급식실보다 왁자지껄한 옥서초. 일주일에 한 번 고기 없는 메뉴를 내고, 한 달에 한 번은 동물성 식재료를 배제한 식단을 운영한다. 또한 날마다 채식 급식을 선택할 수 있도록 급식실 한쪽에 식물성으로 구성한 반찬을 모아둔다. 어느 날은 텃밭에서 아이들이 손수 기른 작물을 조리해 올린다.

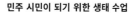

민주 시민이 되기 위한 생태 수업
탄소 중립 중점 학교로 선정된 옥서초에서는 전 학년이 일주일에 한 번 기후 생태 수업을 듣는다. 포스터 만들기, 채소 버거 만들기, 텃밭 가꾸기, 버섯종 탐구하기 등 아이들은 다채롭고 유익한 프로그램을 매주 기다린다. 학교 곳곳을 장식하고 있는, 기후 위기에 대한 학생들의 메시지가 보통 수준이 아닌 이유다.

채식으로 실천하는 기후 행동
어떻게 하면 학생들이 채식 생활을 즐겁게 할 수 있을지 고민한 결과다. 선생님은 학생들이 먹고 싶어 하는 채식 메뉴가 무엇인지 알 수 있고, 아이들은 자신이 먹고 싶은 채식 식단이 나온 날 유독 기분이 좋다. 잔반 없이 식판을 깨끗이 비운 날은 양심 토큰을 하나 챙겨 넣는다. 한 달에 한 번 가장 많은 양심 토큰을 모은 반에 선물을 준다.

먹는 것은

현명하게
먹는 것은

필수이지만

예술이다.

작가 프랑수아 드 라로슈푸코
FRANÇOIS DE LA
ROCHEFOUCAULD

LEUVEN

지속 가능한 미식 도시

기후변화는 종종 디스토피아적인 장면과 연결된다. '이미 늦었다'는 명제 탓이다. 미식으로 이름난 벨기에 소도시 뢰번은 지구에 이로운 동시에 유쾌하면서도 현실적인 방식으로 지속 가능한 미식을 영위하는 삶의 본을 보여준다.

©VisitLeuven

홉 향 가득한
유서 깊은 대학 도시

©VisitLeuven

뢰번은 대륙 밖에선 꽤 낯선 지명이지만 유럽에선 2개의 수식어로 널리
알려져 있다. 벨기에 맥주를 대표하는 스텔라 아르투아 Stella Artois의
고장이자 유럽에서 가장 유서 깊은 뢰번가톨릭대학교를 품은 도시로 말이다.
브뤼셀, 브뤼헤, 겐트 등 벨기에의 주요 도시가 모여 있는 플랑드르 지역을
훑고 지나는 여행자들이 뢰번에 들르는 까닭도 여기에 있다. 인파로 분주한
광장 한가운데에 서면 갓 빚은 벨기에 맥주와 대학 도시 특유의 젊고 생생한
분위기를 만끽하는 이들을 쉽게 만날 수 있다.
과거가 물려준 찬란한 유산에 기대온 뢰번은 이제 새로운 청사진을 그린다.
미래로 나아가는 모든 도시가 최우선으로 삼는 과제, 즉 '기후 위기'에
뢰번은 그 어느 지역보다 발 빠르게 대응하고 있다. 2013년 재생에너지로의
전환, 탄소 제로 등을 목표로 로드맵을 설계하고 매년 착실하게 단계를
밟아온 결과 '2020 유럽 혁신 수도상 European Capital of Innovation
Award'을 거머쥐는 쾌거를 이뤘다.
지속 가능한 도시로서 뢰번이 이룬 성취의 동력은 긴밀한 네트워크에 있다.
뢰번가톨릭대학교의 연구원과 학생들, 공무원과 지역 기업가를 포함해
소도시를 이루는 약 10만 명의 시민은 2018년 출범한 '뢰번 2030'이라는
프로젝트 아래 하나로 뭉쳤다. 13개의 프로그램으로 구성된 뢰번 2030은
도시 전체의 지형도를 바꿨다. 태양광발전 시설에 꾸준히 투자하고, 도시
전체에 자전거 구역을 조성했으며, 매해 1000여 가구를 개·보수해 주택
인프라를 효율적으로 확충하는 등 다방면에서 실질적 변화가 일어나고 있다.

©VisitLeuven

66
지속 가능한 미식의
핵심은 연결
99

©VisitLeuven

미식 도시로서 뢰번이 가진 자부심과 책임감은 '뢰번 2030' 프로젝트에도
고스란히 드러난다. 도시 곳곳에서 마주하는 정책과 시스템의 중심에서 지속
가능한 미식을 향한 구성원들의 노력을 엿볼 수 있다. 일시적이고 단편적인
정책에 머물지 않기 위해 뢰번이 선택한 전략은 네트워크다. '뢰번 2030'은
도시 전체의 푸드 시스템을 긴밀히 연결하는 데 집중한다.
코르톰 Kort'om은 이러한 전략의 첫 결실이다. 로컬 유통 플랫폼인
코르톰은 뢰번 근교의 현지 농장과 도심의 소비자를 직접 연결한다.
비영리단체 리콜토 Rikolto의 지원 아래 코르톰을 운영하는 농부협동조합
'플랑드르 브라반트'는 지역 경제 활성화만을 위한 커뮤니티에 머무르지
않는다. 이들의 최우선 목표는 농장과 소비자 사이에 일어나는 배송을
하나의 시스템으로 묶어 탄소 발자국을 최소화하는 데 있다. 코르톰의 주요
고객은 식당과 슈퍼마켓. 아스파라거스, 감자, 꿀, 치즈 등을 생산하는
농장과의 직거래를 통해 이들은 지역에서 난 신선한 제철 식재료와 식품을
저렴한 가격에 구매한다. 코르톰에선 일주일에 단 이틀, 매주 화요일과
금요일에 생산물과 제품을 주문자에게 배송한다. 이 집약적이고 단순한
시스템으로 뢰번이 줄인 탄소 발자국은 지속 가능한 도시에 한 걸음 더
다가가게끔 한다.

식생활의 변화를 통해 기후 전환을 도모하고자 하는 뢰번의 강력한 의지는 '에코 푸드 맵 Eco Food Map'에서 가장 잘 드러난다. 지속 가능한 식생활에 대한 현실적이고 효율적인 정책을 만들기 위해 개발한 데이터 플랫폼인 에코 푸드 맵은 활동가와 생산자, 그리고 소비자에게 유용한 정보와 수치를 제공하고 이들을 하나로 묶는다. 에코 푸드 맵의 효용을 알고 싶다면 홈페이지에 들어가보자. 첫 화면에 등장하는 "LEUVEN COUNTS 3 PACKAGING-FREE SHOPS AND 19 COMMUNITY VEGETABLE GARDENS", 즉 "뢰번에는 현재 3곳의 포장재 없는 가게와 19개의 커뮤니티 텃밭이 있다"는 문구에서 에코 푸드 맵의 쓰임과 가치가 직관적으로 드러난다. 시민들은 이 지도를 통해 자신의 집에서 가장 가까운 과수원이나, 저렴한 가격으로 따뜻하고 균형 잡힌 음식을 먹을 수 있는 소셜 레스토랑 정보 등을 찾을 수 있다. 물론 기후에 부담을 덜 주는 비건 메뉴를 선보이는 카페나 레스토랑 정보도 그득하다. 한편, 연구자 혹은 활동가는 로컬 푸드 시스템을 분석하고 정책을 만드는 데 필요한 데이터를 실시간으로 수집할 수 있다. 뢰번을 대표하는 맥주 브랜드 스텔라 아르투아도 지속 가능한 생산 시스템을 만드는 데 동참한다. 스텔라 아르투아를 제조하는 AB인베브 AB Inbev는 온실가스 배출량과 교통난을 줄이기 위해 뢰번의 양조장과 자사 맥주의 수출항인 메트로폴 항구 사이를 연결하는 '비어 트레일'을 개설했다. 이 착한 철로는 매년 트럭 2만여 대가 맥주 운송을 하기 위해 배출하던 온실가스의 약 75%를 감축하는 효과를 내며 뢰번의 탄소 제로 운동에 기여하고 있다.

66 지구를 살리는 맛있는 여행 99

탄소 중립, 기후 전환 같은 엄중한 과제는 쾌락보다 금욕에 가까운 행동을 촉구한다. 낙을 좇아 비행기로 국경을 넘으며 엄청난 탄소 발자국을 남긴 여행자에겐 잠시 한쪽 눈을 감고 외면하고 싶은 단어일 수도 있다. 뢰번에선 이런 가책이 비교적 쉬이, 혹은 유쾌하게 지워진다. 이 도시에서 지속 가능한 미식과 유관한 경험은 환경 운동보다는 여가 활동에 더 가깝기 때문이다.

뢰번의 지구 친화적 식생활을 만끽할 준비가 됐다면 가장 먼저 시청 앞으로 향할 것. 시티센터에서 자전거를 빌려 탄 당신이 가장 먼저 갈 곳은 '할 파이브 Hal 5'다. 지금은 쓰이지 않는 옛 철도 역사를 재생한 프로젝트명이자 장소 이름이기도 한 이곳엔 '환경'이라는 공공 이슈와 트렌드라는 유희를 모두 잡은 콘텐츠가 한데 모여 있다. 할 파이브의 드넓은 공간은 총 4개의 주제로 나뉜다. 뉴트리션 Nutrition은 뢰번의 지속 가능한 미식을 위한 시도를 직접적으로 만날 수 있는 섹션이다. 역사와 기차 공원에 조성한 푸드 코트는 뉴트리션의 대표 공간. 여행자가 로컬 라이프에 쉽게 스며들기 좋은 이곳에선 매주 목요일마다 지역의 이웃들이 공공의 목적을 위해 자원봉사로 운영하는 '네이버후드 바'가 열린다. 나폴리풍의 피자를 내는 '안티코 피자', 수익의 일부를 교육 관련 비영리단체에 기부하는 '팔라펠 하비비아', 유기농 베이커리 '코르스트' 등 매일의 식사와 커피를 환경과 이웃에 이로운 방식으로 해결할 수 있는 맛집도 들어서 있다. 좀 더 독특한 경험을 원하는 이들은 무브먼트 Movement 섹션으로 자리를 옮기자. '파쿠르 할 Parkour Hal'에선 '서커스'라는 장르 안에서 일반인들이 놀이처럼 경험하거나 운동으로 즐길 수 있는 다양한 '움직임' 수업을 선보인다. 여행자도 뢰번 시민과 어우러져 함께 수업을 듣거나 비교적 쉽게 참여할 수 있는 축제, 이벤트 등을 즐겨도 좋다.

주말과 휴일, 뢰번에서 인파가 가장 복작이는 문트스트라트 Mundstraat는
이 도시를 대표하는 맛집 골목이다. 미식 경험을 위해 벨기에를 찾은
관광객의 발걸음도 자연스럽게 이 거리로 향한다. 문트스트라트의 식당을
방문하는 것만으로도 지속 가능한 식생활에 기여할 수 있다. 15곳의 업체가
에너지 소비량을 평균 12%가량 줄이고 탄소 발자국을 최소화하는 방식으로
식당을 운영하기 때문이다.

지속 가능한 미식을 넘어 뢰번은 올해 기후변화 대응과 탄소 제로를
선도하는 환경 도시로서 입지를 다지고 있다. 시 정부에선 과거
공업지구였던 파르트콤 Vaartkom을 시민들과 함께 녹지와 공원, 운하,
자연 친화적 수영장으로 개조하는 프로젝트를 2023년에 착수할 예정이라고
발표했다. 뢰번이 그리는 가까운 미래엔 지구에 해를 덜 끼치는 방식으로
먹고, 움직이고, 생활하는 삶이 있다.

MAP OF LEUVEN

Vaartkom
파르트콤

Sluispark
슬라위스파크

Contents
콘텐츠

Hal 5
할 파이브

Leuven Leisure
뢰번 레저

Botanical Garden
보태니컬 가든

KU Leuven
뢰번가톨릭대학교

Mundstraat
문트스트라트

INFOMATION

BELGIUM

Leuven

Brussels

뢰번 가는 법

브뤼셀 미디역, 브뤼셀 중앙역, 브뤼셀 북역에서 모두
뢰번행 열차 탑승이 가능하다. 열차는 10~30분 간격으
로 운행하며 출발하는 역에 따라 약 20~30분가량 걸린
다. 버스를 선호한다면 브뤼셀 북역으로 향할 것. 이곳
에서 뢰번역까지 운행하는 시내버스는 351번, 358번으
로 약 1시간 안팎 걸린다.

지속 가능한
여행자를 위한 스폿

1.

뢰번 레저 Leuven Leisure

뢰번은 자전거 라이더에게 더없이 친절한 도시다. 뢰번시는 기후 전환과 탄소 중립 계획의 일환으로 도심 전체에 자전거도로를 증설하고 있다. 뢰번 레저에선 도보, 자전거, 배 등 다양한 방식으로 도시를 여행하는 방법을 안내한다. 자전거를 빌리고 싶다면 홈페이지에서 '뢰번 라이드 Leuven Ride' 섹션을 살펴볼 것. 로드 자전거, 산악자전거, 전기자전거 대여 안내를 비롯해 자전거 투어 프로그램을 예약할 수 있다.

Add.   Tiensestraat 5, 3000 Leuven
Website.   https://www.leuvenleisure.com/en

2.

슬라위스파크 Sluispark

뢰번에서 가장 트렌디한 지역인 파르트콤에 새롭게 문 연 공원이다. 다일강을 중심으로 강의 아름다운 풍경을 감상할 수 있는 쉼터와 물놀이를 즐길 수 있는 어트랙션 등이 들어서 있다. 뢰번이 지향하는 '그린 스마트 시티'의 한 장면을 엿볼 수 있는 곳. 유럽의 환경 기구에서 지속 가능한 발전 정책을 실시하는 도시에 수여하는 '유럽 그린 리프 European Green Leaf'의 표식으로 도시의 상징이 된 설치 작품도 이곳에 있다.

Add.   Vaartstraat 165, 3000 Leuven
Website.   https://weer.sluispark.be

3.

콘텐츠 Contents

뢰번이 그리는 지속 가능한 미식의 최신 흐름, 동향을 만날 수 있는 상점. 지역 농부와 생산자들의 손을 거쳐 나온 제품을 판매한다. 물론 상점 어디에서도 플라스틱 포장재는 찾을 수 없다. 지속 가능한 방식으로 농사를 짓는 뢰번의 농부, 탄소 발자국을 줄이는 활동가를 비롯해 제철 지역 식재료로 만든 간단한 먹거리를 만날 수 있는 곳이다. 벨기에의 환경친화적 삶을 경험하고 싶다면 한 번쯤 찾아볼 만한 명소다.

Add.   Locomotiefstraat 1, 3010 Kessel-Lo
Website.   https://www.contentleuven.be/

4.

보태니컬 가든 Botanical Garden

뢰번이 지키고자 하는 자연의 정수를 만날 수 있는 식물원. 현지어로는 크라위드타윈 Kruidtuin이라 부른다. 1738년부터 이어져온 이곳은 뢰번가톨릭대학교에서 의대 학생들을 위해 가꾼 정원이다. 약 450m² 부지 안에는 벨기에의 약초, 수생식물, 토종 식물의 초본을 비롯해 열대·아열대 식물이 작은 숲을 이루고 있다.

Add.   Kapucijnenvoer 30, 3000 Leuven

FINDING CLIMATE GOURMET

기후 활동가들의 밥상머리 토크
기후식을 찾아서

직종은 다르지만 식량 시스템 안에서 밥벌이를 하는 미식 기획자, 셰프, 농부가 한 상에 모였다.
기후 위기라는 공통된 고비 속에서 어떻게 살아남을지, 시대정신을 반영한 '기후식'에는
과연 어떤 기준과 조건이 꼬리표처럼 달라붙을지 토론하기 위해서다.
그들에게 상상력 한 방울을 더해줄 소설가도 참관했다.

LIFESTYLE　　　WRITER. Jooyeon Lee / PHOTOGRAPHER. Gyuchul Shin

왼쪽부터 **박형일**(이하 '형일') 농부. 교사 출신의 농부로 '교육농'이라는 개념을 만들었으며, '채소생활' 대표이자 '마켓레이지헤븐' CTO를 맡고 있다.
장민영(이하 '민영') 미식 기획자. <한국인의 밥상> 작가 출신으로, 지속 가능한 미식 연구소 '아워플래닛'을 운영한다.
김기창(이하 '기창') 소설가. 기후 위기 시대를 배경으로 한 소설《기후변화 시대의 사랑》을 썼다. 《모나코》로 '2014 오늘의 작가상'을 수상했다.
김태윤(이하 '태윤') 셰프. 국내 최초로 지속 가능성을 콘셉트로 한 다이닝 '이타카' 오너 셰프였으며 현재는 아워플래닛에서 요리 연구를 담당한다.

각자 위치에서 기후 위기를 실감하는 순간은 언제인가요?
민영 미식 기획자로서 지방 출장을 다니며 예전에는 쉽게 구했던 것들을 이제는 구할 수 없는 사례를 너무 많이 봐서 이젠 그런 걸로 위기감은 잘 안 들어요. 오히려 낯선 식재료가 출몰할 때 놀라죠. 강원도 고성에 출장차 갔을 때 '염주말'이라는 바다 나물을 발견했어요. 일본 해조류인 우미부도의 작은 버전 같았어요. 우리나라에도 우미부도 비슷한 게 난다며 기뻐했는데, 알고 보니 고성에서 나오는 게 영 어색한 해조류라고 하더라고요. 원래 제주도에서도 남쪽 바다에나 서식하는 식재료라고 해요. 온난화로 인한 수온 상승을 단적으로 보여주는 사례죠. 슬프고 이상한 기분이 들었어요.
형일 제가 살아가는 일이 기후와 밀접해 있다 보니 예민하게 느끼죠. 그런데 더 인상적인 건 사람들의 변화예요. 전과 다르게 위기감을 가지고 기후 이야기를 하는 태도의 변화가 더 놀라워요.
태윤 일단 물가가 너무 올랐고, 급작스러운 기후 재해로 인해 아예 구할 수 없는 재료가 생기기 시작했어요. 무엇보다 어류의 경우, 잡히는 지역이 완전히 바뀌어 원산지라는 개념이 모호해졌어요. 한류성 어종은 잡히지 않고, 수온 변화에도 스스로 움직일 수 없는 어패류는 빠른 미래에 우리 앞바다에서 멸종할 수도 있다고 해요. 미래 세대는 우리와 전혀 다른 음식을 먹겠구나, 하는 생각이 들어요. 요리하는 사람으로서 재료가 바뀌면 음식도 바뀌어야 하니 긴장감을 늦출 수 없죠.
형일 우선 국내에서 더 이상 여름에 노지 채소를 기르는 건 불가능해요. 흔히 아는 비닐하우스를 포함한 비가림 재배를 해야 하는데, 그마저도 너무 더우면 어렵죠. 새로운 재배 방식을 고민할 때예요.
기창 물가가 너무 올랐어요. 며칠 전 잡채를 해 먹으려고 채소를 사러 갔다가 파프리카 가격 보고 깜짝 놀랐어요. 돼지고기 가격하고 맞먹더라고요. 잡채가 아니라 '금채'라고 느꼈어요.

기후 재난 속에서 채솟값만 타격을 입는 것 같아요. 이러다가는 식물성 식재료를 더 멀리하겠어요.
형일 앞으로 곡물값이 오를 거기 때문에 필연적으로 고깃값도 오를 겁니다. 고깃값의 많은 비중을 곡물 사료가 차지하니까요. 사실 우리는 고기를 먹는 게 아니라 곡물을 먹는 것일지도 몰라요. 우윳값도 덩달아 오를 거고요.
태윤 아이러니하게도 앞으로 고기가 굉장히 비싸질 것이기 때문에 지금처럼 '줄여라' '먹지 마라' 타이르지 않아도 자연스럽게 소비량이 줄어들 거예요. 그럼에도 불구하고 권력을 쥔 누군가는 실컷 먹을 테니 식탁의 불균형 문제가 더 심화되겠죠.

식량 시스템이 배출하는 온실가스 수치를 보면 종사자로서 심정이 복잡할 것 같아요.

민영 식재료를 대하는 태도가 문제라고 봐요. 인간에게는 굶어 죽을 수도 있다는 위기감이 생물학적으로 뇌에 새겨져 있대요. 그러니 먹을 게 지천인데도 자꾸 탐식하는 거예요. 식재료를 미식의 관점에서 보면, 고기 말고도 입을 즐겁게 하는 것들이 아주 많아요. 탐식에서 미식으로 돌아와 다양한 식경험을 하게 된다면, 육식을 자연스럽게 줄일 수 있을 거라고 봐요. 입맛은 다 다른데 모든 사람이 고기를 좋아한다는 게 영 이상하잖아요. 식재료를 보는 고정된 시각, 식경험의 부족이 문제라고 생각해요.

형일 우리가 뭔가를 놓치고 있다는 생각이 들어요. 기후변화와 관련한 콘텐츠에 달리는 댓글을 보면 확실히 반응이 많이 달라지긴 했어요. 예전에는 기후변화를 부정하는 댓글이 많았는데, 이제는 인정하고 걱정하는 분위기예요. 그런데 문제는 개인이 실천하고 정부가 정책을 세운다고 해결될 것 같지 않다는 거예요. 전혀 새로운 상상력이 필요한 시기라고 생각해요. 전과 같은 방식으로 접근해서는 안 돼요. 식탁을 바꾸려면 식재료를 기르는 방식도 함께 변해야 해요. 정말 새로운 기획과 상상력이 필요합니다. 예를 들어 지금은 가축을 고기로만 보는데, 가축은 원래 인간의 삶에서 생명 에너지의 순환자였어요. 물을 대서 기르는 논농사도 메탄가스를 배출한다고 하니 새로운 상상력을 가지고 물을 덜 대는 방법 등을 찾아야 해요.

태윤 농부님이 상상력을 얘기하니 저는 BTS 같은 슈퍼스타가 나서서 식탁의 전환을 보여주는 걸 종종 상상해요. 좀 생뚱맞아 보일 수 있어도 인플루언서를 통해 메가 트렌드를 만드는 것이 가장 효과적일 거라고 봐요.

형일 기상천외하고 엉뚱해야 해요. 제가 교직 생활을 할 때만 해도 '회식' 하면 남자들은 으레 보신탕집을 갔어요. 그런데 십수 년 새 그런 문화가 싹 사라졌어요. 이젠 야만적이고 미개하다고들 하죠. 한반도에서 개고기를 먹어온 수천 년을 놓고 보면 정말 획기적인 변화예요. 소나 돼지, 닭도 기쁨과 행복을 느끼고 교감할 수 있는 존재예요. 지금은 그 사실을 발견하고 생명 있는 존재라는 걸 깨우칠 길이 단절돼 있지만, 어떤 상상력으로 그것이 다시 연결되는 순간 생명을 대하는 태도가 확연히 달라질 거라고 믿어요.

태윤 그래서 미식 교육이 중요한 것 같아요. 도시화로 더 이상 아이들이 비둘기나 고양이 외의 동물을 밖에서 볼 수 없잖아요. 우리는 늦었다고 하더라도 젊은 세대들은 교육을 통해 가축이 고기 이전에 생명이라는 사실을 배울 수 있길 바라요.

민영 얼마 전 인도네시아에 갔을 때 지금 얘기하고 있는 문제를 가장 크게 느꼈어요. 우리 사회는 생명과 철저히 단절돼 있어요. 그런데 인도네시아는 도시에서도 시장을 중심으로 닭과 돼지가 자유로이 돌아다녀요. 누군가가 주문하면 바로 잡아주니 생명이 어디서 왔는지 사는 사람도, 파는 사람도 알아요. 처음에는 그 광경이 낯설어 충격적일 수 있지만 결코 야만적인 게 아니에요. 그들은 아마 알 거예요. 고기를 먹는 게 뭘 의미하는지요.

기창 근대에는 도축장이 식탁과 멀어질수록 문명이 발달했다고 보는 견해가 있었어요. 한마디로 도축장은 야만이고 그로부터 멀리 떨어진 식탁은 문명을 의미한다는 거죠. 이런 해석을 비판하며 도축장과 식탁의 거리를 다시 좁혀야 한다고 주장한 한 학자의 말이 떠오르네요.

형일 가축과의 새로운 관계 맺기만큼이나 채소와의 관계도 중요하다고 생각해요. 우리는 채소를 한 번도 제대로 소개받은 적이 없어요. 세상엔 정말 맛있고 아름답고 재미있는 채소가 많은데, 국내 시장에 나와 있는 종은 극소수예요. 정말 맛있는 채소에 대해 충분히 알아야 할 필요가 있다고 봐요.

그런 면에서 농부님이 운영하는 '채소생활'은 다품종 소량 생산을 통해 채소도 충분히 매력적일 수 있다는 점을 증명하고 있어요. 채소생활이 상품을 올릴 때마다 품절되는 속도를 보고 우리나라 사람들이 채소에 이토록 진심일 수 있구나, 싶었어요.

형일 저희는 다품종 소량 생산이 아니라 다품종 적정 생산이 목표예요. 아직 저희 능력이 부족해서 그에 미치지 못한 거니 저희 잘못이죠. 사실 대량이냐 소량이냐가 중요한 게 아니라 필요한 장소와 시기에 맞춰 적절히 생산함으로써 식재료의 낭비를 줄이는 게 중요하다고 봐요.

소량 생산이 잘못된 결과라고 하지만, 채소도 충분히 희소성이 있고 티케팅의 대상이 될 수 있다는 인식의 변화를 보여줬다는 점에서는 의미가 있다고 생각해요.

형일 매력이 부각됐다면 다행이고요. 결국 산업이 함께 가야 해요. 그런데 문제는 농촌에 생산자가 없다는 거예요. 젊은 사람이 없어요. 스마트팜 등 신기술로 농업은 지속되겠지만 농촌은 사라질 거예요.

덴마크 스마트팜 기업 '노르딕 하비스트' CEO의 인터뷰를 보면 사람들이 도시로 모일수록 유리하다고, 도시에 집중될수록 농경지를 숲으로 전환할 수 있다고 해요.

형일 오, 흥미롭네요. 그런 토론, 재미있을 것 같아요. 쟁점이 확실하니까요. 수직 농법, 아쿠아포닉스 등 농업의 대안이 다양해지는 건 환영할 만한 일이에요. 새로운 게 계속 나오다 보면 그 속에서 해결책을 찾을 수도 있으니까요.

태윤 채소 얘기가 나와서 한마디 거들자면, 채소생활의 파프리카 정말 맛있던요. 진짜 맛있는 파프리카 맛에 눈뜨면 더 이상 권하지 않아도 더 먹으려 들 거예요. 조심스러운 말이긴 한데, 시중에서 파는 채소는 맛

과 향이 너무 약해요. 그러니 셰프 입장에서 채소 충분히 맛있다고 권하기 어려운 거죠.

왜 맛에 차이가 나는 걸까요?

형일 우선 잘 알겠지만, 채소는 신선 식품이에요. 유통 과정을 많이 거칠수록 맛과 향이 떨어질 수밖에 없어요. 그다음으로는 아무래도 질소비료를 줘서 수확량 위주로 키우다 보면 양은 많고 커지는데 맛은 떨어져요. 애초에 맛보다 양에 중점을 두고 키우니 맛있기 어렵죠.

민영 지금의 식탁은 풍요 속의 빈곤이라고 봐요. 얼핏 풍요로워 보이지만 시금치, 배추김치 등 1년 365일 같은 것만 올라오잖아요. 계절에 주어지는 특별한 맛이 있는데, 그 맛을 모른 채 관성적으로 먹는 경향이 있는 것 같아요. 배추김치는 배추가 맛있을 때 담가서 발효해 먹고, 여름에는 여름이 제철인 푸성귀로 김치를 담그면 훨씬 더 수준 높은 미식을 즐길 수 있죠. 그런데 자꾸 맛없는 여름 배추로 김치를 담그니 고기반찬에 젓가락이 갈 수밖에 없어요.

태윤 발효 얘기가 나왔으니 덧붙이자면, 사실 우리가 말하는 고기 맛이란 기름 맛에 가까워요. 저는 안타깝지만 채소가 동물성 지방의 맛을 대체할 순 없다고 봐요. 무슨 짓을 해도 안 되더라고요. 대신 발효와 향신료에 실마리가 있다고 봐요. 채소 요리를 할 때 향신료는 요리에 표정을, 발효는 깊이를 더해줘요. 고기 맛이 나지는 않지만 고기 못지않게 맛있고 만족감이 높아지죠.

형일 그런 의미에서 채소 대신 '식물성 식재료'라고 부르면 어떨까 싶어요. 농부로서 채소가 문화나 산업적으로 충분히 매력적이라고 생각하지만 문제는 지금처럼 인식하고, 생산하고, 소비하면 안 된다는 거예요. 식물성 식재료라고 부르면 그 속에 버섯, 해조류, 발효 식품 등 더 다양한 걸 담을 수 있으니 인식이 변할 가능성도 높아질 것 같아요.

농부님 말씀대로 '채소' 하면 많은 사람이 지레 흥미를 잃는 반면, '식물성'이라는 단어에는 아직 고정된 관념이 없으니 새로운 이미지를 씌우기에 더 유리할 것 같네요. 자, 이제 기후식에 대해 더 면밀히 이야기해보죠. <1.5°C>는 기후식이라는 개념을 처음 만든 독일 프랑크푸르트의 클리마 구르메 Klima Gourmet 플랫폼이 제시한 조건과 전 세계에서 기후 위기를 고려해 정부가 직접적으로 고기 소비를 줄일 것을 권고한 네덜란드의 식이 지침을 참고해 나름대로 기후식의 기준과 조건을 정리해봤어요.

1. 채식이 대부분의 비중을 차지할 것   2. 육고기와 해산물의 사용을 최소화할 것   3. 치즈 등의 유제품을 통한 지방 섭취를 15% 이하로 줄일 것   4. 식물성 식재료는 '제철' '지역' '유기농' 3박자가 맞아야 할 것   5. 최대한 가공하지 않은 자연 상태의 재료를 활용할 것   6. 가능한 한 버리는 부분이 적은 재료를 활용할 것.

이런 조건을 어떻게 생각하는지 궁금해요.
태분 다 공감할 수 있는 내용이에요. 그런데 의견을 보태서 기준을 좀 더 정교하게 만드는 것보다 오히려 어떻게 기후식으로 전환할 것인지, 대중에게 기후식을 어떻게 알리고 산업으로 정착시킬 것인지 그 방법론을 함께 고민해야 할 것 같아요. 무엇보다도 생태계를 들여다보면 되게 복잡하게 얽혀 있잖아요. 아마 정말 기후식을 조리하는 일이 본격화한다면 셰프마다 내거는 조건이나 기준은 이보다 훨씬 더 다채로울 것 같아요. 물론 큰 틀에서는 앞의 조건에서 벗어나시 않겠지만요. 기후식의 정의와 조건을 좀 더 탄력적으로 열어놓고 고민할 필요가 있어 보여요.
민영 칼로리처럼 식품별로 발생하는 탄소량을 표기하는 날이 오겠죠. 그 수치를 기준으로 인증 제도가 생긴다면 더 실질적인 효과가 있을 것 같아요.
형일 인증제가 생기면 객관성은 확보하겠지만 한편으론 우려도 돼요. 현재의 유기농 인증 제도에도 허점과 모순이 많거든요. 기후식의 기준에도 유기농이 있네요. 저는 유기농이 애초에 사람과 자연, 사람과 사람 간의 관계를 회복하자는 성찰에서 시작됐다고 생각해요. 그런데 본질은 달아나고 화학비료 안 뿌리고 농약 안 쓰는, 건강하고 안전한 재배 방식만 남은 것 같아요. 나아가 유기농이란 유기적인 관계를 의미하는 동시에 유기물을 활용한다는 걸 의미하잖아요. 유기비료를 쓰는 것. 그런데 대부분의 유기농들이 중국산 유박 등 해외의 유기비료를 사서 우리 땅에 뿌려요. 그렇다면 우리의 그 많은 유기물은 어디로 갈까요? 버려져요. 도시에 커피 찌꺼기부터 정말 많은 유기 자원이 있는데, 그것들은 버리고 남의 걸 가져다 쓰는 거죠. 소비자 입장에서는 버리는 행위 때문에 부담을 느끼는데, 그것을 조금만 연결하면 버리지 않는 차원을 넘어 자원으로 활용할 수 있는 거죠. 이런 고민 없이는 우리나라에서 유기농은 한계가 있다고 봐요.

국내 유기물은 왜 버려지는 거예요? 분뇨나 음식물 쓰레기 등을 처리하는 시설에서 악취를 풍기기 때문인가요?
형일 기피하는 경우도 많죠. 하지만 그것보다 애초에 시스템이 없는 게 더 큰 문제예요. 정리해주신 기후식의 조건들에서 알 수 있듯 먹는 방식만큼 기르는 방식이 중요한데 말이죠.

농부로서 기후식에 걸맞은 농법은 뭐라고 생각하세요?

형일 지금의 농법도 역할이 있다고 봐요. 덕분에 전 세계 사람들이 싸고 손쉽게 배를 채울 수 있잖아요. 하지만 그 비용을 우리 지구가 치르고 있다는 건 간과했죠. 대량생산 방식이 생산성 높다고들 평가하는데 꼭 그렇지만은 아니라고 생각해요. 오히려 작은 규모로 짓는 소농이 더 생산적이고 경제적이고 기후 탄력적인 동시에 지속 가능하다고 봐요. 특히 '다년생 먹거리 숲'의 경우 탄소를 격리할 수 있다는 면에서 기후 위기에 적합한 농법이라 할 수 있죠.

다년생 먹거리 숲이 뭐예요?

형일 우리는 대부분 일년생 먹거리를 생산하잖아요. 그럼 매년 경운을 하고 기르는 과정에서도 많은 것을 투입해야 해요. 하지만 다년생 먹거리 위주로 기르게 되면 이런 과정을 많이 생략할 수 있죠. 여기에 관목과 교목, 가금류 등을 한데 모아 자연스러운 숲을 이루듯 기르는 복합 영농이 바로 다년생 먹거리 숲이에요. 이렇게 할 경우 탄소를 배출하는 농법에서 탄소를 격리하는 농법으로 갈아탈 수 있어요. 농업을 이런 식으로 전환한다면 기후 위기의 주범이 아니라 해법이 되니 더 이상 무엇을 먹고 안 먹고의 이슈가 중요하지 않죠. 아, 저 때문에 너무 진지해졌네요. 분위기를 바꿔, 자, 제가 상상하는 기후식은 정말 맛있는 채소와 버섯으로 이뤄진 식탁이에요. 단순히 채소의 비중이 높은 게 아니라.

기창 요즘 모든 분야에서 기후가 화두잖아요. 저는 그중에서 가장 변화를 일으키기 어려운 분야가 음식이라고 생각했어요. 왜냐하면 윤리적인 측면뿐 아니라 문화와 습성까지 담겨 있으니까요. 가장 바꾸기 어려운 분야라고 여겼던 만큼 오늘 이 자리에서 어떤 이야기가 오갈지 궁금했는데, 세 분이 나누는 대화를 듣고 미식의 관점이 좀 달라진 것 같아요. 미식이 윤리적인 것까지 합친 결정체라고요. 그리고 흥미로웠던 게 우리나라가 개고기를 오래전부터 먹어왔는데, 요즘은 많이들 안 먹게 됐잖아요. 우리나라 사람들이 트렌드에 민감하고 남의 눈을 의식하는 경향이 있어 기후식으로의 전환도 다른 나라보다 빠르게 일어날 수 있겠다는 생각이 들었어요. 그리고 생각했던 것만큼 음식을 바꾸는 게 그리 어렵지 않을 수도 있겠다는 걸 여러분의 이야기를 듣고 깨달았어요.

민영 남의 눈을 의식해서라도 바뀌었으면 좋겠어요. 인스타그램에 고기 먹은 거 자랑하는 문화도 좀 사라졌으면 좋겠고요.

인스타그램에 스테이크 사진 올리는 걸 부끄러워하는 날이 곧 오지 않을까요? 그럼 셰프님께서 만든 기후식은 어떤 요리인지 맛 좀 볼까요?

태윤 네 가지 해조류를 넣은 토종 쌀 리소토와 아말피 레몬 커드를 곁들인 가지아이스크림을 준비했어요. 우선 리소토 요리를 설명하자면, 저와 장민영 기획자는 우리가 채소만큼이나 해조류에 대해 충분히 소개받지 못했다는 생각을 절실히 해요. 우리나라는 삼면이 바다로 이뤄져 있는 데다 계절에 따라 수온도 달라지기 때문에 해조류에도 제철이 있어요. 그래서 저희는 해조류를 '바다 나물'이라고 부르죠. 오늘은 서해 불등가사리, 남해 구파래, 동해 고리매 그리고 톳을 이용했어요.

민영 고리매는 진짜 나물 맛이 나는 아주 매력적인 해조류예요.

태윤 우선 양파를 오래 볶다가 안초비를 넣고 한참 더 볶아 깊은 맛을 내요. 거기에 고리매 등의 해조류를 넣고 갈아 퓌레를 만들죠. 리소토는 쓰다 남은 자투리 베이컨을 조금 넣고 볶다가 곡물을 넣고 더 볶은 후 생선 뼈를 이용해 끓인 육수를 넣고 익혀요. 마지막에 퓌레와 섞어 한번 더 끓여냈어요. 들어가는 재료도 단순하고 어렵지 않은 요리예요.

기창 해조류를 넣고 끓인 쌀 요리를 먹어본 적이 없어 신선한 경험이네요. 맛도 너무 좋고요. 특히 밀의 식감이 정말 좋아요.

태윤 아, 통곡물을 사용했어요. 항목 중엔 없었던 것 같은데, 어딘가에서 통곡물 쓰는 것도 온실가스 줄이는 방법이라고 하더라고요.

저희가 제시한 조건 중 5번에 해당해요. 최대한 가공하지 않은 자연 상태의 식재료를 활용하는 것. 예를 들어, 현미는 자연식품이지만 이를 도정한 백미는 가공식품이잖아요. 자연식품일수록 온실가스 배출이 적으니 통곡물이 기후식의 좋은 식재료라는 데 동의해요.

형일 정말 맛있네요. 그런데 기후식이어서 더 맛있는 것 같아요. 통곡물도, 해조류도 기후식과 관련한 질문을 받고 충실히 고민했기 때문에 들어간 재료잖아요. 만약 통곡물과 해조류를 사용하지 않고 동물성 식재료 위주로 만들었어도 맛있겠지만, 이런 경험과 맛은 아니었겠죠. 생선을 좋아해서 가끔 즐기는데 먹고 나면 마음이 영 불편해요. 이건 맛있게 먹고도 마음이 불편하지 않으니 그런 의미에서 기후식이 맞다고 생각해요.

민영 아무것도 모른 채 먹어도 맛있다고 느낄 만한 요리예요. 이걸 먹으면서 '채식에 가까운 음식을 먹고 있다'는 생각은 진짜 안 들 거예요. 맛의 요소들이 다 채워져 있으니까요. 여러 가지 장치가 있지만, 그중 해조류의 감칠맛이 정말 엄청나요. 남쪽 지방에서는 미역냉국을 대신해 맹물에 구파래를 넣고 먹어요. 신기하게 구파래만으로도 충분히 맛이 나요. 해조류의 매력을 더 많은 사람이 알았으면 좋겠어요.

형일 해조류의 감칠맛 얘기를 들으니 기후식은 단맛보다 감칠맛을 강조하면 좋겠다는 생각이 드네요. 예를 들어, 토마토는 감칠맛이 뛰어난 채소잖아요. 그런 토마토에 스테비아 원액을 넣어 인위적인 단맛을 내는 걸 보면 요즘 식문화가 너무 단맛에 치우친 것 같아요. 기후식을 통해 다시 감칠맛으로 돌아가는 기회가 됐으면 좋겠어요.

태윤 다음 요리는 레몬 커드를 곁들인 가지아이스크림이에요. 두 가지 포인트가 있는데요, 그중 하나는 전체를 이용해 쓰레기를 줄였다는 점이에요. 가지를 통째 오븐에 구워 속살이 익으면 숟가락으로 긁어내고, 남은 꼭지와 껍데기를 마저 바싹 구운 다음 가루로 만들어 아이스크림 위에 뿌렸어요. 가지 속살로는 아이스크림을 만들었고요. 레몬 커드를 만들 때는 '아말피레몬'이라고 태안에서 재배한 남이탈리아 품종의 레몬을 썼는데, 껍질 향이 정말 풍부하고 아름다워요. 씨 빼고 껍질과 즙을 모두 이용해 커드를 만들었어요. 아, 가니시로 올린 쌀 과자도 도정 과정에서 깨진 쌀알을 모아 만든 거예요.

기창 아주 독특하고 맛있는데요. 식감도 약간 파삭파삭하다고 해야 할까요? 재미있어요.

태윤 가지 속살을 이용해 유제품의 비율을 줄여서 식감이 다를 거예요. 아이스크림의 부드러운 질감과 맛을 가지 과육이 대신할 수 있다고 생각했어요. 모험심을 가지고 개발한 메뉴인데, 사람들이 팥 맛이 난다며 자연스럽게 받아들이고 맛있게 먹더라고요. 가지 속살을 이용함으로써 유제품의 비율을 반 이상 줄이기도 했고요. 유제품도 발효한 요구르트 위주로 썼어요. 3번 조건에 부합하는 거죠.

형일 가지를 키우고 가지에 관심이 많은 사람으로서 가지로 아이스크림을 만들 수 있다는 사실이 정말 놀랍고 흥미로워요. 미래에 맞이할 기후식이 점점 기대돼요.

CLIMATE-FRIENDLY FOOD & DRINK

다이닝과 바에서 찾은
기후에 부담 줄인 미식의 순간들

주방과 바에서 일하는 사람들도 기후가 걱정이다. 기후변화로 이맘때 무심코 구하던 식재료를
더는 구할 수 없자 위기감을 곱절로 느낀다. 그것이 자신의 주방 혹은 바에서 나온 플라스틱이나
음식물 쓰레기 때문일 거라는 생각에 시대정신을 반영한 메뉴를 개발하기에 이르렀다. 그들이 우리를
대신해 고민하고 실천하니 기후는 물론 우리 마음속 부담감도 줄인 채 미식을 즐길 수 있다.
오랫동안 우리 속을 편하게 해줄 요리와 술, 그것이 안겨주는 미식의 순간을 엮어봤다.

LIFESTYLE   WRITER. Jooyeon Lee / PHOTOGRAPHER. Jungwoo Park

오카즈
일본 가정식 안주를 오마카세로 내는 '오카즈'의 야키도리 난
반. 육고기 중 칼로리당 온실가스 배출량이 적은 닭고기를 활
용했으며, 튀김기가 예열되는 동안 낭비되는 열을 활용해 단
시간에 조리함으로써 기후에 미치는 부담을 줄였다.

옥잠화 at 기가스

요리 소개해줘 옥잠화 꽃잎을 주재료로 한 요리다. 옥잠화는 크고 탐스러운 비주얼만큼 향이 특출나다. 여기에 꽃의 풍미를 더 화려하게 해줄 한련화 에센스를 깔고 얇게 저민 관자와 농장에서 캔 무를 올린 후 루콜라와 오이를 즙 내 식초·꿀을 넣고 만든 비네그레트, 올리브유, 파르마산치즈 소스를 뿌렸다. 그리고 옥잠화 꽃잎을 살포시 올렸다. 주방에서 직접 인퓨징한 한련화 에센스는 요리에 매운맛과 단맛을, 파르마산치즈를 물 넣고 끓여 고형물을 제거하고 물과 유지방으로 만든 소스는 은근한 감칠맛을 더했다. **어떤 면에서 기후에 덜 부담을 주나** 열 가지 코스에 걸쳐 요리를 낸다. 그중 채소가 차지하는 비중이 크다. 채소들은 중부지방에서 나지 않는 시트러스류를 제외하면 다 우리 농장에서 기른다. 자연 농법을 따라 다 노지에서 화학비료나 농약 없이 키운다. 우리와 같은 기후에서 자란 식재료만 식탁에 올린다. **그럼 옥잠화도 농장에서 기른 것인가** 아니다. 옥잠화는 언젠가부터 농장에서 자연스럽게 자라난 것이다. 향이 좋고 식용으로 활용 가능하다는 사실을 알고 식재료로 활용했다. 옥잠화처럼 농장에서 절로 자라난 식물을 식재료로 활용하는 경우가 많다. 사실 씨를 뿌린 것도 스스로 자라도록 거의 내버려둔다. **굳이 사계절 따지지 않더라도 당장 비가 많이 오는 등의 이유로 식재료 수급이 어려운 경우도 있겠다** 맞다. 새벽에 농장에 가서 구할 수 있는 식재료를 보고 그날의 메뉴를 짠다. **그러면 메뉴가 자주 바뀌겠다** 당연하다. 그게 자연스러운 일이다. 메뉴를 고수하려고 욕심을 부리는 순간 부자연스러운 일들이 발생한다. 지금 기후 문제처럼 말이다. **꼭 열을 가하지 않더라도 비닐하우스 등의 시설을 활용하면 식재료 확보에 더 용이하지 않나** 비가 많이 올 것을 대비해 비닐하우스에서 루콜라를 길러봤다. 향이 확실히 약하더라. 식재료로 내지 않았다. 노지에서 자란 것이 향이 강하다. 나는 요리에서 향이 정말 중요하다고 여긴다. 맛이 없이라도 시설 재배한 식재료는 못 쓰겠다. **그럼 노지에서 식물이 자랄 수 없는 겨울에는 어떻게 하나** 뿌리채소를 주로 낸다. 가을이면 땅 속에 묻어났던 뿌리채소를 손질해 절이는 등 저장 식품으로 만들어야 해 아예 며칠 가게를 닫는다. **진짜 겨울나기를 하는 거네** 그렇다. <1.5°C> 독자들에게 기후에 덜 부담을 주는 일상의 팁 좀 달라 제철 해산물이 중요한 게 아니다. 요즘은 온라인 쇼핑을 통해 얼마든지 잘 좋은 제철 해산물을 얻을 수 있다. 진짜 어려운 것은 정말 맛있고 향이 좋은 제철 채소를 공수하는 일이다. 요리를 정말 잘하는 집은 채소에서 갈린다. 해산물이나 육고기로 한 요리는 다 맛있다. 맛없는 채소를 내는 곳은 좋은 레스토랑이라 할 수 없다. 채소를 기준으로 레스토랑을 평가해보라. 그럼 레스토랑에서도 채소에 신경을 쓸 것이고, 맛있는 채소 요리가 많아질수록 우리는 기후에 부담을 덜 주는 미식을 즐길 수 있을 것이다.

정하완 셰프
Add. 서울 강남구 도산대로45길 8-7 2층
Tel. 0507-1392-9935
Sns. @gigas_seoul

계절의 전채 3종 at 오카즈

요리 소개해줘 '오카즈'는 일본어로 '반찬'을 의미한다. 일식 반찬을 위주로 오마카세를 낸다. 그중 코스의 시작을 알리는 3종의 진채 요리는 계절의 정수를 가장 잘 담고 있다. 우선 감자, 밤 등의 팍팍한 식감의 채소를 땅에 절여 으깨 만드는 '킨톤'을 우리 입맛에 맞게 더 부드럽고 덜 달게 만들어 귀여운 오리 모양으로 빚었다. 오렌지 과즙과 소이마요를 가미해 마지막 한 입까지 깔끔하다. 제철인 땅콩, 호박, 꿀을 두유에 넣고 끓인 후 차갑게 식힌 수프와 마지막으로 일본풍의 중화 요리인 '반반지'를 낸다. 초절임한 두부면에 소이마요로 만든 참깨소스를 뿌리고 오이와 토마토를 곁들였다. 이건 비건용이고 논비건은 전통 조리법대로 두부면 대신 잘게 찢은 닭고기를 올린다. **혼자서 각각 열 가지에 달하는 요리를 동시에 비건과 논비건으로 조리해 내는 거냐** 어렵지 않나 육수, 쓰유, 드레싱 등 모든 밑재료를 미리 비건과 논비건용으로 따로 만들어 놓는다. 교차 오염을 막기 위해 조리도구도 따로 쓴다. 비건 용 튀김 요리를 할 때는 튀김기를 쓰지 않고 다른 튀김솥을 꺼내 쓴다. **식재료는 어떻게 공수하나** 대부분의 식재료를 인근의 농부 시장 '큔의 작은 채소 가게'에서 공수한다. 걸어서 5분 거리에 있다. 가끔은 '마르쉐@'으로 원정 가기도 한다. 둘 다 농부들이 채소 위주의 제철 식재료를 직접 가져와 판다. 최소 유기농에 무경운의 자연 농법으로 키운 것들이 대부분이다. **그외 조리할 때 탄소 배 출을 줄이는 비법이 있나** 논비건 메뉴 중 닭고기를 꼬챙이에 꿰어 난반 소스에 발라가며 굽는 '야키도리 난반'이 있다. 야키도리 난 반 다음 요리가 튀김류여서 튀김기가 예열될 때의 열을 이용해 닭고기를 익힌다. 기름 온도가 170℃까지 오르지 않아도 충분히 익 으니 전력 낭비를 줄일 수 있다. **사케를 주로 페어링하는 술집이라고 들었다. 주류 리스트를 짤 때도 기후를 고려하나** 그렇다. 사케 는 오랜 시간 쌀을 많이 깎아낼수록 좋은 술이라고 인식됐다. 많게는 쌀알의 80%까지 깎아내 술을 빚는다. 이 얼마나 큰 낭비인가. 내추럴와인처럼 사케에도 이런 구태의연한 사고에서 벗어나 쌀을 최대한 덜 깎아 특유의 감칠맛을 살린 사케가 주목받고 있다. 오 카즈도 그런 술 위주로 추천한다. **마지막으로 기후에 덜 부담을 주는 조리법을 공유해달라** 이건 우리의 영업 비밀인데 <1.5℃> 독 자들에게만 알려준다. 비건 쓰유를 만드는 법이다. 가다랑어를 훈제하고 발효해 만든 가쓰오부시의 깊은 감칠맛과 훈연 향, 콤콤한 향을 식물성 식재료로 대신할 방법이 있다. 바로 껍질을 살짝 그을린 자투리 채소와 건곤드레나물을 활용하는 것이다. 간장과 청주 를 1:1로 섞고 그 속에 자투리 채소, 건곤드레나물, 다시마를 넣고 하룻밤 실온에 둔 후 다음 날 아침 파르르 끓여낸다. 여러 차례 가 공을 거친 가쓰오부시를 쓰지 않는 데다 자투리 채소를 활용해 쓰레기를 줄이는 동시에 식물성 식재료여서 잠시만 끓여도 되니 전 력도 아낄 수 있다. 아, 건져낸 곤드레나물은 버리지 말고 냉동했다가 밥 지을 때 넣으면 곤드레밥이 된다. 이만한 기후식이 없다.

이혜지 셰프
Add. 서울 종로구 자하문로 49-1
Tel. 02-725-5454
Sns. @ohkaz_

미더덕토종쌀볶음밥 at 아워플래닛

요리 소개해줘 토종미와 토종밀에 미더덕 젓갈을 넣고 파에야풍으로 볶은 후 성게로 만든 아이올리 소스와 불등가사리를 튀겨 올렸다. **맛있겠다. 이 요리가 어떤 면에서 기후에 부담을 덜 주리라 생각하나** 제철에 맞춰 매년 봄 미더덕회를 공수해 1년치 젓갈을 담가 안초비 대신 쓴다. 멸치 젓갈인 안초비 대신 미더덕 젓갈을 활용하는 이유는 보통 바닷속 모든 생명체를 쓸어담는 저인망 방식으로 어획하는 멸치보다 미더덕과 같은 해산물이 잡는 과정에서 블루카본인 바다에 덜 부담을 주기 때문이다. 미더덕은 양식을 하더라도 굴처럼 부착만 해놓으면 알아서 잘 자란다. 바다를 오염시킬 가능성이 낮으며 오히려 바다를 정화하는 뜻밖의 역할까지 한다. 또 마늘과 마요네즈가 주재료인 아이올리를 굳이 성게로 만든 이유는 성게는 알이 아니라 생식소로 대부분의 성분이 지방이기 때문이다. 기름이 많으니 성게를 넣으면 아이올리에 들어가는 기름의 양을 확 줄일 수 있다. 아이올리에 상상하는 것 이상으로 많은 기름이 들어간다. 이때 주로 식물성기름으로 이뤄진 마요네즈 대신 굳이 성게를 쓰는 것이 어색하고 기후에 더 부담을 줄 것 같지만, 성게는 바다 사막화의 주범이다. 번식력이 워낙 좋아 바다 생태계를 위해 주기적으로 개체 수를 줄여줘야 한다. 개체 수를 줄이는 가장 좋은 방법이 뭔가. 먹어 없애는 거다. 성게가 맛있어 정말 다행이라 생각한다. 그러니 해산물 중 성게만큼은 덜 스트레스받고 먹어도 좋겠다. 마지막으로 비교적 덜 알려진 해조류인 불등가사리를 활용한 점이다. 우리나라는 삼면이 바다로 둘러싸여 있어 지역마다 나는 해조류가 다르며 해조류마다 철이 다 다르다. 우리가 상상하는 것보다 훨씬 다양한 해조류가 우리 바닷속에 있는데 너무 김, 매생이, 미역, 다시마, 감태만 찾는 경향이 있다. 건강한 생태계를 위해 종 다양성을 강조하고자 불등가사리를 튀겨 올렸다. **하긴 해조류도 식물이니 계절이 있겠다** 맞다. 해조류에도 계절이 있다. **볶음밥이라 했는데 그 안에 스토리가 정말 많이 담겼다. 그만큼 요리 설명도 길었다. 자, 마지막으로 기후에 덜 영향을 미치는 팁을 공유해달라** 오늘 쓴 토종미는 그래도 대중의 관심을 받아 수요나 공급이 늘었다. 반면, 해조류는 많은 종류가 사라지고 있다. 더 이상 찾는 사람이 없고 돈이 되지 않으니 채취하는 양이 점점 줄어든다. 그런데 종의 다양성이 확보돼야 비로소 건강한 생태계를 유지할 수 있다. 소수의 식재료를 찾는 쏠림 현상으로 무분별하게 남획해 생태계의 균형을 깨뜨린 경우를 우리는 자주 봤다. 오늘 올린 불등가사리처럼 제철 맞은 해조류를 찾아 먹는 것만으로도 기후 조절자인 바다의 안녕을 보장할 수 있다. **불등가사리 너무 낯설다. 제철 해조류 정보는 어디서 찾을 수 있나** 다 온라인 숍에서 살 수 있다. 정보는 어디서 찾을 수 있느냐면… **생각나지 않으면 해조류 달력이라도 만들어달라** 그래야겠다.

김태윤 셰프
Add. 서울 종로구 옥인길 71 2층
Tel. 0507-1352-7788
Sns. @ourplaneat

©B7313

미루 머시룸 스테이크 at B7313

요리 소개해줘 사콜에 구운 미루나무 버섯 스테이크다. **어떤 면에서 기후에 영향을 덜 준 요리라고 생각하나** 우선 전채부터 메인, 디저트까지 모든 요리에 제철 맞은 호박을 이용하고, 호박의 과육은 물론 껍질부터 씨앗까지 전체를 이용해 코스 메뉴를 신행한 적이 있다. 그때 메인 디시에 해당하는 요리로 동물성 식재료 대신 식감이 좋은 미루나무 버섯에 불 맛을 입혀 구웠다. 거기에 행사를 함께 진행한 바 '제스트'에서 콜라를 만들고 남은 스파이스를 받아 레몬타임 콜라 크럼블을 만들었다. 직접 만든 호박식혜를 증류하고 나온 커스터드와 병아리콩을 불려 만든 아쿠아파바 aqua fava로 시즈닝한 소스, 버터를 만들고 나온 버터밀크를 졸인 연유 소스도 곁들였다. **와, 고기 대신 버섯을 쓴 것은 빙산의 일각 같은 느낌이다. 아참, 기사에 제스트 바도 함께 소개되는데 반갑다** 제스트에서 콜라, 토닉워터, 진 등 시중 제품을 대체하기 불가능할 것 같은 식재료를 직접 만드는 걸 보고 자극을 많이 받았다. 앞으로 서로의 가게에서 남는 재료가 있으면 상호 교환해 쓰레기를 줄이는 푸드 사이클을 만드는 계획을 논의 중이다. **그 유명한 '노마'와 '108'에서 근무했다고 들었다.** 뉴 노르딕 퀴진은 정확히 어떤 장르인가 식재료를 철 따라 내고, 철 지나고도 쓰고 싶으면 발효해 저장 식품으로 만든다. 아무래도 북유럽이 추워 사시사철 식재료가 풍족하지 않아 제철 맞은 재료의 가치를 일찍이 알아 최대한 낭비 없이 활용하고, 발효를 통해 저장해 먹는 문화가 발달한 것 같다. **우리나라와 많이 닮아 있다** 맞다. 거기에 다양한 식문화를 오픈 마인드로 흡수해 조리법과 발효법을 계속 개발하는 것이 뉴 노르딕 퀴진이다. 나도 노마의 다음 시즌 메뉴를 연구하는 테스트 키친에 있을 때 소금이 아닌 장에 발효한 요리를 개발해 메뉴에 올리기도 했다. **기후 위기 시대에 셰프로서 세상에 줄 수 있는 선한 영향력은 뭐라고 보나** 내가 일을 배우고 매료되어 지금까지 추구하는 뉴 노르딕 퀴진은 지역에서 구할 수 있는 친근한 식재료 위주로 조리한다. 지역에서 쉽게 구하는 식재료 중 제철 맞은 것이 무엇이고, 어떻게 사용하면 좋으며, 어떻게 담아낼 수 있는지 대중에게 표본을 보여주는 것이 셰프의 역할이라고 생각한다. 이런 자연스러운 교감을 통해 제철 식재료를 알고 이로써 개개인이 미식의 즐거움을 발견한다면 멀리서 온 식재료, 시설에서 냉난방해가며 기른 식재료를 소비하는 걸 줄일 수 있을 것이다. **마지막으로 일상에서 기후에 부담을 덜 줄 수 있는 생활의 지혜 한 방울만 달라** 당연히 버리던 부위도 요리해서 먹어보려 노력하는 것. 예를 들어 채소를 살 때 잎은 데치거나 무치고, 꽃은 소금이나 식초에 발효하고, 줄기는 짓이겨 오일을 짜 쓰는 등 전체를 먹는 연습을 하면 생산과정에서 소비되는 부위를 제외하고 버리는 관습도 점차 사라질 것이다.

정혜민 셰프
Add. 서울 강남구 선릉로132길 27
Tel. 0507-1300-5299
Sns.@b3713_cheongdam

Z&T at 제스트

칵테일 소개해줘 진토닉. 제스트 Zest의 첫 글자를 따 Z로 바꿨다. **아, 진에 토닉워터를 배합한 진토닉? 너무 단순한 칵테일인데, 어떤 측면에서 기후에 부담을 덜 주는가** 그렇게 간단하면 좋겠지만, 우리는 진과 토닉워터를 매장에서 직접 만든다. **아니 왜** 바텐더로 다년간 일하며 마감할 때마다 쓰레기를 보며 회의감과 죄책감을 많이 느꼈다. 토닉워터, 탄산수 등의 캔에 든 음료를 보통 칵테일 하나 만들 때마다 딴다. 그리고 남은 음료를 버리고 캔도 버린다. 그 양이 엄청나다. 내 죄책감을 가볍게 하기 위해서라도 지속 가능성, 제로 웨이스트의 도입이 시급해 느꼈다. 제스트를 오픈하면서는 웬만한 재료는 매장에서 직접 만들어 쓰려 한다. **우와, 토닉워터를 어떻게 만드나** 시행착오를 엄청 많이 겪었다. 칵테일에 활용할 시트러스를 착즙한 후 껍질을 끓여 시트러스 스톡을 만든다. 그것과 농장에 가서 직접 따 온 허브, 그리고 마지막으로 토닉워터에 특유의 쌉쌀한 풍미를 더하는 퀴닌을 대체할 약재를 넣고 만든다. 퀴닌이 수입되지 않아 이를 대체할 재료를 찾아 한참 헤매다가 경동시장에서 엇비슷한 풍미의 약재를 찾았다. 이들 재료에 물을 섞어 냉각한 후 주문과 동시에 탄산을 주입해 쓴다. **와, 진짜 노동집약적이다. 그렇게 해서 얻는 효과는 뭔가** 그만큼 토닉워터 캔 쓰레기를 줄일 수 있다. 토닉워터가 배송되는 과정에서 지구에 찍히는 탄소 발자국도 줄일 수 있다. 버려지는 엄청난 양의 시트러스 껍질도 활용하고, **옆에 있는 다른 칵테일은 뭐냐** 아니, 아직 진 만드는 얘기를 안 했다. 시중에서 판매하는 진에 제철 과일과 허브를 넣고 재증류한다. 바에서 쓰는 허브 또한 처음에는 배송시켰더니 플라스틱 쓰레기가 너무 많이 나와 남양주에 있는 농장에 가서 직접 따 온다. **그야말로 계절의 정수를 담되 플라스틱은 없는 칵테일이네. 다음 칵테일도 설명해달라** '시티 비즈니스'다. 비즈니스는 전 세계 어느 바에 가도 마실 수 있는 클래식 칵테일로 진, 레몬, 꿀 세 가지 재료로 만든다. 진은 역시나 제스트에서 직접 재증류한 것을, 레몬 대신 각종 시트러스를 착즙하고 남은 껍질을 끓여 만든 시트러스 스톡을 쓰며, 거기에 서울에서 활동하는 도시 양봉가로부터 직접 받은 꿀을 활용한다는 의미에서 비즈니스 앞에 시티를 붙였다. **칵테일 하나하나 주옥같다. 그렇다면 집에서 기후에 영향을 덜 주는 동시에 술을 음미할 수 있는 방법도 알려달라** 이건 고급 기술인데 바 얼음처럼 크고 불순물 없이 투명한 얼음을 만드는 법을 알려주려 한다. 집에서 직접 얼음을 얼려 먹는 재미를 알면 시중에 파는 얼음을 사며 생기는 쓰레기나 탄소 발자국을 줄일 수 있다. 또 냉동고는 채울수록 에너지 효율이 높아진다. 큰 반찬통에 물을 붓고 뚜껑을 덮지 않은 채 서서히 얼리면 크고 투명한 얼음 덩어리를 만들 수 있다. 그것을 칼로 원하는 사이즈로 잘라 쓰면 홈텐딩에 재미 요소를 더할 수 있다.

우성현 바텐더
Add. 서울 강남구 도산대로55
길 26
Tel. 010-3177-8801
Sns. @zest.seoul

비건 베일리스와 나물 안주 at 하울인더바

칵테일 소개해줘 비건 베일리스다. 비건 칵테일 하면 과일 위주의 질감이 가볍고 산뜻한 음료를 떠올리는 편견을 깨고 싶었다. 그래서 크림 리큐어인 베일리스를 제인슨 위스키에 코코넛밀크, 비건 초콜릿, 커피, 설탕, 시나몬 등을 넣어 끓인 후 냉장고에 넣고 며칠 숙성해 비건 버전으로 만들었다. 물론 제임슨 위스키는 청징 과정에서 동물성 재료를 사용하지 않은 100% 비건 술이다. 그 위에 흑임자 페이스트와 흑임자 가루, 허브를 올린다. 달큰하고 고소하면서도 유청이 들어가지 않아 텁텁하지 않은 게 특징이다. 꼭 비건이 아니더라도 주문할 정도로 인기 있다. **바에 웬 나물 안주인가 싶다** 식물성 식재료로 만든 안주를 내고 싶다는 욕심이 늘 있었다. 그중에서도 한국인으로서 최고의 안주는 나물이라고 여겨왔다. 특히 하이볼이나 위스키에 나물은 국룰이라 생각한다. 그래서 언젠가 나물 안주를 내는 바를 열고 싶었다. 그런데 올 초부터 함께 일하게 된 지빈 바텐더의 어머니가 농사를 짓는다고 했다. 그것도 경운하지 않는 자연 농법으로. 지빈 씨한테 부탁해 어머니가 직접 키워 조리한 나물을 공수받기로 했다. 그렇게 '우물우물하울 나물' 메뉴가 탄생했다. **오, 무경운 자연 농법으로 농사 짓는거냐** 40여 년 동안 화학비료, 농약 등을 일체 사용하지 않은 청정 밭이다. 유기농 곡물을 먹인 닭의 분뇨를 자연 거름으로 쓰며, 나물을 양념할 때 쓰는 장들도 지빈 씨 어머니가 직접 담근다. **진짜 귀한 나물이다. 안주 먹는 맛에라도 바에 와봐야겠다** 나도 그렇게 생각한다. 시설 재배하지 않기 때문에 매주 나물이 다르다. 수요일마다 나물이 올라오면 바텐더들끼리 맛보고 어울릴 만한 칵테일을 추려낸다. 그리고 목요일부터 그 칵테일 위주로 손님들에게 추천한다. **동물성 식재료를 쓰지 않은 데다가 바에서 직접 조리한 칵테일에 무경운 자연 농법으로 기른 나물 안주라니 그야말로 환상의 기후 술상이다** 그래서인지 환경에 관심이 많거나 비건인 단골손님이 많다. 그외 기후에 부담을 덜 주기 위해 노력하는 부분이 있나 빨대, 랩, 지퍼백, 클린백 등을 일체 쓰지 않는다. 바텐더들이 처음에는 다 당황한다. 그런데 금방 적응한다. 한번 적응하면 더 이상 불편함을 못 느끼고. **마지막으로 집에서 기후 걱정 덜 하며 칵테일을 음미할 수 있는 팁을 공유해달라** 술은 주로 곡물과 과일, 채소, 허브로 만들기 때문에 식물성이라고 여기는 경우가 많다. 하지만 많은 술이 불순물을 제거하는 마지막 청징 과정에서 동물성 식재료를 쓴다. 우유의 카세인이나 달걀흰자 등 동물성 단백질을 이용해 불순물을 응고시켜 분리한다. 그런데 간혹 청징 과정에서 동물성 식재료를 쓰지 않은 술들이 있다. 비건 베일리스의 베이스로 활용한 제임슨이 그렇고, 골드 오브 모리셔스도 100% 식물성 럼이다. 바에서 많이 쓰는 티오 페페 피노 셰리도 100% 식물성으로 칵테일 만들 때 써도 좋지만, 그냥 와인처럼 마시거나 얼음 넣고 희석해 마셔도 좋다. 활용도가 높아 집에 한 병쯤 쟁여놓으라고 추천하고 싶은 술이다.

김요한 바텐더
Add. 서울 마포구 동교로38길 33-15
Tel. 0507-1337-1913
Sns. @howl_in_the_bar

ANATOMY OF A BURGER

그 흔한 햄버거에 대한 고찰
햄버거가 식탁에 오르기까지

햄버거는 현대인의 기호이자 세계화의 상징이며, 모더니티의 유산이면서 패스트푸드의
아이콘이다. 이렇게 많은 의미가 담긴 음식인 만큼 전 세계에서 햄버거가 소비되는 양은 실로
어마어마하다. 실제로 한국맥도날드의 지난해 매출은 1조 원에 육박했다.
오늘날 전 세계인의 식탁에 오르는 햄버거를 기후 위기 관점에서 살펴볼 필요가 있다.

LIFESTYLE   WRITER. Dami Yoo

CO₂
2.99kg

BREAD
40g / 0.04kg

TOMATO
20g / 0.07kg

LETTUCE
20g / 0.04kg

PATTY
100g / 2.35kg

CHEESE
40g / 0.49kg

비건 소사이어티의 탄소 배출 계산기를 통해 도출해낸 탄소 배출량.
계산기에 따라 많게는 **9.73kg**이 도출되기도 한다.

탄소 버거

햄버거는 빵, 고기, 채소, 치즈가 조화를 이루고 색깔마저 다채롭다. 두 손으로 잡고 한 입 가득 베어 물어 꾹꾹 씹으면 육즙이 촉촉하게 배어 나올 때 은은한 미소가 함께 번지면서 어느덧 허기 진 배도 포만감으로 차오른다. 간편하고 저렴하기까지 하며, 바쁠 때마다 자연스럽게 생각나는 훌륭한 음식이다. 우리가 이렇듯 애정을 쏟는 햄버거는 과연 우리 식탁에 오르기까지 얼마만큼의 온실가스를 배출하고, 얼마나 많은 탄소 발자국을 지구에 남겼을까? 탄소 계산기를 두드려 오늘 우리가 먹은 햄버거가 기후에 미친 영향을 알아보자. 미국의 채식주의 커뮤니티 '비건 소사이어티'가 제작한 탄소 계산기에 따르면 햄버거 한 개가 지구에 남긴 온실가스는 총 2.79kg. 고작 220g 무게의 햄버거를 만들기까지 10배가 넘는 온실가스를 배출한 것이다. 그리하여 우리는 지금의 버거를 '탄소 버거'라 부르기로 했다.

패티 100g당 2.35kg

패티는 햄버거의 중심이자 핵심이다. 온실가스 배출량에서도 그 묵직한 존재감을 드러낸다. 비건 소사이어티가 개발한 탄소 발자국 계산기로 계산해보면 소고기는 100g당 2.35kg의 온실가스를 배출한다. 우리가 일주일에 한 번꼴로 햄버거를 먹을 경우, 햄버거에 든 소고기 패티로 인해 발생하는 온실가스가 해마다 141kg에 이르는 셈이다. 이는 휘발유 자동차로 1만4000km 거리를 이동한 것과 같은 온실가스 배출량이다. 참고로 1만4000km는 인천에서 하와이 호놀룰루를 왕복한 거리에 해당한다. 또한 '물 탄소 발자국 네트워크(Water Footprint Network)'는 10억kg의 소고기를 생산하는 데 485억 리터 이상의 물이 필요하다고 분석했다. 이 추정치는 소가 먹는 작물을 기르는 데 필요한 물의 양과 소가 마시는 물의 양을 합친 것이다. 계산해보면 100g의 소고기 패티를 얻기 위해 48.5리터보다 많은 양의 물이 낭비된 셈. 전 세계 곳곳에서 물이 부족해 물을 많이 쓰면 세금을 물리고, 정부가 개인의 머리 감는 횟수까지 제한하는 이때 소고기 패티가 지구에 남긴 물 발자국은 더 크고 무겁게 느껴지는 것이 사실이다.

빵 40g당 0.04kg

패티와 채소를 든든하게 받쳐주고 덮어주는 빵, 번은 햄버거를 완성해준다. 40g의 번을 생산하는 과정에서 발생하는 온실가스는 0.04kg. 빵은 밀을 재배해 가루로 만들고 그것을 또 반죽해 굽는 전 과정에서 환경에 큰 영향을 미친다. 밀 재배에는 막대한 토지 개간과 비료 사용이 수반되는데, 이는 땅의 생명력을 잃게 하는 요인이다. 또 밀을 말려 빻아 만든 밀가루는 사실 가공식품에 해당한다. 번을 만드는 데 수입 밀가루를 사용할 경우 국내산 밀가루를 활용하는 것과 비교했을 때 16배에 달하는 탄소가 발생한다. 우리나라 밀의 자급률은 현재 0.8%다. 우리가 먹은 버거의 번이 국내산 밀가루로 만들었을 가능성은 아무래도 희박해 보인다. 점점 쌀 소비량보다 빵 소비량이 늘어가는 오늘날, 현대인의 식습관과 함께 밀가루 수입량 또한 증가하고 있다. 2019년 프랑스에서 수입한 밀가루는 총 2804톤을 기록했다. 이는 2015년보다 2배 이상 늘어난 수치다.

탄소 버거

치즈 40g당 0.49kg

햄버거 한 개에 들어가는 20g의 치즈는 0.49kg의 온실가스를 배출한다. 적은 양이라고 여긴다면 그야말로 오산. 치즈는 소고기와 양고기의 뒤를 잇는 온실가스 배출 3위 식품이다. 1kg의 치즈 한 덩어리를 생산하기 위해서는 약 10배의 우유가 필요하고, 약 5000리터의 물이 필요하다는 사실을 기억해야 한다. 우유를 생산하는 젖소가 내뿜는 메탄가스, 방목형 젖소를 위한 토지 이용 면적을 헤아려보면 치즈 한 장을 얻기 위해 얼마나 많은 기후 자원이 소비되고 있는지 알아차릴 필요가 있다. 아울러 치즈의 온실가스 배출량 추정치를 통해 여전히 탄소 계산기가 정교하지 못하다는 사실도 알 필요가 있다.

포장 1회 0.1kg

프랜차이즈 매장에서 햄버거 한 세트를 포장 주문하면 종이에 싼 햄버거와 일회용 컵에 담은 음료와 빨대, 사이드 메뉴를 제공한다. 이때 사용하는 포장재는 기름과 열에 강한 소재를 사용하는데, 재활용·재사용은커녕 자연환경에서도 분해되지 않아 환경에 악영향을 끼친다. 그뿐만 아니라 신체의 면역 체계를 약화시키고 호르몬을 변화시키는 성분까지 함유해 높은 위험성에 대한 조치가 요구되고 있다. 국내외 프랜차이즈 브랜드는 이 포장재를 단계적으로 퇴출하기로 했지만, 배달 음식에 대한 수요가 높아진 만큼 일회용기와 포장재 사용은 줄어들지 않고 있다.

햄버거 1개의 탄소 배출량(비건 소사이어티의 탄소 배출 계산기 기준)

PATTY	패티	100g	2.35kgCO$_2$e
BREAD	빵	40g	0.04kgCO$_2$e
CHEESE	치즈	40g	0.49kgCO$_2$e
LETTUCE	양상추	20g	0.04kgCO$_2$e
TOMATO	토마토	20g	0.07kgCO$_2$e
HAMBURGER	햄버거	1ea	2.99kgCO$_2$e

기후 버거

지금까지 우리가 먹은 햄버거는 어쩌면 아마존을 착취해 얻은 즐거움일지 모른다. 이제부터는 행동의 변화로 일어나는 기후 전환의 기쁨을 즐길 때다. 식물성 식재료로 만들어 또 다른 맛과 특별한 의미를 지닌 기후 버거는 어떤가? 지역에서 생산한 식재료를 고르는 습관은 지속 가능한 식사의 첫걸음이며, 두부와 채소로 만든 패티는 우리 몸에도, 지구에도 이롭다. 우리는 지금까지 쉽고 빠르고 간편한 것을 추구하다가 기후 위기 시대에 봉착했다는 사실을 기억해야 한다. 기후 버거라면 슬로푸드가 될 수 있고, 지역의 테루아를 반영할 수 있으며, 뜨거워지는 지구를 식힐 수 있다. 탄소 버거는 내려두고 기후 버거를 주문해야 할 이유는 차고 넘친다.

두부와 채소로 만드는 패티 -2.28kg

두부에는 여덟 가지 필수아미노산을 포함하는 단백질 성분이 들어 있다. 햄버거의 소고기를 두부나 채소로 대신한다면 탄소 발자국을 33배 줄이고 영양까지 듬뿍 챙길 수 있는 것. 부추, 버섯, 타임, 두부, 케일, 검은콩 등으로 비건 패티를 만들어보자. 인터넷에 무수한 레시피가 올라 있으니 검색창에 '비건 버거 레시피'를 입력해보도록. 버거의 패티를 바꾸는 것이 아주 사소한 일 같지만 이런 작은 변화로 엄청나게 많은 양의 탄소 발자국을 지울 수 있다는 점을 기억하자. 무엇보다 당장 실행에 옮길 수 있는 기후 행동이라는 사실이 매력적이다. 그럼에도 여전히 동물성 패티 없는 버거가 영 아쉽고 서운하다면 재료를 소고기에서 닭고기로 바꾸는 것 또한 그나마 괜찮은 대안이다. 닭고기 살 100g에 해당하는 온실가스 배출량은 0.67kg으로 소고기보다 1.68kg이나 줄일 수 있다.

무농약·유기농·국내산 밀가루 -0.01kg

빵이 우리 식탁에 오르기까지 가장 많은 탄소 배출이 이뤄지는 단계는 바로 농사이며, 그다음은 유통이다. 질소비료를 사용했는지, 얼마나 먼 곳에서 왔는지를 따져보자. 질소비료는 아산화질소 배출과 수질오염의 주범으로 지목되는 기후 악당이라는 점이 명백히 밝혀졌다. 그리고 국내산 밀이 376km 떨어진 해남에서 서울로 올라왔을 경우 발생하는 온실가스가 16g에 불과한 반면, 미국산 밀의 경우는 2만96km나 이동해야 하므로 온실가스 배출량이 무려 246g으로 증가한다. 질소비료 없이 자란 유기농 밀가루에 이동 경로가 적은 국내산 밀가루로 만든 빵을 고르는 게 기후에 이롭다. 물론 국내산 밀가루가 수입산보다 비싸지만, 소비자가 국내산 밀가루를 많이 찾아야 농부들이 밀을 더 적극적으로 심어 가격 경쟁력을 갖출 수 있을 것이다.

식물성 치즈 -0.4kg

치즈는 같은 양의 돼지고기를 생산하는 것보다 훨씬 더 많은 탄소를 배출한다는 사실을 알아두자. 치즈를 만드는 과정을 살펴보면 이해하기 쉽다. 우선 1kg을 숙성하기 위해 최대 10리터의 우유가 필요하다. 또한 소젖으로 만드는 만큼 소가 배출하는 메탄가스양을 고려할 수밖에 없다. 따라서 식물성 치즈를 시도해보는 것은 어떨까? 코코넛 오일, 쌀, 캐슈너트로 만든 치즈는 일반 동물성 치즈보다 50% 적은 탄소 배출 효과가 있다. 물론 치즈 맛을 100% 재현했다고 하긴 어렵겠지만, 버거에 넣어 먹었을 때는 여러 재료에 섞여 제법 그럴싸한 역할을 해낸다.

무가온 지역 토마토 -0.01kg

햄버거를 구성하는 식재료 중 토마토는 이상기후로 인해 가장 먼저 사라질 위기에 처한 채소다. 실제로 지난해 미국 토마토 생산 농가의 수확량은 10% 줄어들었다. 따라서 농가에서는 토마토 생산량을 늘리기 위해 시설에서 열을 가해 재배하는 경우가 점점 늘어나고 있다. 문제는 난방 혹은 냉방을 위해 활용하는 전력 대부분이 화력에너지라는 사실이다. 가온 재배한 토마토의 경우 100배 많은 탄소를 배출한다는 점을 기억할 필요가 있다. 가까운 지역에서 제철에 인위적 열을 가하지 않고 키운 토마토를 골라야 한다. 만약 지역에서 가온 재배한 토마토와 먼 곳에서 무가온 재배한 토마토가 있다면 차라리 후자를 선택하는 것이 기후에 이롭다. 현명한 소비는 분명 기후를 바꿀 수 있다.

콜라 제외 -0.04kg

탈탄소 솔루션 기업 '카본 트러스트 Carbon Trust'의 연구에 따르면 330ml 용량의 콜라 한 캔을 만들기까지 0.17kg의 탄소가 발생한다고 한다. 특히 코카콜라는 제품을 생산·포장·운송·폐기하는 전 과정에서 엄청난 양의 온실가스를 배출하는데, 그중 가장 많은 비중을 차지하는 것은 포장 용기를 만들고 버려진 용기를 폐기하는 과정이다. 따라서 콜라를 그리 좋아하지 않으면서 버거를 먹을 때 습관적으로 주문했다면 이제부터는 과감히 콜라는 거부해보자. 만약 콜라를 주문했다면 콜라병과 캔은 꼭 재활용이 가능하도록 세척해 분리배출하는 것도 충분히 가치 있는 행동이다.

기후 버거

비건 버거 대표 레시피	렌틸콩으로 만드는 기후 버거

INGREDIENTS

재료(4인 기준)
번 4개, 렌틸콩 128g, 버섯 80g, 마늘 4쪽, 양파 1/2개, 당근 2개,
토마토 1개, 양상추 4장, 빵가루 1½작은술
버진 올리브유 1작은술, 소금·후춧가루·토마토케첩 약간씩

RECIPE

1. 렌틸콩은 끓는 물에 삶은 뒤 물기를 뺀다.
2. 토마토와 양상추를 제외한 채소는 각각 작게 다진다.
3. 프라이팬에 올리브유를 두르고 마늘과 양파가 노릇해질 때까지 볶는다.
4. 당근과 버섯을 넣고 살짝 볶는다.
5. 렌틸콩을 넣고 소금과 후춧가루로 간을 맞춘다.
6. 마지막으로 빵가루를 넣고 약한 불에서 재료들을 골고루 섞는다.
7. 반죽에 약간의 끈기가 생기면 그릇에 옮겨 담아 식힌다.
8. 식힌 반죽으로 패티 모양을 잡는다.
9. 번에 토마토와 양상추, 패티를 올리고 토마토케첩 등 원하는 소스를 뿌려 완성한다.

TIP

렌틸콩은 수입산이므로 국내산 대두로 대체할 경우 더 많은 탄소 발자국을 지울 수 있다.

식물성 햄버거 1개의 탄소 배출량(비건 소사이어티의 탄소 배출 계산기 기준)

TOFU	두부	50g	0.07kgCO$_2$e
VEGETABLE	지역 채소	70g	0.44kgCO$_2$e
BREAD	무농약·유기농·국내산 밀가루 빵	40g	0.03kgCO$_2$e
CHEESE	식물성 치즈	40g	0.09CO$_2$e
TOMATO	무가온 지역 토마토	20g	0.06kgCO$_2$e
HAMBURGER	햄버거	1ea	0.69kgCO$_2$e

CARBON FOOTPRINT CALCULATOR

내가 먹은 음식의 탄소 배출량 구하기

당신이 먹은 것을 말해보라. 그러면 당신이 기후 위기에 얼마만큼 기여했는지 알려주겠다. 기후 위기 시대에는 무엇을 먹었는지보다 먹은 것이 얼마나 환경에 영향을 미치는지 아는 것이 중요하다. 소비가 기후를 전환하고, 한 끼 식사가 기후 위기를 극복할 수 있는 솔루션이라는 사실에 동의한다면 이제 음식의 온실가스 배출량을 꼼꼼히 따져보는 것부터 시작하자. 이를 위해 국내외 많은 기관에서 소비자가 스스로 탄소 배출량을 확인할 수 있도록 탄소 계산기를 제작했다. 재미도 있고 경고도 있는 탄소 배출 계산기. 자, 그럼 이제 당신이 먹은 것을 말해보라.

양식
부문
TOP

비건 소사이어티

탄소 식품 계산기, 네가 먹은 것 하나하나를 알려줄게

비건 소사이어티는 1944년 설립한 채식주의 커뮤니티다. 웹사이트를 방문하면 채식 전환을 위한 자료와 레시피가 가득하다. 이곳에서 제작한 탄소 식품 계산기는 식재료의 카테고리와 종류를 다양하게 선택할 수 있는 방대한 양의 데이터베이스가 장점이다. 당신이 오늘 먹고자 하는 음식에 들어가는 식재료를 각각 기입하고 계산해보면 한 끼 식사가 온실가스 배출에 얼마나 기여했는지 명확하게 알 수 있다.

assets.plateupfortheplanet.org/carbon-calculator

한식
부문
TOP

한국일보 한끼밥상

한식으로 차려보는 기후 밥상

자신이 섭취한 음식을 클릭해 식탁에 차려놓으면 한 끼 식사에 얼마만큼의 온실가스를 배출했는지 알려준다. 햄버거 세트 하나를 클릭했더니 3.7kg의 온실가스를 배출했다는 결과를 보여준다. 이렇게 배출된 온실가스를 흡수하기 위해 소나무 0.6그루가 필요하다는 점도 덧붙인다. 햄버거, 피자 정도의 양식 메뉴가 있긴 하나 대부분 한식 위주의 음식과 반찬이 아기자기한 일러스트로 표현된 점이 인상적이다. 생태찌개, 설렁탕, 해물칼국수 등 헤아리기 어려울 정도로 다양한 한식 메뉴를 보유한 것이 가장 큰 장점이다.

interactive.hankookilbo.com/v/co2e/

기후 위기
인식 부문
TOP

하버드대학교

탄소 발자국 계산기, 당신의 식습관이 야기하는 기후 위기

하버드대학교에서 제작한 이 탄소 발자국 계산기는 3단계 테스트를 통해 당신의 식습관이 환경에 미치는 영향을 알려준다. 일주일에 평균 동물성 식품과 식물성 식품을 얼마나 소비하는지 빈도를 입력하면 연간 환경 영향 수치를 명료하게 보여준다. 결과에는 이러한 식습관이 얼마만큼의 탄소·질소·물 발자국을 남기는지, 이 탄소 배출량이 얼마만큼의 휘발유를 태우는 것과 맞먹는 양인지, 그로 인해 극지방에서 어느 정도 면적의 얼음이 녹는지 불편할 정도로 상세히 알려준다.

harvard-foodprint-calculator.github.io

탄소 발자국 계산기

BBC 기후변화 식품 계산기

1년 동안 먹은 햄버거로 얼마큼의 비행을 할 수 있을까?

음식별 일주일 섭취 빈도를 기입하면 탄소 배출량과 함께 다른 영역에서 미치는 환경 영향을 알아보기 쉽게 전달한다. 단점은 다양한 데이터베이스가 마련되어 있지 않다는 것. 그러나 그만큼 명쾌한 해석을 제공한다는 것이 장점이다. 이를테면 매일 치즈를 먹는 사람은 연간 352kg의 온실가스를 배출하는데, 이는 휘발유 자동차를 1447km 운전하는 것과 같으며, 1272번 샤워할 수 있는 양의 물을 소비한다는 점을 알려주며 식습관에 대한 경각심을 일깨워준다.

bbc.com/news/science-environment-46459714

야이지

일거수일투족을 기록하는 나의 온실가스 배출량

야이지는 은행 계좌를 연동해서 소비한 내용에 따른 기후 영향을 실시간으로 추적해주는 서비스다. 또 식료품 구매, 이동 수단과 이동 거리 등 유저의 지출과 행동을 분석해 더 나은 행동과 소비를 유도하기도 한다. 근처의 친환경 소매점을 소개하거나, 탄소 발자국을 줄일 수 있는 팁을 제공하는 식이다. 현재 유럽 및 아메리카 주요 도시의 은행 계좌만 등록할 수 있지만, 모두에게 필요한 서비스가 아닐까.

yayzy.com

도코노미

기후 위기 시대를 위한 본격 소비 지양 신용카드

스웨덴 핀테크 기업 도코노미 Doconomy가 만든 신용카드는 탄소 배출량을 추적하고, 기후에 미치는 영향이 일정 수준에 도달하면 카드 사용이 중지된다. 만약 고깃집에서 거하게 먹고 이 카드로 계산하면 이른바 탄소 발생 한도가 확 줄어든다. 소비를 종용하는 신용카드가 아니라 소비를 멈추게 하는 신용카드라는 점은 기후 위기 시대에 걸맞은 발상이 아닐까. 우리의 통장 잔고만큼이나 지구와의 신뢰 잔고를 살펴야 할 때라는 점을 말해준다.

doconomy.com

ALL-ROUND CLIMATE GOURMET GUIDE

장보기부터 설거지까지
올라운드 기후식 가이드

밥상은 뚝딱 완성되지 않는다. 식사를 즐기는 순간은 찰나이지만, 식재료를 구입해 손질하고 조리해 밥상을 차리는 과정과 식사 후 설거지하고 쓰레기를 분리배출하는 과정을 계산하면 도합 수 시간이 소요된다. 만약 전후 과정을 생략한 채 식탁 위 탄소 배출량에만 신경 쓴다면 그것은 진정한 기후식이라고 할 수 없다. 소비자로서 우리가 기후식을 위해 할 수 있는 선택들을 소개한다. 이대로 실천한다면 비로소 기후 위기 시대의 진정한 '쩝쩝 박사'가 될 것.

LIFESTYLE   WRITER. Youngin Won

ROUND 1

ROUND 2

ROUND 3

1. 냉장고 속 식품 구출하기

불필요한 식량 소비가 기후 위기를 불러온다. 갖고 싶은 것보다 가진 것부터 소비하는 것이 진정 우리를 위한 일. 냉장고를 채운 재료 목록을 적는 것은 지금 가진 것과 당장 소비해야 할 것을 파악하는 첫걸음이다. 먼저 냉장고 위치별로 보관하고 있는 식재료를 기록한다. 재료의 양, 유통기한을 구체적으로 적어두면 우선적으로 소진해야 할 재료가 한눈에 들어온다. 목록을 눈에 잘 띄는 곳에 붙여놓으면 메뉴 선정할 때 영감을 주고, 재료를 사용할 때마다 목록에서 지워나가는 과정을 통해 자신의 식습관을 파악할 수 있다. 또 냉장고 문을 연 채 뭘 꺼낼지 고민하거나 재료를 찾느라 낭비하는 전력을 아낄 수 있다. 귀찮고 골치 아프다고? 그런 당신을 위해 냉장고 매니저 역할을 해줄 앱도 있다.

유통기한 언제지 구매한 식품을 바코드 스캔, 영수증 촬영 등의 방법으로 쉽게 등록하고 관리할 수 있다. 유통기한이 임박하면 알림이 울린다.

2. 일주일 치 식단 짜기

집에 있는 재료를 바탕으로 메뉴를 정하면 새로 구입할 재료를 추산할 수 있다. 메뉴를 짤 때는 아예 일주일 치 식단을 계획한다. 식재료 활용을 높이고 포장 낭비를 막을 수 있는 방법이다. 대부분의 식재료는 대량으로 살 때 시간과 비용은 물론이고 포장을 줄일 수 있다. 예를 들어 마트에서 손질된 대파 한 팩을 사면 한두 번 정도 먹는 데 그친다. 하지만 비슷한 가격의 대파 한 단을 사서 잘 다듬은 후 냉장 보관하면 한 달 이상은 활용할 수 있다. 한 주 동안 먹을 음식 계획에 맞춰 구입한 재료를 미리 손질해 소분하면 조리 시간도, 음식물 쓰레기도 줄일 수 있다. 식단을 구상할 때는 생선이나 고기 등 빨리 상하는 식품을 먼저 소비하도록 짠다.

3. 밥상 탄소량 계산하기

칼로리를 알 때와 모를 때 우리가 선택하는 메뉴는 달라진다. 음식의 탄소 배출량을 계산해보자는 주장이 나오는 것도 같은 맥락에서다. 탄소 배출량을 알고 나면 육류나 생산·유통 과정이 복잡한 식단에 아무래도 손이 적게 간다. 최소한 같은 값과 조건이라면 저탄소 음식을 선택할 것이다. 한국일보에서 제작한 '한끼밥상' 탄소 계산기는 메뉴별로 발생하는 온실가스의 양을 자동차와 비교해 경각심을 높이며, 원하는 식단 구성에 따라 탄소 배출량을 즉석에서 계산해준다. 일일이 외울 필요 없이 메뉴별로 배출량을 비교할 수 있어 좋다. 참고로 계산기에 따르면 소고기뭇국은 북엇국의 7배, 불고기는 제육볶음의 13배나 탄소 배출량이 많다.

4. 로컬 식재료 구입하기

같은 소고기여도 호주산의 탄소 배출량은 횡성에서 생산한 소고기의 약 75배다. 거리가 멀수록 보관을 위해 사용하는 화학물질은 물론 운송 도중 발생하는 탄소 배출량이 늘어나기 때문. 이를 푸드 마일리지라고 한다. 이런 관점에서 장거리 운송을 거치지 않은 지역 농산물을 소비하는 것이 환경에 훨씬 이롭다. 국내에서 로컬 푸드란 소비처의 반경 50km 이내에서 생산한 농산물을 말한다. 일반적 유통 경로를 거칠 경우 산지에서 식탁까지 평균 5~6일이 걸린다. 반면, 로컬 푸드는 수확에서 유통까지 24시간 이내에 이뤄져야 한다. 농가에서 직접 매일 아침 수확한 농산물을 매장으로 가져가 직접 포장하고 진열한다. 재료가 신선한 것은 물론이고 언제, 어디서, 누가 생산한 농산물인지 확인할 수 있다. 농림축산부 홈페이지에서 로컬 푸드 직판장을 안내하고 있다. 수도권에서 비정기 장터 형식으로 친환경 농가가 직접 참여하는 시장으로는 '얼굴 있는 농부시장' '농부시장 마르쉐@' '두물:물' 등이 있다.

바로정보 baroinfo.com 집 근처 로컬 푸드 직판장 찾아주는 웹사이트
농부시장 마르쉐@ @marchefriends 일정 및 장소, 인스타그램 확인
두물:물 @from_nature_to_table 매월 둘째 토요일 10~15시 양수리 북한강쉼터 아래, 마지막 주 토요일 16~20시 양평생활문화센터
얼굴 있는 농부시장 @farmers_market_eoljang 동대문 두타몰 광장, 날짜 및 시간은 인스타그램 확인

©농부시장 마르쉐

5. 계절에 맞는 식재료 선택하기

로컬 푸드를 만나는 직판장에 가면 봄에는 나물, 여름에는 배추나 상추 등의 잎채소, 가을엔 과일, 겨울엔 당근 같은 뿌리채소의 종류가 다양해진다. 지금 좋은 재료가 뭔지 모를 경우, 로컬 푸드 매장에서 주로 눈에 띄는 종류를 고르면 대부분 제철 식재료다. 제철 음식은 최적의 자연환경에서 생산되기에 당연히 맛과 영양 면에서 뛰어나다. 무엇보다 억지로 생장 환경을 유지하기 위해 화석연료를 사용할 필요가 없는 만큼 가온 재배한 식품보다 탄소 배출을 획기적으로 줄일 수 있다. 사실 유통으로 인한 푸드 마일리지보다 냉난방을 해서 기른 작물의 온실가스 문제가 훨씬 더 심각하다. 또 제철 식재료 소비 습관을 통해 음식물 쓰레기를 줄일 수 있다. 지금보다 제철 식재료 소비를 2배 늘리면 식량 폐기물의 4분의 1이 줄어든다고 한다.

©농부시장 마르쉐

6. 저탄소 라벨 확인하기

식품에 붙은 인증은 소비자가 농축산물의 생산 이력을 알 수 있는 유일한 지표다. 하지만 친환경을 주장하는 라벨이 조금씩 달라 과연 믿어도 될지 늘 고민이 뒤따른다. 그중 꼭 알아야 할 라벨 몇 가지만 소개한다. '유기농'과 '무농약'은 농약과 화학비료 사용 비율에 따른 인증이다. '유기농' 인증은 농약과 화학비료를 일체 사용하지 않고 재배한 농산물에만 적용된다. 한편, '무농약'은 농약은 사용하지 않지만 화학비료는 추천 시비량의 3분의 1 이하로 투입한 농산물을 말한다. 그러나 이러한 인증이 반드시 기후 친화적이라고 단언할 수는 없다. 농약과 화학비료 외에 가온 재배나 기계를 사용할 때 발생하는 온실가스까지 추산하지는 않기 때문. 이 점을 고려해 '저탄소' 인증에 주목해야 한다. 생산 과정에서 발생하는 이산화탄소를 줄인 농산물을 알려주는 인증 마크다. 저탄소 기술을 적용해 온실가스 배출량을 4.24%까지 감축한 제품을 뜻한다. 많은 인증제가 그렇듯 여전히 허점이 많지만, 첫술에 배부르지 않으니 저탄소 인증제가 제대로 작동할 수 있도록 관심을 가지고 지켜봐야겠다.

7. 못난이 농산물, 오히려 좋아

마트나 시장에서 만나는 농산물은 크기나 모양이 대부분 일정하다. 작은 상처도 찾아보기 힘들다. 하지만 텃밭을 가꿔봤거나 친환경 농법의 과수원에 가봤다면 열매나 채소의 모양이 얼마나 다양한지 알 터. 그렇다면 우리가 밭에서 본, 규격이 일정치 않은 작물은 어디로 간 것일까? UN식량농업기구는 연간 발생하는 음식물 폐기량 13억 톤 가운데 생산과 유통 과정에서 65%가 발생한다고 발표했다. 소비자의 선택을 받기도 전에 유통 과정에서 절반 이상이 버려진다는 얘기다. 먹지도 않을 농산물을 폐기하는 데 드는 비용과 온실가스, 거기에 생산을 위해 소비한 물과 비료 그리고 노동력까지 따지면 기후 위기는 물론 식량 위기를 논하는 것 자체가 어불성설이다. 문제는 소비자가 폐기 농산물을 줄일 방법이 많지 않다는 것. 그렇다고 아예 방법이 없는 건 아니다. 유통 과정에서 탈락한 못난이 농산물을 판매하는 곳을 소개한다.

어글리어스 uglyus.co.kr 친환경 못난이 농산물을 정기 배송하는 구독 플랫폼. 구독료에 따라 매월 7~9종의 채소를 배송한다.

비굿 bgood.co.kr 외식업체와 식품가공업체 등을 대상으로 직거래하는 B2B 플랫폼. 농작물은 물론 수산물과 축산물도 판매한다.

8. 제로 웨이스트는 전통 시장에서

장바구니 사용이 일반화했지만 여전히 마트에서 장을 보면 플라스틱 쓰레기 한두 개쯤은 본의 아니게 이용할 수밖에 없다. 고기는 손질해 팩에 담겨 있고, 대부분의 채소 역시 비닐봉지에 개별 포장해 판매하기 때문이다. 플라스틱 쓰레기를 줄이기 위해서라면 그나마 전통 시장이 더 나은 선택이다. 2020년 '플라스틱 프리'를 외치는 활동가들의 모임 '피프리미'에서 전국 100곳의 포장 판매 실태를 조사한 결과, 대형 마트의 포장 판매 비율은 73.7%였고, 전통 시장이 가장 적은 10%였다. 하지만 전통 시장이라고 모든 곳이 비닐을 사용하지 않는 것은 아니다. 그래서 그린피스에서는 플라스틱 포장 없이 구입할 수 있는 가게들을 쉽게 찾을 수 있도록 서울을 중심으로 '플라스틱없을지도'를 만들었다. 장 볼 때 흙 묻은 채소, 무르기 쉬운 과일을 구분해 담을 수 있도록 신문지, 그물망 등을 준비하자.

플라스틱없을지도 카카오맵에 '플라스틱없을지도'를 검색해보자. 정보는 상시 업데이트한다.

9. 용기 있는 '용기내 챌린지'

이미 만든 음식 혹은 음료를 일회 용기에 포장하지 않고 가져가기란 쉽지 않다. 이런 문제의식에서 시작한 움직임이 '용기내 챌린지'. 반찬 혹은 음식을 자신의 용기에 넣어 구입하자는 운동이다. 소심하고 수줍게 시작한 '용기내 챌린지'는 현재 카페, 분식집, 음식점, 반찬 가게 등 다양한 곳에서 이뤄지고 있다. 인스타그램에 '용기내챌린지' 해시태그를 누르면 약 2만 개의 게시물이 나온다. 음식뿐 아니라 세제나 화장품을 소비자가 가져간 용기에 담아 판매하는 리필 스테이션도 마찬가지. 작은 제로 웨이스트 상점들이 독자적으로 취하던 방식이 최근 전국으로 퍼져나가 대형 마트나 브랜드 매장에도 들어서고 있다. 집을 나서기 전 챙긴 용기의 쓸모가 더욱 많아질 듯싶다.

얼스어스 카페 @earth us 연남동과 서촌에 위치한 카페. 일회용품을 일체 사용하지 않는다. 용기 없이는 테이크아웃이 불가하다.

보틀라운지 @bottlelounge_ 음료를 테이크아웃할 때 텀블러를 빌려준다. 이용 후 매장 밖 보틀 수거함에 반납할 수 있다.

아토모스 @atomos_seoul 성북동에 위치. 그래놀라, 발사믹 식초, 올리브 오일 등의 리필 스테이션을 운영한다.

알맹상점 @almang_market 다양한 식재료, 세제를 리필한다. 망원시장에서 쓸 장바구니, 용기를 빌려주는 서비스도 있다.

10. 돈이 쌓이는 탄소 중립 실천

같은 제품이라도 '친환경'이라는 수식어가 붙으면 가격이 비싸진다. 생산과 유통 과정에서 더 많은 노력이 필요한 만큼 받아들여야 할 가격이지만, 실제 구매할 때는 고민하게 되는 것도 현실. 환경부에서는 이러한 친환경 상품의 소비를 늘리기 위한 포인트 제도, 즉 탄소 중립 실천 포인트를 만들었다. 마트에서 친환경 제품 코너를 이용할 때, 리필 스테이션에서 세제나 화장품을 구입할 때, 현금으로 전환할 수 있는 포인트 2000원이 적립된다. 장을 다 본 다음 계산대에서 종이 영수증 대신 모바일 영수증을 요청할 경우에도 실천 포인트 100원을 지급한다. 장 보러 가기 전 반드시 앱을 설치하고 회원 가입을 해둘 것. 회원 가입만 해도 실천 다짐금 5000원을 제공한다.

탄소 포인트제 cpoint.or.kr

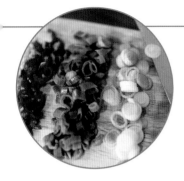

1. 버려지지 않게 배치하기

구입한 재료를 냉장고에 넣기 전 반드시 포장을 벗긴다. 포장 상태의 재료는 부피만 차지할 뿐 신선함을 오랫동안 유지하지 못한다. 고기나 대파 같은 식재료는 바로 쓸 수 있도록 한 끼 분량으로 손질해 냉장 혹은 냉동하면 버려지는 걸 대폭 줄일 수 있다. 오이나 시금치, 양배추는 신문지에 싸서 냉장고에 넣으면 한 달도 넘게 보관할 수 있다. 감자나 사과는 상온에서 통풍이 잘 되는 바구니에 함께 담아 보관하면 오래 두고 먹을 수 있다. 먹다 남은 호박이나 가지 등의 채소는 썰어 말려놓으면 국과 볶음 요리를 할 때 언제든지 활용 가능하다.

2. 물 세척으로 충분

채소나 과일은 일반적으로 흐르는 물에 세척해야 한다고 알려져 있다. 잔류 농약이 걱정스러워 여기에 베이킹소다를 사용하는 경우도 많다. 하지만 식약처에서 발표한 연구 결과에 따르면, 물에 일정 시간 담갔다가 세척하는 것만으로도 잔류 농약을 제거하는 데 충분하다고 한다. 상추나 깻잎은 5분 정도, 사과나 딸기 등의 과일은 1분 정도 담갔다가 흐르는 물에 세척한다. 파나 배추 등은 겉잎을 한 겹 떼어내고 흐르는 물에 씻는다. 물을 받아 담그는 방식으로 세척하면 흐르는 물에 씻을 때보다 물 사용량을 4분의 1만큼 줄일 수 있다.

3. 전기밥솥 대신 압력밥솥

전기밥솥은 평균적으로 밥을 지을 때 1000W, 보온할 때 시간당 100W의 전기를 잡아먹는다. 1년간 하루에 두 번씩 전기밥솥으로 밥을 짓고 10시간 가까이 보온할 경우 냉장고의 3배에 가까운 전력이 소비된다. 특히 가정에서 사용하는 주방 가전 가운데 연간 가장 많은 전기를 소비하는 것이 바로 전기밥솥의 보온 기능이다. 전기밥솥의 보온 기능을 하루 3시간만 줄이면 1인 평균 연간 61kWh의 전기를, 이산화탄소 24kg 절약할 수 있다고. 조금 귀찮아도 가장 좋은 대안은 압력밥솥으로 밥을 짓는 것. 빠른 시간에 맛있는 밥을 지을 수 있고, 남은 밥을 소분해 냉동 보관했다가 식사 전 전자레인지로 데우면 밥맛도 갓 지은 것처럼 좋다.

4. 저탄소 조리법

기후 위기 시대에 적합한 친환경 조리법은 단연 로 푸드 raw food다. 샐러드나 쌈채소같이 날 것 상태로 먹거나 통곡물처럼 화학적 가공을 거치지 않은 자연식품을 45℃ 이하의 열에서 조리해 섭취하는 방식이다. 가열을 거의 하지 않으므로 조리 과정에서 탄소 배출은 물론 영양소 파괴도 가장 적다. 로 푸드 다음으로 영양소 파괴와 탄소 배출이 적은 조리법은 증기를 이용해 찌는 것. 찜기를 여러 개 활용해 층층이 올린 후 각종 식재료를 한번에 조리하면 시간은 물론 전력도 획기적으로 줄일 수 있다. 채소를 뜨거운 물에 빠르게 데치는 나물 역시 세계적으로 주목받는 저탄소 조리법. 튀김이나 오븐 요리 등은 열에너지 사용이 많아 저탄소 조리법과는 거리가 멀다.

5. 가스레인지보다 인덕션

단순하게 물 1리터를 끓일 때 소모되는 에너지를 비교해보면 가스레인지가 승자다. 가스레인지가 공급되는 가스를 열에너지로 곧바로 사용하는 방식이라면, 인덕션 같은 전기 레인지는 1차 에너지원을 열에너지로 바꾼 뒤 또다시 전기에너지로 전환해 사용하는 방식이기 때문이다. 이때 약 60%의 에너지 손실이 발생한다. 하지만 최근 학술지 <환경과학기술 저널>에 발표된 자료를 보면, 가스레인지의 경우에는 천연가스 자체가 연소할 때 메탄이 발생하는데, 이는 불을 끈 상태에서도 배출될 가능성이 높다고 한다. 반면 전기의 경우 재생에너지로 전환이 가능하며, 인덕션은 용기에만 열이 집중되므로 주변 온도를 상승시키지 않는다. 주방 온도를 낮추기 위해 또 다른 전력을 소모하지 않는다는 얘기. 또한 최근 출시되는 제품들은 열 출력을 세분화해 조절할 수 있고 열효율성 역시 높아지는 추세다. 조리 속도와 주변 환경을 고려한 조리 과정 전체를 보면 인덕션이 탄소 중립적인 선택이다. 같은 이유로 지난해 뉴욕시는 주방에서의 천연가스 사용 금지 법안을 제정했다.

©samsung

6. 오븐보다 전자레인지

베이킹이나 음식을 구울 때 사용하는 오븐은 많은 시간을 들여 열을 내므로 주방 가전 가운데 에너지 효율이 가장 떨어진다. 따라서 양이 적거나 간단한 요리는 오븐보다 전자레인지, 토스터, 에어프라이어 등을 활용하면 에너지 사용을 반으로 줄일 수 있다. 평균적으로 1시간 조리에 사용되는 전력은 오븐은 2800W, 전자레인지는 700W, 에어프라이어는 1000W다. 냉동 피자 한 조각을 데울 때를 생각해보더라도 오븐은 예열까지 포함해 15분, 전자레인지는 5분, 에어프라이어는 10분 정도 걸린다. 그러나 오븐 가운데서도 내부에 팬이 달려 있는 컨벡션 오븐은 열을 신속하게 순환시켜 요리 시간을 줄이고, 20% 낮은 온도에서도 조리 가능해 에너지 사용을 줄일 수 있다.

7. 뚜껑 덮고 조리하기

미국 표준국 조사에 따르면, 같은 음식을 만들더라도 사람에 따라 에너지 사용량이 50% 이상 차이 난다고 한다. 요리할 때 프라이팬이나 냄비의 뚜껑을 덮는 것만으로도 조리 시간을 줄일 수 있다. 조리 시 뚜껑을 열 때마다 약 25%의 열이 빠져나가며, 다시 온도를 유지하기 위해 많은 시간과 에너지를 사용할 수밖에 없다. 또한 뚜껑을 닫고 10분 이상 요리할 경우, 조리 도구 자체에 보온 효과가 충분하기 때문에 완전히 익기 1~2분 전에 불을 꺼도 잔열로 음식을 마저 익힐 수 있다. 뚜껑의 압력이 높아 빠르게 조리할 수 있는 압력솥은 일반 냄비보다 에너지 효율이 50% 이상 높다.

8. 조리 방식에 맞는 도구 사용하기

같은 냄비라도 모양과 재질이 각기 다른 이유는 열을 전달하는 방식이 다르기 때문이다. 가령 알루미늄 냄비는 물을 빠르게 끓이고 조리 중에도 고온 상태를 유지해준다. 뜨거운 온도에서 빠르게 조리해야 하는 면 요리에 적합하다. 반면, 오랫동안 재료를 끓여야 깊은 맛이 나는 찌개나 스튜의 경우 열을 오래 보존할 수 있는 두꺼운 냄비가 적합하다. 무쇠 주물 냄비의 경우, 열전도와 열 보존이 둘 다 우수해 에너지를 절약할 뿐 아니라 영양 보존 효과도 크다. 냄비가 화구 크기보다 작을 경우 열이 주변으로 퍼져서 열효율이 40%가량 떨어진다.

©fissler korea

9. 기름을 줄여도 맛있어

조리할 때 사용하는 기름은 하수로 흘러 들어가 수질과 토양 오염을 일으킨다. 한번 하수구로 흘러 들어간 폐유를 정화하는 데는 많은 처리 공정이 필요하다. 하지만 음식에 고소한 맛을 더해주는 기름을 포기하기란 힘든 일. 맛을 보존하면서 기름을 적게 사용하는 몇 가지 팁을 소개한다. 먼저, 채소를 볶을 때 소량의 기름을 넣고 당근이나 감자 같은 딱딱한 것부터 먼저 익힌다. 볶다가 기름이 부족해 음식이 팬에 달라붙을 것 같으면 기름 대신 물을 소량 넣는다. 그러면 물이 기름 역할을 한다. 또 불고기처럼 애초에 기름이 함유된 음식은 가열 과정에서 기름이 새어 나오기 때문에 처음에 팬을 달굴 때 기름 대신 물을 써도 된다. 쓰는 기름의 양만 고려했을 때는 코팅 팬이 더 유리하다.

10. 식사이클링 레시피

자투리 재료를 다음 번 조리할 때 활용하는 차원을 넘어 아예 재료 손질 과정에서 버려지는 식재료로 음식을 만드는 '식사이클링'이 주목받고 있다. 국내에서는 <냉장고를 부탁해>를 통해 얼굴을 알린 '두레유'의 유현수 셰프가 이 운동에 앞장서고 있다. 그는 냉장고에 잠들어 있는 음식물이 기후 위기는 물론 기아를 초래하는 원인이라고 본다. "당연히 버려지는 것은 없다"고 선언한 그는 재료 손질 과정에서 불가피하게 남은 재료를 활용해 근사한 요리를 완성하는 레시피를 선보인다. 유튜브 채널 '친환경 상생 외식문화 캠페인'에서 그의 레시피를 만날 수 있다. 과일 껍질로 만든 장아찌, 나물 요리하며 남은 줄기로 완성한 드레싱, 생선 뼈로 만든 어죽 등은 무심코 버렸다면 결코 만나지 못할 미식의 즐거움을 선사한다.

1. 계속해서 쓸 수 있는 랩

남김없이 다 먹는 것이 기후식의 목표지만, 불가피하게 남은 음식을 보관할 때는 '랩'이라는 플라스틱 소재의 도움을 받아야 했다. 음식 형태에 상관없이 쓸 만큼만 뜯어 남은 식재료를 감싸거나 어떤 용기든 뚜껑으로 사용할 수 있는 편리함을 쉽게 포기할 수 없기 때문. 이 기능의 천연 대체제로 등장한 게 비즈왁스, 즉 밀랍으로 만든 랩이다. 열을 가하면 쉽게 늘어나고 접착력도 생겨 식재료를 보관하기에 용이하다. 밀랍에서 방출되는 프로폴리스가 세균 번식을 막아주니 식재료를 더 오랫동안 신선하게 보관할 수 있다. 사용 후에는 찬물에 헹구거나 행주로 닦아 다시 활용할 수 있다. 최소 반년 넘게 사용 가능하다.

2. 손 설거지보다 식기세척기

재료 세척 방식과 동일하게 사용한 그릇을 일정 기간 물에 담가두면 세척력을 높이고 물 사용도 줄일 수 있다. 그릇에 묻은 음식물을 불린 다음에 헹구면 물이 약 60%가량 절약된다. 식기세척기는 물과 전기 사용 면에서 효율적이다. 설거지할 때 사용하는 온수 때문이다. 수도꼭지에서 나오는 온수를 쓰려면 전체 물을 데우기 위해 보일러를 작동해야 하지만, 식기세척기는 필요한 물의 양만큼만 온수로 직접 가열해 사용하므로 손 설거지보다 에너지는 50%, 물은 20% 정도만 소비한다. 다만 식기세척기 사용 시에도 헹굼 대기나 사전 헹굼 기능, 열 건조 기능은 피하는 게 좋다. 세척이 끝난 뒤 문을 열어놓기만 해도 접시를 충분히 말릴 수 있다.

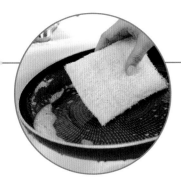

3. 열매에서 태어난 수세미와 세제

주방에서 흔히 쓰는 세제와 수세미는 인체 유해성과 수질오염, 폐기 문제 등을 안고 있으며 플라스틱과 계면활성제라는 원료 자체가 생산 과정에서 온실가스를 배출한다. 이러한 과정을 고려한다면 천연 수세미와 세제를 사용하는 것은 당연한 이치다. '수세미오이'는 흡수력이 좋고 신축성이 뛰어나 전통적으로 설거지에서 사용해온 열매다. 열매 자체에서 거품이 솟아나는 '소프넛' 역시 천연 계면활성 성분이 나오는 재료다. 둘 다 열매 자체를 자연에서 건조해 만드는 만큼 생산과정에서 자연을 해칠 일이 없으며 세척력도 뛰어나다.

4. 동물이 먹게 될 음식물 쓰레기

식사 후 남은 음식물은 모두 쓰레기지만, 이를 처리하는 방법이 제각기 달라 늘 헷갈린다. 달걀 껍질과 조개껍질, 채소 뿌리 등은 왜 음식물 쓰레기가 아닌 일반 쓰레기로 분류되는 걸까? 일일이 찾아보고 기억하기 힘들 때는 종량제 봉투에 담긴 음식물 쓰레기가 도착하는 최종 목적지를 떠올려보면 된다. 가정에서 버린 음식물 쓰레기는 세척, 탈수, 건조 과정을 거쳐 동물의 사료로 재활용된다. 그러니 동물이 먹을 수 없는 재료를 넣어선 안 된다. 뼈나 독이 있는 씨앗, 질긴 껍질, 갑각류, 캡사이신을 함유한 고추씨는 일반 쓰레기고, 식재료에 부착되어 있는 라벨이나 끈 등의 이물질은 반드시 제거해야 한다. 재활용을 위해 구동되는 기계 설비를 고장 낼 가능성이 있는 달걀 껍질이나 채소 뿌리, 일회용 티백도 일반 쓰레기로 배출한다. 잘 모르겠다면 서울시에서 발표한 '음식물 쓰레기 분리배출' 표준안을 참고하자.

5. 포장 용기 분리배출 안내

음식을 담았던 일회용 플라스틱 용기, 기름기 묻은 종이 재질의 포장 용기, 과일 겉포장에 쓰인 부직포, 냉동식품 포장에 함께 쓰인 아이스팩 등 한 끼 밥상만 해도 무수한 플라스틱 쓰레기가 나온다. 잘 분리수거해 배출하는 것만으로도 자원을 재사용하는 데 일조할 수 있다는 사실은 충분히 알고 있지만, 그 기준이 워낙 모호하고 복잡하다. 가령 유리병과 플라스틱에 붙은 스티커는 전부 떼어야 하는지, 용기 테두리에 남아 있는 비닐이나 스티로폼 상자에 붙은 택배 송장도 모두 제거해야 하는지 등이다. 궁금할 때마다 바로 답을 찾을 수 있는 분리배출 가이드 앱을 소개한다.

쓰레기 백과사전 blisgo.com 직접 찍은 쓰레기별 사진과 함께 올바른 배출법과 재활용법, 친환경적으로 대체하는 방법을 안내한다.
내 손안의 분리배출 환경부가 안내하는 만큼 믿을 수 있으며, 분리수거와 관련한 궁금증을 Q&A로 확인할 수 있는 앱이다.

6. 돈이 되는 쓰레기

최근 전국 대형 마트에 '빈 용기 무인 회수기'가 들어서고 있다. 사용한 유리병을 반납하면 영수증이 출력되고, 이를 계산대에서 현금으로 받을 수 있는 방식이다. 원래 주류 회사에서 다 쓴 병을 재사용하기 위해 시행해온 공병 보증금 반환을 더욱 잘 보이게, 누구나 쉽게 실천할 수 있도록 한 것이다. 병당 70~250원을 돌려받을 수 있다. 배달 음식 주문, 식재료 배송 때마다 추가되어 어쩔 수 없이 집에 쌓여 있는 아이스팩도 반납하면 돈이 된다. '리아이스 팩'은 이미 시중에 2억 개 넘게 유통되고 있는 아이스팩을 새로 생산하지 말고 공유를 통해 재사용하자는 취지에서 만든 서비스다. 홈페이지에 가입해 가까운 거리에 있는 반납 장소를 찾아보고 파손되지 않은 아이스팩을 반납하면 포인트로 적립된다. 계좌를 등록한 뒤에 출금할 수 있다.

7. 베이킹소다가 만드는 매직

다양한 식재료와 열·기름을 사용하는 주방은 요리를 몇 번만 해도 금세 더러워지고, 세균도 번식하기 쉬워 항상 청결을 유지해야 한다. 이때 화학물질로 이뤄진 합성세제 대신 주방에 묻은 음식 찌꺼기와 곰팡이를 말끔히 없애주는 재료가 베이킹소다다. 싱크대에 베이킹소다를 뿌리고 5분간 그대로 둔 뒤 솔로 박박 문지른다. 그리고 식초를 뿌리고 몇 분 후 물로 닦으면 때가 말끔하게 사라진다. 가스레인지나 인덕션, 주방 후드에 달라붙은 찌든 때 역시 베이킹소다를 희석한 물을 뿌리고 몇 분간 불린 후 세척하면 쉽게 지울 수 있다. 세제를 이용할 때는 거품은 물론 몸에 나쁜 성분을 제거하느라 여러 번 닦아야 하는데, 이런 점을 고려했을 때도 베이킹소다가 훨씬 더 유리하다.

8. 냉장고 전력 꽉 잡기

24시간 온도를 유지해야 하기에 냉장고는 가장 많은 전력을 소비하는 가전 중 하나다. 소비 전력을 줄이기 위해서는 냉기가 잘 순환하도록 효율적으로 관리해야 한다. 우선 뜨거운 음식은 충분히 식혀서 넣고, 냉장고는 60%만 채우는 게 냉기 순환에 좋다. 반면, 냉동실은 꽉 채워야 냉기 보존이 잘 된다. 식재료에 딸려온 아이스팩은 당장 버리기보다 언 채로 냉동고에 넣어두면 열효율을 높이는 동시에 필요할 때 재활용할 수 있다. 계절에 따라 냉장고의 적정 온도를 다르게 설정하는 것도 도움이 된다. 냉장고의 적정 온도는 0~5℃ 사이. 여름철에는 4~5℃, 겨울에는 1~2℃로 유지해도 충분하다. 내부 온도를 차갑게 유지하기 위해 밖으로 열을 뿜는 만큼 냉장고 양옆과 뒤로 적절한 공간이 필요하다. 최소 10cm 이상의 여유 공간을 둬야 전력 소모량이 줄어든다.

9. '0'으로 수렴하는 음식물 쓰레기

환경부 자료를 보면 국내 음식물 쓰레기 중 13%는 먹지 않은 채 보관만 하다가 결국 폐기되는 것들이다. 실제로 냉장고를 열어보면 언제부터 있었는지 알 수 없는 음식물이 흔두 개쯤 나온다. 냉장고 정리의 복적은 이처럼 버려지는 식재료가 없도록 하는 것. 무엇이 어디에 있는지 빨리 파악하는 것이 중요하나. 칸마다 빨리 먹어야 하는 음식, 자주 먹는 음식, 무거운 음식으로 구분해 새우고 신선실은 바구니 등으로 칸막이를 만들어 식재료를 분리한다. 내용물이 잘 보이도록 투명 용기를 이용한다. 한 달에 한 번 '냉장고 청소의 날'을 정하면 음식물 쓰레기를 대폭 줄일 수 있다.

10. 유통기한, 조금 지나도 괜찮아

유통기한이 지난 음식, 과연 먹어도 될까? 식약처에서 조사한 설문에 의하면, 100명 중 약 57명이 유통기한이 지난 음식은 바로 폐기한다고 답했다. 하지만 실제로 대부분의 식품은 보관 상태에 따라 유통기한보다 일정 기간 더 오래 보관이 가능하다. 유통기힌이란 식품의 판매를 허용하는 기한을 의미하므로 마트에서는 이 안에 판매하지 못하면 폐기해야 하지만, 가정에서 이를 따를 필요는 없다. 실제 소비자가 언제까지 먹어도 된다는 기준은 따로 있다. '소비 기한'이다. 예를 들어, 우유의 유통기한은 제조일로부터 10일이지만, 소비 기한은 59일이다. 치즈는 유통기한과 소비 기한이 각각 180일, 250일이다. 두부의 유통기한은 14일이지만, 포장을 뜯지 않고 냉장 보관하면 104일까지 두고 먹어도 된다. 해외에서는 제품에 소비 기한을 기입하는 추세이며, 국내에서도 조만간 도입할 예정이다.

남의 잔치에 망고 놔라
파파야 놔라 한다
: 한반도 과일 라인업

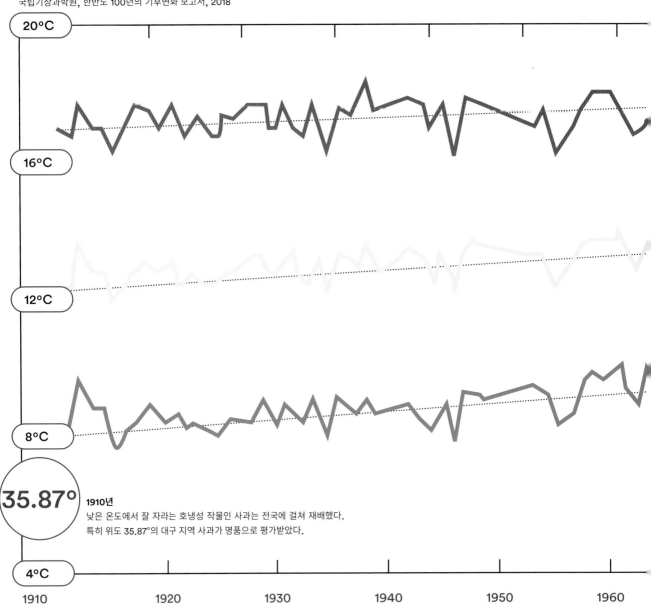

국립기상과학원, 한반도 100년의 기후변화 보고서, 2018

20°C

16°C

12°C

8°C

35.87°

1910년
낮은 온도에서 잘 자라는 호냉성 작물인 사과는 전국에 걸쳐 재배했다.
특히 위도 35.87°의 대구 지역 사과가 명품으로 평가받았다.

4°C

1910   1920   1930   1940   1950   1960

NUMBERS

EDITOR. Seohyung Jo / PHOTOGRAPHER. Gyuchul Shin

2050년이면 감 놔라 배 놔라 하던 때는 이미 지난 후다. 기온 상승으로 국내에서 수확하는 과일이 확연히 달라지고 있다. 추석이면 고마운 마음을 대신 전하던 탐스러운 사과, 감, 배, 포도는 온데간데없고 열대 과일인 망고, 파파야, 용과가 그 자리를 차지할 것이다.

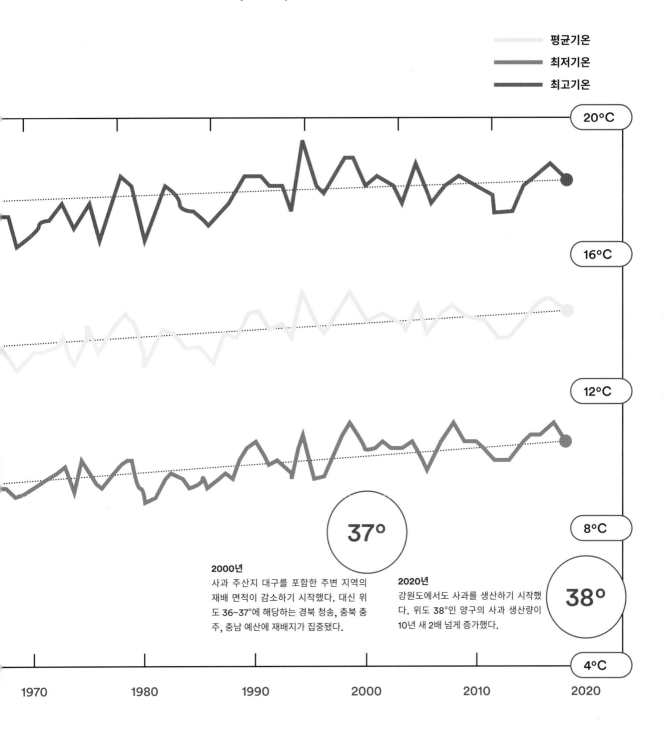

평균기온
최저기온
최고기온

20°C

16°C

12°C

8°C

37°

2000년
사과 주산지 대구를 포함한 주변 지역의 재배 면적이 감소하기 시작했다. 대신 위도 36~37°에 해당하는 경북 청송, 충북 충주, 충남 예산에 재배지가 집중됐다.

2020년
강원도에서도 사과를 생산하기 시작했다. 위도 38°인 양구의 사과 생산량이 10년 새 2배 넘게 증가했다.

38°

4°C

1970   1980   1990   2000   2010   2020

현재 사과의 재배 가능 면적은 남한 국토의 68.7%다. 지구 온도가 지금과 같은 속도로 계속 오른다면 2030년에는 27.5%, 2050년에는 10.5%, 2070년에는 3%, 2090년에는 0.9% 미만으로 현격히 줄어들 것으로 예상한다.

2022년 vs 2050년
가을 과일 라인업

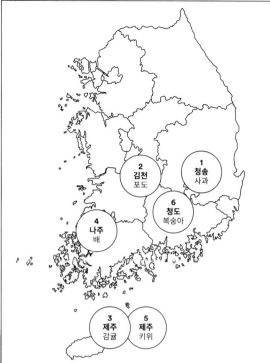

2022

전 지구가 끓어오르고 있지만 특히 우리나라 기후가 급변하고 있다. 세계 평균기온이 1.1°C 오른 지난 100년 동안 우리나라는 무려 1.5°C가 뜨거워졌다. 기후변화가 국내에 미칠 영향을 예측한 시나리오에 의하면 과수 작물의 재배지, 생산량, 품질이 크게 달라질 거라고 한다. 스스로 이동할 수 없는 다년생식물인 과일나무는 특히 기후변화에 민감하며 홍수와 가뭄 등 이상기후에 취약하기 때문이다. 농촌진흥청은 기후변화로부터 국내 과채류를 지키기 위해 2013년 '농업용 미래 상세 전자기후도' 같은 예측 기술을 개발하는 등 불가피한 농업 환경 변화에 맞는 대처법을 고민 중이다.

고마운 사람에게 햇과일 선물 세트로 마음을 전하세요. 2050년에는 2022년의 사과와 배는 더 이상 없어요. 낯선 과일과 인사하세요. 멀리 열대지방에서 온 게 아니랍니다. 다 우리 땅에서 난 과일이랍니다.

2050

농촌진흥청의 고민과는 별개로 이런 흐름대로라면 2050년에는 세계 평균온도가 1.5°C 높아질 전망이다. 우리나라는 이미 평균기온이 1.5°C 올랐기에 그때가 되면 훨씬 큰 폭으로 온도가 올라 있을 터. 그날이 오기까지 국내의 사과 재배 면적은 지속적으로 줄어들 것이다. 비교적 높은 온도에서 잘 자라는 배, 복숭아, 포도는 전국으로 생산지가 퍼지며 생산량이 덩달아 늘다가 2030년 급격히 감소한다. 강원도 산간지대를 제외한 남한 지역 대부분이 2050년에는 아열대기후로 갈아탄다. 이에 따라 경북에서 나던 복숭아는 강원도 원주와 춘천 등 일부 지역에서만 극소량 재배된다. 복숭아뿐 아니라 포도, 사과, 인삼의 재배 가능지도 거의 남지 않는다. 귤은 지속적으로 재배 한계선이 북상해 강원도 해안 지역까지 올라가 전국적으로 생산량이 늘어난다. 더불어 라임, 오렌지, 한라봉까지 전국적으로 생산 가능해진다. 참다래, 무화과, 한라봉, 체리, 바나나 같은 과일은 제주도에서 육지로 진출해 생산지가 경상도 통영과 진주로 북상한다. 사실 2022년 현재에도 이들 과일은 이미 전남과 경남에서 일부 생산하고 있다. 생산량과 별개로 고품질 과일은 좀처럼 만나기 어려울 것이다. 2040년부터 높은 품질을 보장하는 재배 적지가 대폭 줄거나 사라지기 때문이다. 더 우울한 이야기를 하자면 2100년, 지구 온도가 평균 4.7°C 오르는 동안 우리나라는 5.7°C 오를 것이다. 그날이 오면 고마운 마음을 전하는 바구니는커녕 과일은 옛 문헌에서나 볼 수 있는 유물로 변할 것이다. 그때는 인공 영양제나 인공 과일 향 젤리 같은 것을 선물로 고려해보는 것이 좋을지 모른다.

EAT, PLAY, LOVE

ART

EDITOR, Dami Yoo

음식이 지닌 가치는 생활에
필요한 에너지를 보충하는
기능에 국한되지 않는다.
그것은 놀이 대상이자
실험 도구이며, 정서를
충족시켜주는 행복감의
연료다. 이 즐거운 식경험을
죄책감 없이, 오랫동안
사랑하는 사람들과 즐기기
위해서는 우리 모두
식재료의 안녕을 보장하는
기후 인식이 필요하다.

1.
신나는 리얼 푸드!

by Martin Parr

©Martin Parr

마틴 파 Martin Parr는 영국의 다큐멘터리 사진가다. 그의 작업은 현대 생활의 다양한 측면을 친밀하고 풍자적이며 인류학적으로 바라보는 사진 프로젝트로 유명하다. 특히 일상적인 음식을 포함한 사진 시리즈 'Real Food'는 음식이 우리 생활에 얼마나 밀접하게 스며들어 있는지 재치 있고 사랑스러운 장면을 통해 강렬하게 상기시킨다. 그리고 특별하지 않지만 식욕을 자극하기에 충분한 사진 속 음식 이미지는 우리로 하여금 오래오래 미식 생활을 영위할 수 있길 바라는 마음이 들게 한다.

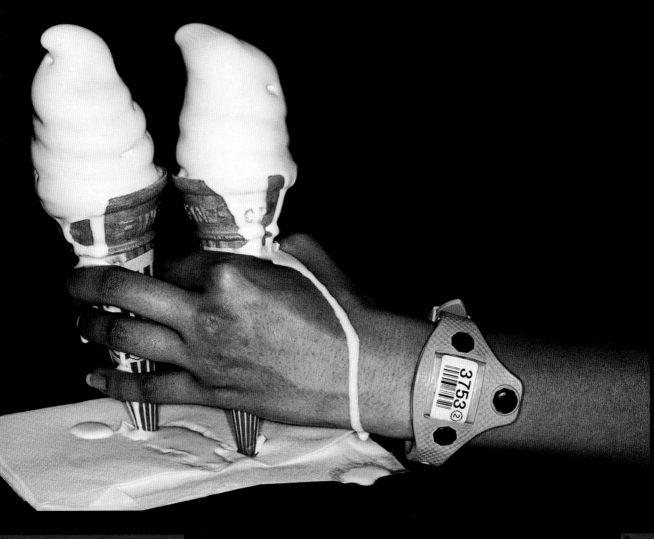

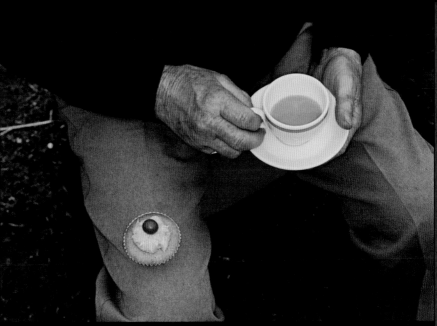

©Martin Parr

©Martin Parr

2.
세상에서 가장 건강하고 이상하며 재미있는 식사

by Steinbeisser

스타인베이시르 Steinbeisser는 2012년 네덜란드 암스테르담을 기반으로 시작한 미식 이니셔티브 단체다. 저명한 셰프와 예술가를 모아 독특한 예술 경험을 선사하는 이들은 지역에서 바이오다이내믹 농법으로 재배한 식물성 식재료를 적극적으로 활용한다. 특히 여기서 사용하는 식사 도구는 단체에 속한 예술가들이 직접 디자인한 오브제로, 더욱 특별한 미식 경험을 선사한다. 이들이 차린 만찬에는 전에 없던 식도구를 사용하는 만큼 특별한 격식이나 방법, 순서나 예절은 없다. 그저 직감과 본능에 충실하며 즐겁고 유쾌한 마음으로 당장 주어진 경험에 집중하면 된다. 스타인베이시르가 차린 식사는 사람들의 오감을 자극하는 스펙터클이 되고, 손에 든 식기는 아트피스가 되는 근사한 시간으로 변한다. 식경험이 선사하는 무한한 창의성과 예술적 상상력을 만끽할 때 음식은 소비 대상이라기보다 향유할 문화이자 놀이라는 점을 인식시킨다.

3.
음식으로 할 수 있는 거의 모든 예술적 혁명

by Emilie Baltz

뉴욕을 기반으로 활동하는 에밀리 발츠 Emilie Baltz는 음식과 기술을 결합한 유쾌하고 엉뚱한 이벤트를 벌이는 크리에이티브 디렉터다. 무용과 영화 연구, 산업디자인을 공부하며 체득한 경험과 지식에 음식을 향한 관심까지 더해져 장난기 넘치면서 깊은 통찰이 녹아 있는 신선한 경험 위주의 프로그램을 만들고 있다. 대표작으로는 클라신 판더잔츠휠프 Klasien van de Zandschulp와 협업한 'Eet Tech Kitchen'이 있다. 20세기 초 미래파를 창시한 이탈리아 시인 필리포 톰마소 마리네티 Filippo Tommaso Marinetti의 《미래주의 요리책》을 오늘날의 관점과 기술을 적용해 만든 인터랙티브 퍼포먼스가 바로 그것. 또한 스마트 오브제 디자이너 카를라 다이애나 Carla Diana, 작곡가 아론 다이어 Arone Dyer와 협업해 푸드 디자인과 스마트 오브제를 연결한 뮤지컬도 연출했다. 여기서 '스마트 오브제'란 최신 기술과 커뮤니케이션 네트워크를 활용해 만든 인터랙티브 오브제를 의미한다. 이 공연의 가장 큰 묘미는 아이스크림을 핥아 먹을 때 비로소 음악이 연주된다는 점이다. 음색을 유발하는 일련의 전도성 물질에 의해 아이스크림을 핥을 때마다 소리가 나는 원리를 활용하여 혀로 느끼는 감각이 곧 음악으로 연주된다. 음식을 핥아 먹는 원시적인 행위를 부추기는 이 신박한 뮤지컬은 먹는 행위에 대해 다시 인식하게 한다.

1.5°C

N° 4

MAKE THE FUTURE FOR ALL

<1.5°C>는 환경문제로 인한 기후변화의
심각성을 알리고 하나뿐인 지구를
살리기 위한 방안을 모색하며 실천에 동참하는
기후 위기 대응 매거진입니다.

ISBN 979-11-982962-4-5
ISSN 2799-3795
2022년 10월 14일 초판 1쇄 발행

Website
105orless.com

Instagram
@1.5_magazine

Soul Energy

CEO
안지영 Jiyoung Ahn

CMO
박상도 Justin Park

COO
안지원 Jiwon Ahn

Administration
서희라 Heerah Seo
김별아 Byeola Kim

Bold.

CEO
김치호 Chiho Ghim

Editor in Chief
이주연 Jooyeon Lee

Editors
유다미 Dami Yoo
조서형 Seohyung Jo

CX Designer
김근화 Geunhwa Kim

Editorial Design Dept
Studiogomin
안서영 Seoyoung Ahn
이영하 Youngha Lee

BX Designer
민설혜 Seolhye Min
안민규 Minkyu Ahn
김남명 Nammyung Kim

Marketer
정혜리 Hyeri Jeong

협업 및 제휴 문의는
소울에너지 <1.5°C> 사업팀
02-6251-8000
seohr@soulenergy.co.kr
으로 보내주세요.

콘텐츠 관련 문의는
볼드피리어드 <1.5°C> 편집팀
02-3446-0691
ask@boldjournal.com
으로 보내주세요.

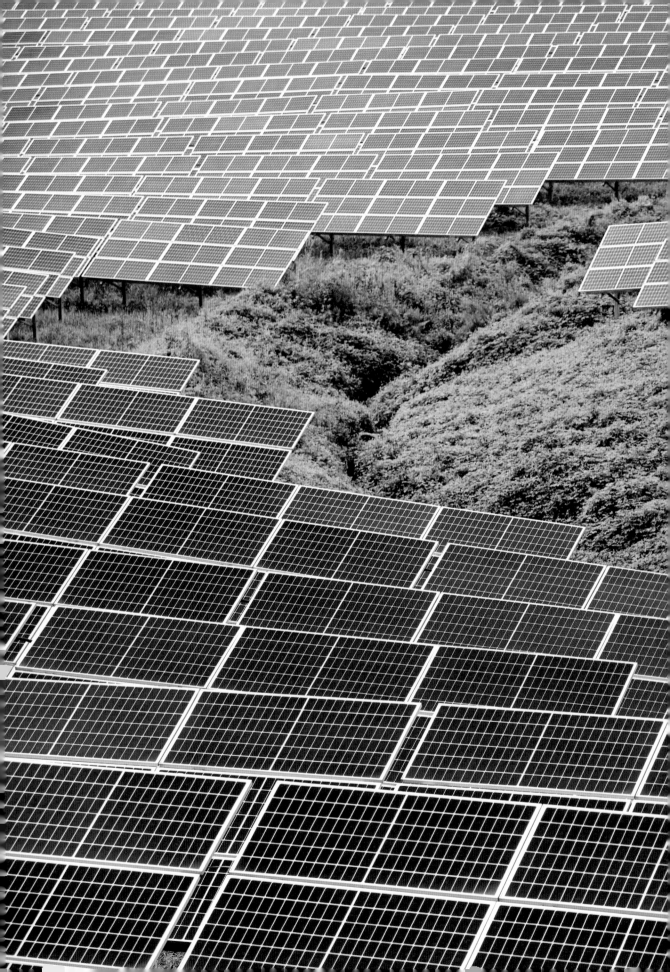

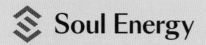
Soul Energy

모두의 일상이 보다 행복해지는 세상을 꿈꾸며,
미래 환경을 위한 신재생에너지를 통해
사람과 환경이 공존하는 지속 가능한 삶을
현실로 만들고자 합니다.